SYDNEY Z. ZOTWANA

XHOSA IN CONTEXT
FROM NOVICE TO INTERMEDIATE

ILLUSTRATIONS BY
JANET WILSON

VLAEBERG

© Copyright Vlaeberg Publishers
P O Box 15034, Vlaeberg 8018, Cape Town

All rights reserved. No part of this publication may be reproduced in any form
or by any means without permission of the publishers.

Production and design: Wim Reinders & Associates, Cape Town
Cover design: Wim Reinders
Typesetting by McManus Bros (Pty) Ltd.

ISBN 0-947461-60-4

First edition, first impression 1994
Previously published by Perskor, 1991
ISBN 0-628-03469-5
Printed and bound by Galvin & Sales, Cape Town

CONTENTS

PREFACE 5
ACKNOWLEDGEMENTS 7

1. GETTING ACQUAINTED
1.1 GREETINGS, HEALTH, INTRODUCTIONS AND FAREWELLS 9
1.2 MORE PERSONAL INFORMATION 10
1.3 GREETING MORE THAN ONE PERSON 11
1.4 THE VERB AND ITS SUBJECT 15
1.5 MORE INTRODUCTIONS 18
1.6 THE USE OF NA- 21
1.7 MAKING A PHONE CALL 23
1.8 VARIOUS FORMS OF INQUIRING INTO SOMEONE'S HEALTH 23
1.9 WORKER MEETS WORKER 24
1.10 MORE ABOUT THE VERB 28
1.11 OTHER AFFIXES OF THE NOUN 28

2. OCCUPATIONS
2.1 OCCUPATIONS AND KINSHIP TERMS 30
2.2 HERE ARE MORE OCCUPATIONS 32
2.3 THE COPULATIVE 33
2.4 PRONOUNS 35

3. TRAVEL AND TIME
3.1 THE USE OF NGA- 39
3.2 TIME, DAYS OF THE WEEK, MONTHS, YEARS AND SEASONS 40
3.3 MODES OF TRANSPORT 45
3.4 THE INFINITIVE 47
3.5 THE OBJECT CONCORD 49
3.6 THE REFLEXIVE MORPHEME 51

4. AT HOME
4.1 INSIDE 52
4.2 THE VERB IN THE FUTURE TENSE 53
4.3 OBJECTS AND ACTIVITIES IN THE KITCHEN 55
4.4 THE QUALIFICATIVE 58
4.5 IGUMBI LOKUTYELA NEGUMBI LOKUPHUMLA 61
4.6 THE DESCRIPTIVE COPULATIVE (FROM ADJECTIVES) 64
4.7 IN THE BEDROOM 65
4.8 PHANDLE 67
4.9 THE PRESENT SUBJUNCTIVE MOOD 70
4.10 THE IMPERATIVE 72
4.11 ABANTWANA BAKULOSAMMANTHA 74

5 IN TOWN
5.1 THE LOCATIVE (OR THE ADVERB OF PLACE) 76
5.2 AT THE GARAGE 82
5.3 ASKING FOR AND GIVING DIRECTIONS 84
5.4 THE POTENTIAL ASPECT (THE USE OF "MAY/CAN") 85
5.5 AT THE POST OFFICE 86
5.6 AT THE BANK 88
5.7 AT THE RESTAURANT 90
5.8 FURTHER COMMANDS AND REQUESTS
5.9 COPULATIVE FROM LOCATIVE (THE DESCRIPTIVE COPULATIVE CONTINUED) 94

6. EDUCATIONAL SYSTEMS
6.1 THE DEMONSTRATIVE (LOCATIVE) COPULATIVE 97
6.2 EKLASINI YOOSAMMANTHA NGAPHAKATHI 99
6.3 UZOLA UBHALELA ABAZALI BAKHE 104
6.4 MORE QUALIFICATIVES 105
6.5 ESIKOLWENI SOOSAMMANTHA 108
6.6 UKUVULWA KWEZIKOLO 109
6.7 THE CAUSATIVE EXTENSION 110
6.8 IMIDLALWANA NEZICENGCELEZO 111
6.9 THE PASSIVE EXTENSION 113
6.10 IZINCOKO ZOMLOMO 114
6.11 THE QUANTITATIVE: -ONKE AND -ODWA 116
6.12 UZOLA UBHALELA UNDILEKA 117
6.13 LOCATIVE PHRASES 118
6.14 UZOLA UBHALELA EKHAYA 119
6.15 MORE ASPECTS 121
6.16 UZOLA UBHALELA UJAMA EFORT HARE 122
6.17 THE COMPARATIVES: NJENGA-, NGANGA- AND KUNA- 124

7. AT THE FARM
7.1 THE PERFECT TENSE 125
7.2 VISIT TO THE FARM 128
7.3 VEHICLES, IMPLEMENTS AND ANIMALS 129
7.4 USAMMANTHA UBHALELA EKHAYA 134
7.5 THE PAST SUBJUNCTIVE 135
7.6 THE CONTINUOUS PERFECT TENSE 136

8. HEALTH AND HEALTH SERVICES
8.1 HOSPITAL PERSONNEL AND DEPARTMENTS 141
8.2 THE PARTS OF THE BODY 143
8.4 THE APPLIED EXTENSION 151
8.5 AT THE HOSPITAL RECEPTION OFFICE 157
8.6 THE MANNER ADVERB FORMATIVE KA- 153
8.7 UNONGXOKOZELO UDIBANA NOGQIRHA 154
8.8 THE PARTICIPAL MOOD 157
8.9 ADMISSION INTO HOSPITAL 158
8.10 KWICANDELO LABANTWANA 164
8.11 KWICANDELO LABANYANGWA BENGAPHANDLE 165
8.12 MORE HEALTH-RELATED TERMS AND EXPRESSIONS 167
8.13 EUPHEMISMS 168
8.14 MORE EXERCISES 170
8.15 HEALTH-RELATED DEGREES AND CAREERS 174

9. WORK AND WORKERS' ORGANIZATIONS
9.1 MANDLAKAPHELI GOES TO THE MINES 178
9.2 THE REMOTE PAST 180
9.3 ERHAWUTINI 182
9.4 THE IDEOPHONE 184
9.5 THE RECIPROCAL EXTENSION 186
9.6 THE RELATIVE FROM VERBS 186
9.7 EKAPA 187
9.8 CONJUNCTIONS 190
9.9 EFEKTRI 192

10. LAW ENFORCEMENT AND LAW COURTS
10.1 CONJUGATION OF THE COPULATIVE 195
10.2 SITHOHLO KILLS A MUGGER 198
10.3 UKUBANJWA KUKASITHOHLO 200
10.4 MANDLAKAPHELI AT A LAWYER'S OFFICES 203
10.5 THE USE OF THE AUXILIARY --KHA/KHE 206
10.6 AT THE SUPREME COURT 208

11. SOCIAL AND WELFARE SERVICES
11.1 INCOKO ETREYININI 218
11.2 ITHEKO LIKADEBBY 219
11.3 E-OFISINI YOONONTLALONTLE - UMNTWANA OLAHLEKILEYO 222
11.4 INTLANGANISO YOONONTLALONTLE 224
11.5 E-OFISINI KADEBBY SMITH - UMCIMBI WOMNTWANA WESIKOLO 226

12. KNOW YOUR ENVIRONMENT
12.1 UDEBBY UNCOKOLA NONAZIWE 228
12.2 IMOZULU/IZULU 229
12.3 AMAPHEPHANDABA 233
12.4 ULAWULO LWEDOLOPHU 237
12.5 IINDAWO ZOKUHLALA 239

ANNEXURE A 240
ANNEXURE B 246
ANNEXURE C 248
ANNEXURE D 262
XHOSA/ENGLISH VOCABULARY 263

PREFACE

The motive for writing this book came partly from the problems I have had with the unavailability of suitable teaching material in teaching Xhosa as a second language, and partly from observing that more and more non-mother tongue speakers of Xhosa in the areas where Xhosa is the predominant Black language, are beginning to feel the need for communicative competence in the language.

This is not a "Teach Yourself Xhosa" book. It is intended for learners who receive formal instruction in class, either at university, college, school or any other language teaching centre or institute. It is also intended for those mothertongue speakers who need to acquire skills in the second language teaching of Xhosa. It is based on the material that the author has used over the years for his lessons, both at Cape Town University and Rhodes University.

However, chapters 6 (Educational Institutions), 8 (Health and Health Care Services), 9 (Workers and Workers' Unions), 10 (Law Enforcement and Law Courts) and 11 (Social and Welfare Services) have been included in response to the introduction of the course on Xhosa for Professional Purposes at the University of Cape Town.

The remaining chapters reflect some of the communication situations in which, it is believed, learners will find themselves.

The inclusion of grammar notes in the text reflects the author's firm belief that grammar should not be left out of any language instruction programme and that it is possible to deal with grammar in language instruction without frightening the learners away or diverting their interest from communication skills to language analysis. Although it is not possible, in real communication situations, to limit the use of grammatical structures, certain topics tend to be dominated by particular structures for example, talking about occupations of family members is inevitably dominated by the identifying copulative; description of person, place, etc. is usually dominated by the descriptive copulative; the doctor-patient interaction tends to be dominated by the use of the potential aspect, the hortative and the imperative.

However, grading of grammatical structures in a language course cannot be but artificial. The grading of grammar in this text is not an exception. For that reason, it may be found necessary, in the actual teaching of the course, to treat earlier a grammatical construction which is treated in a later chapter in the text, or vice versa. For example, the locative and the possessive are treated in chapters 5 and 6 respectively, but there are a number of examples of them in all the preceding chapters.

The ordering of the grammar notes in relation to the dialogues or passages, does not follow a fixed pattern. In some cases the grammar notes precede the dialogue or passage, in others they follow. However, in my own teaching, I have found it more helpful to start with the dialogues/passages and drills, and then treat the grammar afterwards in a grammar lesson set aside for explaining the grammatical structures that have been used in the previous lessons. The reason for this is that prior knowledge of the grammar rules tends to slow down the efforts of the learner to participate in the conversations in class, because he/she is trying to recall the applicable rule or rules. It is sometimes inevitable, but learners and instructors should try and not interrupt lessons for grammatical explanations. Learners who feel strongly that they cannot wait for the grammar session, should preferably consult the instructor outside of the lesson time (before or after).

This text attempts to equip learners with skills in Xhosa as it is spoken. This is an ambitious intention, since, as learners will soon discover, no language course can hope to teach the language as it is spoken, since language, in any given community, is spoken in a variety of ways. The language used in the text may therefore, not meet with the expectations of language purists, but it wil certainly relieve learners and instructors from the shackles of linguistic conservatism and bring them closer to the realities of the speech behaviour patterns of the mothertongue speakers they are likely to interact with outside the language instruction classrooms. For example, words like "i-amblensi" and "ifiva" have been preferred to their respective standard counterparts, "inqwelo yezigulane" and "umkhuhlane".

The organisation and size of each lesson in this text, as reflected by the paragraph numbers, should not be taken to be a reflection of what ought to be covered within one lesson. Depending on the level of the class, the duration of the lesson and the length of the paragraph, it may be necessary to break some paragraphs into more than one lesson or to combine others in one lesson.

The exercises that follow each lesson may need to be adapted to suit the level of the class, or the approach that the instructor used. The text as a whole, will have achieved its objectives if the language instructor finds it useful to follow it as it is, or to use in the preparation of his/her lessons.

A more detailed and technical description of the articulation of the Xhosa speech sounds has been deliberately left out. However, a list of these sounds is given in Appendix A to help learners with pronunciation. The list does not include vowels. Next to each speech sound is an example of a word that contains the sound. The word is then used in a sentence. It is suggested that instructors have these recorded onto an audio-tape, so that learners can listen to them as frequently as possible. There are also pronunciation passages which learners are advised to attempt to read out aloud many times until they get the pronunciation and tone correctly. It should be remembered that, in reading Xhosa, tone is very important. Incorrect tones can result in the transmission of incorrect messages, and even to a complete breakdown in communication.

A Xhosa-English vocabulary list has been provided at the end of the book. The list includes only words that appear in the text – whether they were used in sentences or not. The words have been arranged alphabetically. In the case of verbs and nouns, the arrangement is according to the initial letter of the stem. In the case of nouns, however, the prefixes have been retained, and have not been written after the nouns, as is usually the case in Xhosa dictionary entries. The plural prefix of the noun is given in brackets after each noun. In those cases where the noun stem in the plural is different from its singular counterpart, the noun is written in brackets, as in:

il**iso** (amehlo)
in**kwenkwe** (amakhwenkwe)

Where there is no prefix in brackets after the noun entry, it means that that noun is used in the singular or plural only, as the case may be.

ACKNOWLEDGEMENTS

I would like to acknowledge my debt to a number of people whose contribution, direct and indirect, made the completion of this book possible.
To all the learners to whom I have had the pleasure of teaching communication skills in Xhosa at Rhodes University, Grahamstown and at the University of Cape Town, I owe most of the insights I have into the problems of learning and teaching Xhosa as a second language, as well as the inspiration to write this book.

Professor S.C. Satyo, Head of Department of African Languages and Literatures, at the University of Cape Town, for his encouragement, and for his suggestions on the grammar sections.

Professor Bill Jex, Director of the American Language Institute at New York University for his advice and for allowing me to make use of the resources at the Institute.

Evelyn Paterson, Assistant Vice-President for Equal Opportunities at New York University for arranging my visit to the American Language Institute, and for making available facilities in her Department for the typing of the last part of the manuscript.

Nombulelo Kwetani for typing the earlier chapters.

My wife, Tobeka, and the kids for their support and encouragement.

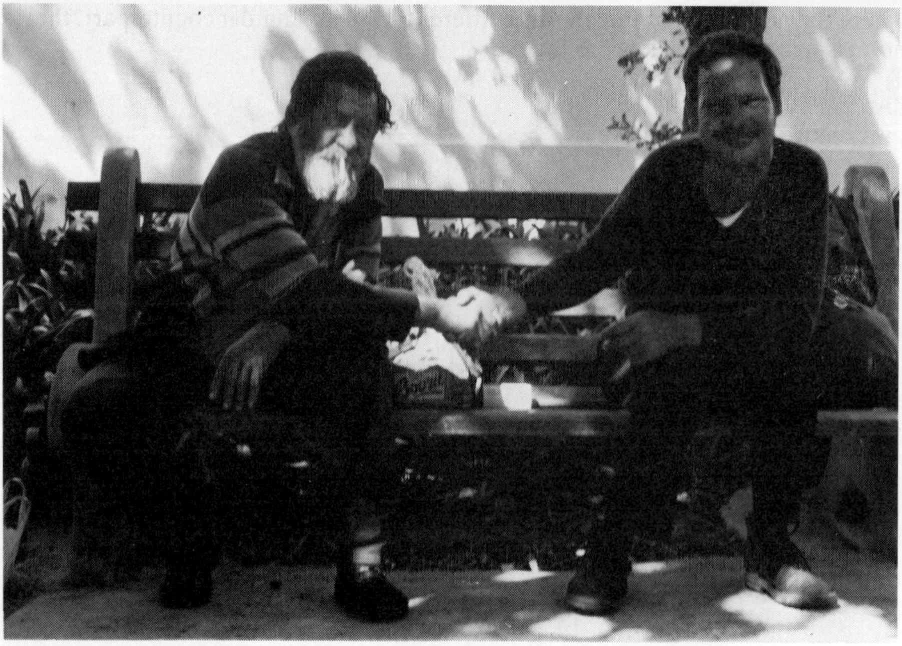

1. GETTING ACQUAINTED

1.1. GREETINGS, HEALTH, INTRODUCTIONS AND FAREWELLS.
In this first theme you will learn how to greet; how to inquire after someone's health; how to answer when someone inquires after your health; how to introduce yourself; how to react to someone after he/she has introduced himself/herself and then how to bid someone good-bye when you part. You will also learn about the following aspects of Xhosa grammar: **noun classes, subject concords; verb stem types; use of verb in the present tense** of the indicative mood and the use of the **associative na-**.

Participants in the following dialogue are university students who meet for the first time.

Incoko
UDEBBY:	Molo.
UZOLA:	Ewe.
UDEBBY:	Kunjani?
UZOLA:	Sikhona, enkosi. Kunjani kuwe?
UDEBBY:	Sikhona nathi, enkosi. NdinguDebby mna.
UZOLA:	Ndiyavuya ukukwazi, Debby. NdinguZola mna.
UDEBBY:	Ndiyavuya ukukwazi, Zola. Ngubani ifani yakho?
UZOLA:	NguJacobs. NdinguZola Jacobs.
UDEBBY:	Ifani yam nguSmith. NdinguDebby Smith.
UZOLA:	Uhlala phi, Debby?
UDEBBY:	Ndihlala eMowbray.
UZOLA:	O! Ndiyabona. Uya phi ke ngoku, Debby?
UDEBBY:	Ndiyagoduka, Zola.
UZOLA:	Uhambe kakuhle, Debby.
UDEBBY:	Usale kakuhle, Zola.

(UDebby noZola bayahlukana).

Vocabulary
ifani	-	surname
kunjani	-	how is it?
ukuhlala	-	to stay
ukuhamba	-	to go
ukusala	-	to remain
ukuya	-	to go to
phi?	-	where?
kakuhle	-	well
ukugoduka	-	go home
o ndiyabona	-	oh, I see
sikhona	-	we are well (Note the plural)
incoko	-	dialogue/conversation

N.B. The plural in 'Ninjani?' and 'Sikhona'

The practice of using the plural in these instances (and in others that will be used later in this theme) shows that according to Xhosa culture the speaker has to show interest not only in his hearer, but also in the hearer's family. However, the use of the plural is not obligatory. Thus, even if the question is plural, the answer may be singular as in:
Question: Ninjani?
Answer: Ndikhona enkosi.

PRACTICAL EXERCISES
1. Each member of the class should stand up and introduce herself/himself to the other members of the class (name, surname and where you stay)
2. Using Debby's and Zola's dialogue as a model, greet and converse with the person next to you.

PRACTICE AT HOME
Try and make friends with a mother tongue speaker of Xhosa. Tell him/her that you are learning to speak Xhosa. The more opportunities you try and make to establish contact with mother tongue speakers, the more practice you will have outside the classroom. You will be surprised (pleasantly) to notice that speakers of a language (any language) are very helpful and very supportive to your attempts to learn their language.

1.2 MORE PERSONAL INFORMATION
UDebby noZola bayadibana kwakhona. Namhlanje bancokola ngezifundo nangamakhaya.

Incoko:
UZOLA:	Molo, Debby.
UDEBBY:	Ewe.
UZOLA:	Ninjani namhlanje, Debby?
UDEBBY:	Sikhona enkosi. Kunjani kuwe?
UZOLA:	Sikhona nathi, enkosi. Lilanga nje.
UDEBBY:	Yho-o! Kushushu namhlanje.
UZOLA:	Debby, kanene uhlala eMowbray?
UDEBBY:	Ewe, ndihlala eMowbray.
UZOLA:	Uhlala ndawoni eMowbray?
UDEBBY:	Ndihlala eRhodes Street, kwanamba 5. Wena kanene uhlala ngaphakathi?
UZOLA:	Ewe. Ndihlala eFuller Hall.
UDEBBY:	Kanene uvela phi?
UZOLA:	Ndivela eMonti.
UDEBBY:	Wenza ntoni apha e-U.C.T.?
UZOLA:	Ndenza i-B.A. Wena?
UDEBBY:	Mna ndenza i-B.A. Social Science.
UZOLA:	Uhlala nabani eMowbray?
UDEBBY:	Ndihlala nabazali, nobhuti nosisi.
UZOLA:	Ndiyabona. Debby, mandikushiye ngoku.
UDEBBY:	Uya phi?

UZOLA: Ndiya eklasini. Usale kakuhle.
UDEBBY: Kulungile, uhambe kakuhle. Sobonana.

Vocabulary

ukudibana	-	to meet
izifundo	-	studies/courses (ngezifundo - about studies)
amakhaya	-	homes
ukuncokola	-	to converse
kanene	-	by the way
ndawoni?	-	where exactly? (lit. at what place?)
ngaphakathi	-	inside (i.e. in the residences)
abazali	-	parents
ubhuti	-	(my elder) brother
usisi	-	(my elder) sister
ngoku	-	now
ukuvela	-	to come from (lit. to appear)
mandikushiye	-	let me leave you
ukwenza	-	to do/make
ntoni?	-	what? (lit. what thing?)
eklasini	-	in, from, to class
namhlanje	-	today
kushushu	-	it is hot
ilanga	-	the sun
nje	-	just/only
sobonana	-	I'll see you. (lit. We'll see each other)
nabani?	-	with whom?

NOTE: It is common practice, when telling someone about one's state of health, to 'complain' about something, e.g. weather, work, drought etc, even when one has said one is well. In the above dialogue, for example, Zola is complaining about the heat of the sun. Thus you can have: Yingqele nje/Ngaphandle kwengqele (Cold); Ngumoya nje/Ngaphandle komoya (wind); Yimbalela nje/Ngaphandle kwembalela nje (drought); Ngumsebenzi nje/Ngaphandle komsebenzi (work) etc.

PRACTICAL EXERCISES

1. Each member of the class should stand up and:
   (a) introduce herself/himself (name, surname)
   (b) say where she/he stays locally.
   (c) say where home is
   (d) with whom he/she stays
   (e) what course/standard studied at her/his institution.
2. Role playing: Students to pair themselves and converse, using Debby's and Zola's conversation as model.

1.3 GREETING MORE THAN ONE PERSON
In this lesson you are taught how to greet more than one person; how to introduce one person to another; how to respond after being introduced to a person and how to address people when greeting.

1.3.1 Introducing people
Namhlanje uDebby uhamba nomhlobo wakhe, uJabu Ngwenya. Badibana noZola.

UZOLA:	Molweni, Debby
UDEBBY NOJABU:	Ewe.
UZOLA:	Kunjani?
UDEBBY:	Sikhona, enkosi. Kunjani kuwe?
UZOLA:	Sikhona nathi, enkosi. Ngumsebenzi nje.
UDEBBY:	Zola, nguJabu Ngwenya lo. Jabu, nguZola Jacobs lo.
UZOLA:	O! Ndiyavuya ukukwazi, Jabu.
UJABU:	Nam ndiyavuya ukukwazi, Zola.

EXERCISE

UJabu noZola bayancokola. Babuzana impilo, amakhaya nezifundo. Qhuba le ncoko kaJabu noZola.

1.3.2 Addressing people when greeting
(a) UZola ubulisa:
(1) utata wakhe . . . Molo, tata.
(2) umama wakhe . . . Molo, mama.
(3) umama notata . . . Molweni, mama okanye Molweni, tata.
(4) ubhuti wakhe . . . Molo, bhuti.
(5) usisi wakhe . . . Molo, sisi.
(6) ubhuti nosisi . . . Molweni, bhuti. okanye Molweni, sisi.
(7) umntwakwabo omncinci, uJama . . . Molo, Jama.
(8) udade wabo omncinci uNdileka..Molo,Ndileka
(9) utatomkhulu wakhe…Molo,tatomkhulu.
(10) umakhulu wakhe . . . Molo, makhulu.

Molo, tata    Molo, mama    Molo, bhuti    Molo, sisi

Molo, Jama    Molo, Ndileka    Molo, tatomkhulu    Molo, makhulu

N.B.: If she were to greet all of them at the same time, she would choose one of the senior members, either because she regards him/her as the eldest of the group or simply because she is more attached to her/him than to the others e.g. Molweni, makhulu/tatomkhulu/mama/tata but certainly not: Molweni, bhuti/sisi/Jama/Ndileka.

(b) Greeting people unknown to you

In the case of people who are unknown to you, the forms of address are determined by the age of the people addressed in relation to the ages of the members of your family. A person who, for example is, in your estimation, as old as your father is addressed as '**tata**' and so on.

Today '**anti**' is very commonly used for any old female person as old as your mother or grand-mother. '**Sisi**' and '**bhuti**' can also be used when addressing a young boy and girl respectively just as a form of courtesy. "**Wethu**" is also used by females when greeting young children unknown to them, irrespective of their sex.

People of your age are addressed as 'bhuti' or 'sisi' as the case may be, until their first names are known. (In the Xhosa community you can never be on 'first name terms' with an older person. Close acquaintance never results in the sacrificing of respect terms.)

Old people address unknown young people as their children or grand-children as in (c) below.

(c) Old people greeting younger people. N.B. (a) greets (b)
   (a) old woman   (b) young girl
   Molo, ntombi yam.
   (a) very old woman   (b) young boy or girl
   Molo, mntwana womntwana wam/Molo, mzukulwana
   (a) old woman/man   (b) young men and women
   Molweni, bantwana bam
   (a) old woman/man   (b) young man
   Molo, nyana/Molo, mfana wam/Molo, mfo wam

(d) Use of titles.

In communication situations that require formality or in which formality is deemed necessary, the use of titles is preferred in addressing unknown people.

These are:
(1) Mnumzana/Mhlekazi .... Mr/Sir
(2) Nkosikazi .... Madam
(3) Nkosazana .... Miss

(Male) female(unmarried) female(married)

(e) Occupations and ranks
Some people are addressed by their occupations and ranks if these are known, irrespective of whether they (the people) are known to the person addressing or not.

teacher	- Molo, titshala (male)
	- Molo, titshalakazi (female)
minister of religion	- Molo, mfundisi
doctor	- Molo, gqirha
nurse	- Molo, nesi/mongikazi
professor	- Molo, profesa
general	- Molo, njengele
sergeant	- Molo, sajini
captain	- Molo, kapteni
Matron	- Molo, meyitroni
radio announcer	- Molo, msasazi

Vocabulary

ntombi yam	my daughter/my girl
mntwana womntwana wam	child of my child
mzukulwana	grand-child
bantwana bam	my children
nyana	son
mfana/mfo wam	my young man (i.e. my son)

EXERCISE

1. Guqulela esiXhoseni
A. Good morning, young man.
B. Hallo, dad.

A. How are you, son?
B. I'm fine thanks, dad. And you?
A. Oh well, I'm fine except the heat.
A. By the way, who are you?
B. I'm Tim Lipworth, dad.
A. Here at Newlands?
B. Yes dad.
A. Where do you stay?
B. At 5 Rochester Road.
A. Oh, really? I stay at Rochester Road. Are you new here?
B. Yes dad. We've just come. (We are arriving.)
A. I see. Where are you from?
B. We come from Port Elizabeth.
A. I see. How's Cape Town?
B. It's O.K. thanks.
A. O.K. then my son. I'll see you.
B. I'll see you, dad. Good-bye now.

2. Greet each of the following unknown people, using appropriate forms of address:
doctor
nurse
father
grand-mother
older sister
mother
radio announcer
teacher
young girl
young boy

1.4 THE VERB AND ITS SUBJECT

The verb has traditionally been defined as "a doing word", that is, a word whose function in a sentence is to depict the action. The word that depicts the "doer" of the action is referred to as the subject.

In a simple sentence, the latter may either be a noun or pronoun. The verb must agree with its subject, i.e. the verb always has an element (formative/morpheme) that brings it into agreement with the noun or pronoun that is its subject. This element is known as the subject concord. As an illustration of this, look at the following sentences from the preceding dialogues:

1. **Uhlala** phi, Debby?   (Where do you stay, Debby.)
2. **Ndi**hlala eMowbray.   (I stay at Mowbray.)
3. **U**ya phi?   (Where are you going?)
4. **Ndi**ya eklasini   (I am going to class.)

In the English equivalents of these sentences, (in brackets) the personal pronouns "I" and "you" are the subjects of the verbs, "stay" and "go". The equivalents of "I" and "you" respectively are **ndi-** and **u-** which are not words that can stand on their own as do their English equivalents, but agreement morphemes which are

15

prefixed to the verb. They are subject concords of the first and second persons. Each has a plural form, as follows:-

Person	Singular	Plural
First	Ndi - (I)	Si - (We)
	e.g. Ndihlala eTantyi	Sihlala eTantyi
Second	U - (You)	Ni - (You)
	Ufunda isiXhosa	Nifunda isiXhosa

N.B. First and second persons' subject concords are not derived from any nouns, as is the case with other concords. (See para. 1.4.3 below), but from the pronouns:
Mna (I)   - Thina (We)
Wena (You) - Nina (You)

EXERCISE
1. Change the subject concord of each verb written in bold print to singular or plural, as the case may be:
   (a) Zola, **uhlala** eGugulethu?
   (b) Tata, **nifuna** iti?
   (c) **Ndifunda** ePeninsula Technicon.
   (d) **Siya** kwaLanga.
   (e) **Ndithetha** nabani?
   (f) **Ndicela** ukuthetha noZola.
   (g) **Singavuya** kakhulu.
   (h) **Nifuna** ukufunda isiXhosa?
   (i) O, **ndiyabona**, mfo wam.
   (j) **Ndiphilile**.

2. Translate into Xhosa:
   (a) Themba, do you attend (study) at U.C.T.?
   (b) Yes, I attend at U.C.T.
   (c) We come from East London.
   (d) I am pleased to meet you, Jabu.
   (e) We would like to speak to grand-mother.

In order to understand the relationship between the verb and its subject, it is necessary to consider the noun and the verb separately and more closely, paying special attention to how the agreement morphemes (i.e. subject concords) are derived from the nouns.

1.4.1. The Noun and the Subject Concord
Morphological structure
A typical Xhosa noun, in its basic form, consists of the following constituent elements or morphemes:
(a) Initial vowel
(b) Basic prefix
(c) Root (radical)
(d) Final vowel

In the noun ISIHLANGU (a shoe) for example, the morphemes are:
Initial vowel   -   I-
Basic prefix   -   -SI-
Root   -   -HLANG-
Final vowel   -   -U

The initial vowel and the basic prefix together form what is usually referred to as the noun class prefix or, simply, the class prefix. The root and the final vowel together form the noun stem or, simply, the stem. A noun, therefore, consists of two main parts, the class prefix and the stem. Thus the main parts of ISIHLANGU are:
ISI-   -   Class prefix
-HLANGU   -   Stem

N.B.
1. The initial vowel of the noun is left out in some syntactic environments.
   e.g. when it is in the vocative i.e. when it depicts the person or thing addressed irrespective of whether the vocative suffix **-ndini** is used or not as in:
   Molo, Debby. (uDebby)
   Molo, mfondini. (umfo)
2. The basic prefix is the most important morpheme to know and understand in order to understand the use of concords

In order to understand the relationship between the verb and its subject, it is necessary to consider the noun and the verb separately, paying attention to how agreement morphemes (i.e. subject concords) are derived from the nouns.

1.4.2 Noun classes and prefixes
For the purposes of this book, classes 16 and 17 will not be treated. Xhosa does not have classes 12 and 13.

Class	Prefix	Basic prefix	Example
1	um-	-m(u) -*	umntu
1a	u-	...	umama
2	aba-	-ba-	abantu
2a	oo-	...	oomama
3	um-	-m(u)-*	umthi
4	imi-	-mi-*	imithi
5	ili-	-li-	ilitye
6	ama-	-ma-*	amatye
7	isi-	-si-	isihlangu
8	izi-	-zi-	izihlangu
9	in-/i-	-n(i)-/i/*	inja/iti
10	izin-/ii	-zin-	izinja/iidesika
11	ulu-	-lu-	uluthi
14	ubu-	-bu-	ubusi
15	uku-	-ku-	ukutya

17

1.4.3 The basic prefix

(a) The basic prefix may either be weak or strong. It is weak when it has a nasal consonant or a nasal and a vowel, as is the case with the ones marked with asterisks in the above table. It is strong when it has a consonant and a vowel. Classes 1a and 2a are treated as classes 1 and 2 respectively for the purposes of this classification and for all agreement purposes.

(b) In classes 5 and 11 the basic prefix may be latent if the stem has more than one syllable.
   cf ilitye and idolo (Class 5)
   uluthi and uhadi (Class 11)

(c) The consonant element -z- of the class 10 basic prefix is left out if the stem has more than one syllable.
   cf izinto and iintombi

(d) Some nouns do not have a basic prefix (especially many nouns of class 9 that have been borrowed from either English or Afrikaans), but for agreement purposes they are treated as all the other nouns of the class.
   e.g. idesika (from English desk)
        ifestile (from Afrikaans venster)

(e) Subject concords are derived from the basic prefix as follows:-
1. if the basic prefix of the subject noun is weak, the subject concord is identical with its vowel element (latent or not latent);
2. if the basic prefix of the subject noun is strong, the subject concord is identical with the basic prefix (See table below.), except in the case of Class 10 where the nasal element of -zin- is left out.

Prefix	Basic prefix	Subject concord	Example
um-	-m(u)-	u-	Umntu ufuna imali.
u-	...	u-	Umama uya evenkileni.
aba-	-ba-	ba-	Abantwana bayadlala.
oo-	...	ba-	Oomama bayancokola.
um-	-m(u)-	u-	Umthi uyawa.
imi-	-mi-	i-	Imithi iyawa.
ili-	-li-	li-	Ilitye liyaqengqeleka.
ama-	-ma-	a-	Amatye ayaqengqeleka.
isi-	-si-	si-	Isikhova sitya iimpuku.
izi-	-zi-	zi-	Izikhova zitya iimpuku.
in-/i-	-n(i)-	i-	Inja ikhonkotha inyanga.
izin-/ii-	zin-	zi-	Izinja zikhonkotha ikati
ulu-	-lu-	lu-	Uluthi luyaphuka.
ubu-	-bu-	bu-	Ubusika buyaqala.
uku-	-ku-	ku-	Ukutya kuyabanda.

N.B. Some sound changes may take place in the subject concord as a result of the influence of the other sounds with which it may be juxtaposed.

1.5 MORE INTRODUCTIONS
Dialogue 1 (UMatthew Welsh noJohn Patterson)
UMatthew Welsh ngumfundi eBishops High School. KungoMgqibelo emini. Udibana noJohn Patterson eRosebank. UJohn ngumfundi eSt Georges High School eMowbray. UMatthew nabazali bakhe bayafika; bavela eMonti.

UJOHN:	Molo.
UMATTHEW:	Ewe.
UJOHN:	Kunjani?
UMATTHEW:	Sikhona, enkosi. Kunjani kuwe?
UJOHN:	Hayi, sikhona nathi. NdinguJohn Patterson eMowbray.
UMATTHEW:	Mna ndinguMatthew Welsh eRondebosch.
UJOHN:	Ndiyavuya ukukwazi, Matthew.
UMATTHEW:	Nam ndiyavuya ukukwazi, John. Kanene uthi uhlala eMowbray?
UJOHN:	Ewe, ndihlala eMowbray.
UMATTHEW:	Ndawoni eMowbray?
UJOHN:	Ndihlala eThornton Avenue, kwa-10. Uyayibona iThornton?
UMATTHEW:	Hayi khona, andiyazi. Ndiyafika apha eKapa.
UJOHN:	O! Uyafika? Akuhlali eRondebosch na?
UMATTHEW:	Ewe, ndihlala eRondebosch, kodwa siyafika. Sinenyanga qha apha.
UJOHN:	Nivela phi?
UMATTHEW:	Sivela eMonti.
UJOHN:	Wenza ntoni? Uyafunda okanye uyasebenza?
UMATTHEW:	Hayi mfondini, andisebenzi. Ndiyafunda. Ndifunda eBishops. Wena uyasebenza?
UJOHN:	Hayi, andisebenzi. Ndiyafunda. Ndifunda eSt Georges High, eLower Mowbray, kodwa andihlali ehostele; ndihlala ekhaya nabazali. Wena uhlala ehostele eBishops?
UMATTHEW:	Hayi, andihlali ehostele; ndihlala ekhaya nomama notata, nobhuti nosisi.
UJOHN:	Nihlala ndawoni eRondebosch?
UMATTHEW:	Sihlala eStanford Road kwa-16. Uyayibona iStanford Road?
UJOHN:	Ewe ndiyayibona. Matthew, kulungile, mfondini. Ndiza kukubona kwakhona ngenye imini.
UMATTHEW:	Hayi, kuhle John.

Vocabulary
fika - to arrive (also to be new at a place, therefore "siyafika apha" means "we are new here")

Dialogue 2 (UMatthew noSammantha)
UMatthew uyagoduka, uya eRondebosch. Udibana nentombazana, uSammantha.

UMATTHEW:	Molo, wethu.
USAMMANTHA:	Ewe, bhuti.
UMATTHEW:	Kunjani?
USAMMATNHA:	Ndiphilile, bhuti. Kunjani kuwe?
UMATTHEW:	Hayi, ndisaphila noko nam. Ngubani igama lakho?
USAMMANTHA:	NguSammantha.
UMATTHEW:	Ngubani ifani yakho?
USAMMANTHA:	NguSimpson; ndinguSammantha Simpson.
UMATTHEW:	O, ndiyabona ke, Sammy. Uyafunda?

USAMMANTHA:	Ewe, ndiyafunda. Ndifunda eSandile Primary School apha eRosebank.
UMATTHEW:	Kulungile ke, Sammy. Mna ndingubhuti Matthew. Ifani yam nguWelsh; ndinguMatthew Welsh.
USAMMANTHA:	Kulungile, bhuti Matthew.

Dialogue 3
ERondebosch uMatthew udibana noGranny Wallace nentombi yakhe, inkosikazi Davis nabantwana bakhe, uJenny, noTony noLizzy. Bayancokola.

UMATTHEW:	Molweni, makhulu.
UMAKHULU:	Ewe, molo mfana.
ABANYE:	Ewe.
UMATTHEW:	Ninjani ke, makhulu?
UMAKHULU:	Hayi, siphilile mfana wam. Ngaphandle kokuguga nje. Nibona ntoni nina?
UMATTHEW:	Hayi, siphilile nathi, enkosi, makhulu. Ngaphandle kobushushu nje.
UMAKHULU:	Ungubani kanene, mfana?
UMATTHEW:	NdinguMatthew Welsh mna, makhulu.
UMAKHULU:	Phi? Apha eRondebosch?
UMATTHEW:	Ewe, makhulu, apha eRondebosch.
UMAKHULU:	Ndawoni?
UMATTHEW:	EStanford Road kwa-16, makhulu.
UMAKHULU:	Hayi, andiyazi loo fani apha eRondebosch. Uyafika apha?
UMATTHEW:	Ewe siyafika apha, makhulu.
UMAKHULU:	Nditsho noko. Nivela phi?
UMATTHEW:	Sivela eMonti, makhulu.
UMAKHULU:	Ndiyabona ke, Matthew. Mna ndingumakhulu Wallace apha eRondebosch. Yintombi yam le; aba ngabazukulwana. Bona bahlala eCamps Bay.
UMATTHEW:	Ndiyavuya ukunibona nani, mama. Njengokuba senivile, ndinguMatthew Welsh mna.
UNKSK DAV:	Ewe,Matthew. Mna ndingumama uJean Davis. Aba ngabantwana bam. NguJenny lo; nguTony lo; nguLizzy lo.
UMATTHEW:	Hayi kuhle, mama. Ndiyavuya ukunazi. Ninjani nina, Jenny?
UJENNY:	Hayi sikhona, Matthew wethu. Ngaphandle kwesithukuthezi nje eRondebosch. Siyavuya ukukubona nokukwazi. Kunjani kuni?
UMATTHEW:	Hayi akukho nto. Nam ndiyavuya ukunibona, ngakumbi wena, kuba andizazi iindawo nabantu apha. Ndifuna ukuya eCamps Bay ngenye imini.
UJENNY:	Kulungile, ndingavuya.
UMATTHEW:	Granny, kulungile, mandinishiye ngoku.
UMAKHULU:	Hayi kuhle, Matthew, mntwana womntwana wam. Sobonana ngenye imini, kuba nathi sihlala eStanford Road apha eRondebosch kwa-36.
BONKE:	Uhambe kakuhle, Matthew.

1.6 THE USE OF NA-
Look at the following sentences:
1. (a) USipho noThemba bafunda e-U.C.T.
   (b) UDebby noZola ngabahlobo.
2. (a) Ndihlala eMowbray nabazali bam.
   (b) Ndiya evenkileni notata.
3. (a) ULinda unemoto.
   (b) Usisi unosana.

From the above examples we see that na- has three meanings, viz.
"and" as in 1(a) and (b)
"together with" as in 2(a) and (b)
"to have" i.e. "to possess" as in 3 (a) and (b)

NOTE:
1. When na- is prefixed to a noun, the a of na- coalesces with the initial vowel of the noun except in the case of Class 2(a), where the -a of na- is deleted before oo-

   e.g. USipho na + uThemba → o → uSipho noThemba

   Ndihlala na + abazali → a → Ndihlala nabazali.

   ULinda una + imoto → e → ULinda unemoto.

   But: abantwana na + ootata > abantwana nootata

2. **na-** can also be used to mean "too" which is used after a noun or pronoun.

   e.g. She too is a singer. > Naye uyimvumi.
   Debby too is a singer. > NoDebby uyimvumi.

3. In addition to meaning "to have", **na-** can also mean "to be in love with" and "to be with somebody".

   e.g. UMatthew unoJenny. – Matthew is in love with Jenny.
   Umama unomakhulu ekhitshini – Mother is with grand-mother in the kitchen.

In all these cases **na-** is preceded by the subject concord.

N.B. Because this construction is predicative, it is a type of copulative referred to as the **Associative copulative**. Thus it can either be positive (as in the above examples) or negative, as in the examples below. It can also be in different tenses and moods. All the examples above and below are in the present tense of the indicative mood.

Examples of the negative associative copulative:-
1. Question: Abantwana banemali?
   Answer: Hayi, abantwana **abanamali**.
2. Question: UMatthew unoJenny?
   Answer: Hayi, uMatthew **akanaJenny**.
3. Question: Imbila inomsila
   Answer: Hayi, imbila **ayinamsila**.

4. When the negative formative a- is prefixed to the positive associative copulative to form the negative, the copulative stem (noun possessed) loses its initial vowel. There is therefore no vowel coalescence taking place as in examples 1, 2, and 3 above.

5. When the stem of an associative is a noun depicting a part of the body or an ailment, it expresses "suffer from ..." or "to have a painful . . ."

   e.g. USammantha unesisu. – Sammantha has a painful stomach.
   Usana lunentloko. – The baby has a head-ache.

6. When na- is prefixed to izolo (yesterday), y- is inserted between the two vowels. The two vowels do not coalesce.

   e.g. namhlanje na + izolo > namhlanje nayizolo

7 na- can be prefixed to a noun that comes after a negative predicate to express "not even" as in:
Akabhaleleli nomama wakhe. – He does not write even to his mother.
Andinayo nesenti. – I do not have even a cent.
Sometimes the noun is followed by a demonstrative pronoun as in:
Akabhaleli nomama wakhe lo.
Andinayo nesenti le.

8. **na- and the interrogatives**
   (na + phi na) naphi na > anywhere
   (na + ntoni na) nantoni na > anything
   (na + nini na) nanini na > any time
   (na + njani na) nanjani na > any how
   (na + bani na) nabani na > anyone/anybody

EXERCISE

Join the following pairs of nouns by completing the sentence:-
Ndibona ...
1. uDebby + uZola ....
2. usisi + ubhuti ....
3. umama + utata ....
4. utatomkhulu + umakhulu ....
5. inja + ikati ....
6. imoto + isithuthuthu ....
7. umntu + inja ....
8. amantombazana + abafana ....

9. oomama + ootata ....
10. itekisi + iibhasi ....

1.7 MAKING A PHONE CALL
In this lesson you are taught how to answer the phone as well as how to make a phone call.
You are also given a number of other forms of inquiring after someone's health and of responding when someone inquires after your health and welfare.

Incoko efowunini/Telephone conversation
(Ifowuni iyakhala: Nkri, Nkri. Nkri, Nkri. Nkri, Nkri.)

UZOLA:	Hello!
UDEBBY:	Hello! Ndicela ukuthetha noZola
UZOLA:	Nguye lo uthethayo. Ndithetha nabani?
UDEBBY:	NguDebby lo uthethayo. Ninjani, Zola?
UZOLA:	Sikhona, enkosi. Ngaphandle komsebenzi nje. Kunjani kuwe?
UDEBBY:	Hayi, sikhona nathi. Zola, wenza ntoni namhlanje malanga?
UZOLA:	Andenzi nto. Utsho ngoba?
UDEBBY:	Ndicela uze apha ekhaya.
UZOLA:	O, ndingavuya. Nini?
UDEBBY:	Ngo-3.
UZOLA:	Kulungile.
UDEBBY:	Hayi ke kulungile, Zola. Sobonana ngoko.
UZOLA:	Kuhle, Debby.

Vocabulary

Nguye lo uthethayo	-	It is she speaking (i.e. Speaking!)
Ndithetha nabani?	-	To whom am I speaking?
Wenza ntoni?	-	What are you doing?
Malanga	-	In the afternoon
Andenzi nto	-	I'm not doing anything
Utsho ngoba?	-	Why? (lit. Why do you say so?)
Ndingavuya	-	I'll be pleased (lit. I can be happy)
Kuhle/kulungile	-	It is well (i.e. it's O.K.)
Ngoko	-	Then

1.8 VARIOUS FORMS OF INQUIRING INTO SOMEONE'S HEALTH
The following are some of the various ways in which a person can inquire after your health. The use of some of them is determined largely by the level of acquaintance and the situation of the interaction (formal or informal):
Kunjani?
Uphila njani?
Niphila njani?
Nisaphila?
Usaphila?
Uyaphila?
Uphilile?

Niphilile?
Nivuka njani?
Nivuke njani?
Khawuphile.
Khaniphile.
Philani ke.
Nibona ntoni?
Ubona ntoni?
Nibone ntoni?
Ubone ntoni?
Uboniswa ntoni?
Niboniswa ntoni?
Uboniswe ntoni?
Niboniswe ntoni?
Injani impilo?
Kunjani ngempilo?
Ninjani ngempilo?
Kunjani ngemvuko?
Ninjani ngemvuko?
Akukho nto intsha noko?
Akukho nto intsha phofu?
Akukho nto imbi phofu?

In responding to any of the above, the following can be used:
Siphilile; Ndiphilile; Ndisaphila; Sisaphila; Sisaphilile; Sonwabile; Akukho nto; Asiboni nto; Asiboniswanga nto; Asikaboniswa nto; Siyavuka; Sivukile; Kuhle; Kusekuhle; Siyazama noko; Sisazama noko; Siyangcambaza; Sisangcambaza; Sithe chu kakuhle; Sisathe chu kakuhle; Asikhalazi; Akukho sikhalazo; Zisentle zonke.

N.B.: It is common practice to use 'Hayi' before these and 'noko' after them.
    e.g. Hayi sisaphila noko.
"Hayi" and "Noko" in this context are difficult to translate. They are just flavouring terms – more like "nee" and "maar" in Afrikaans.
    e.g. Nee, maar goed.

1.9 WORKER MEETS WORKER
Participants in the following dialogue are workers who have met before for a short time. They are curious to know more about each other.

UZAMEKA:	Molo, Nokwanda
UNOKWANDA:	Ewe, Zameka
UZAMEKA:	Ninjani namhlanje?
UNOKWANDA:	Sikhona enkosi. Kunjani kuwe?
UZAMEKA:	Sikhona nathi, enkosi. Lilanga nje.
UNOKWANDA:	Yho-o! Kushushu namhlanje.
UZAMEKA:	Nokwanda, kanene wenza ntoni?
UNOKWANDA:	Ndiyasebenza.
UZAMEKA:	Usebenza phi?
UNOKWANDA:	Ndisebenza ePinelands High School. Ndiyafundisa.

UZAMEKA:	O! Kanti uyititshala. Kunjani ePinelands High?
UNOKWANDA:	Ewe ndiyititshala; kumnandi kakhulu ePinelands High. Ndisonwabile.
UZAMEKA:	Kudala ufundisa phaya?
UNOKWANDA:	Hayi, ndiyafika kulo nyaka.
UZAMEKA:	Ufundisa ntoni phaya?
UNOKWANDA:	Ndifundisa isiXhosa qha. Wena Zameka, wenza ntoni ngentsebenzo?
UZAMEKA:	Ndisebenza eRed Cross Hospital.
UNOKWANDA:	Inene? Wenza ntoni phaya?
UZAMEKA:	Ndingumabhalana kwa-admissions.
UNOKWANDA:	Kunjani ke eRed Cross, kumnandi?
UZAMEKA:	Ewe kumnandi kodwa umvuzo wakhona uyakhwinisa kakhulu.
UNOKWANDA:	Imivuzo iyakhwinisa kwiindawo zonke, Zameka. Akukho ndawo injani.
UZAMEKA:	Utsho na? Nokwanda, uhlala nabani ekhaya?
UNOKWANDA:	Ndihlala nomyeni wam nabantwana bethu.
UZAMEKA:	O! Unabantwana?
UNOKWANDA:	Ewe, ndinabantwana, intombazana nenkwenkwe.
UZAMEKA:	Wenza ntoni umyeni wakho?
UNOKWANDA:	Umyeni wam usebenza e-Adelphi Motors eSea Point.
UZAMEKA:	Abantwana bakho benza ntoni bona?
UNOKWANDA:	Bahamba isikolo. Zameka, masahlukane ngoku. Ndifuna ukuya kulanda abantwana esikolweni.
UZAMEKA:	Kulungile, Nokwanda, uhambe kakuhle. Sobonana kwakhona.
UNOKWANDA:	Uhambe kakuhle nawe, Zameka. Ithini ifowuni namba yakho?
UZAMEKA:	Ngu-536279 ekhaya; emsebenzini ngu-6898122. Eyakho?
UNOKWANDA:	Ngu-536465 ekhaya; emsebenzini ngu-530435.
UZAMEKA:	Hayi ke kulungile; ndiza kukufowunela.
UNOKWANDA:	Kulungile, Zameka, ndingavuya kakhulu.

Vocabulary

ukusebenza	to work
ukufundisa	to teach
kumnandi	it is nice
kakhulu	a lot/very much
ndisonwabile	I am still happy
phaya	there
intsebenzo	work (same as umsebenzi e.g. wenza ntoni ngomsebenzi?
umabhalana	clerk
umvuzo	salary
uyakhwinisa	lit. it makes one sob i.e. it is not satisfactory
umyeni	husband
intombazana	little girl
inkwenkwe	boy
siza kuphinda	we'll chat again

sincokole kwakhona	
masahlukane	let us part company
ukulanda	to fetch
ndingavuya kakhulu	I'll be very happy

1.10 MORE ABOUT THE VERB
Morphological structure
The verb has two main basic morphemes. These are:
(1) the radical (root) and
(2) the final vowel

These two morphemes together form the verb stem. The structure of the verb stem is very important for understanding the various forms a verb may assume in its conjugation, as well as for understanding its morphophonological structure.

Verb stem types
The following are the various **verb stem** types found in Xhosa:
(1) **Polysyllabic verb stems** – These are verb stems that have two or more syllables.
  e.g. -hamba
     -goduka
(2) **Monosyllabic verb stems** – These are verb stems with one syllable.
  e.g. -tya
     -ya
(3) **Vowel-commencing verb stems** – These are verb stems whose initial sound is a vowel.
  e.g. -enza
     -oyika
(4) **Verb stems with a latent (-i-)** – popularly known as **latent -i-** verb stems. These are verbs which commence with an **i-** which has become latent, but which surfaces whenever the preceding morpheme ends in an **-a** or is an **-a**, and coalesces with such **-a** to form **-e-**.
  e.g. (i)za Ndiya + (i)za > Ndiyeza
     (i)va Ndiya + (i)va > Ndiyeva
     (i)hla Ndiya + (i)hla > Ndiyehla.

In its use in a sentence the verb may take various morphemes according to its mood, tense, aspect and form (positive or negative). Some of these morphemes are prefixal (they come before the stem), others are suffixal (they come after the root or stem). In the preceding paragraphs, for example, the verbs have been in the present tense of the indicative mood.

Use in the present indicative
(a) **Positive** – The positive present tense of the indicative mood has two forms viz. a long form and a short form.
In the **long form** the verb has the following structure:

Subject concord + Auxiliary + Verb stem
▼   ▼   ▼
ndi- + -ya- +   -goduka > Ndiyagoduka

In this form the verb can stand on its own, without any other word following it.
In the **short form** it has the following structure:
Subject concord + Verb stem

     ▼   ▼
   ndi- + -goduka > Ndigoduka . . .

In this form the verb cannot stand on its own without
any other word following.
e.g. Ndigoduka ngebhasi.

(b) **Negative** – In the negative the verb has the following structure:

Neg. formative + Subj. conc. + Verb **stem** (ends in -i)

     ▼   ▼   ▼
   a- +   **-ndi-** +   -go**du**ki > Andigoduki

N.B. Subject concords with a V-structure (i.e. those that are vowels only – from weak prefixes) change in structure because of the negative formative which is also a vowel.

They change as follows:

Positive	Negative	Example
2nd person u-	-ku-	Akugoduki (uyagoduka)
Classes 1/1a u-	-ka-	Akagoduki (uyagoduka)
Class 3 u-	-wu-	Awuwi (uyawa)
Class 4 i-	-yi-	Ayiwi (iyawa)
Class 6 a-	-ka-	Akawi (ayawa)
Class 9 i-	-yi-	Ayigodoli (iyagodola)

EXERCISES

1. Fill in the correct subject concord:
(a) Mna **a-thandi** ukuya edolophini ngoLwesihlanu.
(b) Nina ke ngoku **-funa** ntoni apha? **A-va** ukuba ndithi andifuni kuthetha nani?
(c) Thina **-funa** ukuya ekonsathini, kodwa umama **a-vumi**.
(d) Debby, **-enza** ntoni apha eyunivesiti?
(e) Utata wakho yena **-sebenza phi**?
(f) Zola, abazali bakho **-enza** ntoni?
(g) Utata **a-sebenzi**; **-dla** umhlalaphantsi. Umama yena **-fundisa** eSiviwe Higher Primary.
(h) Usana **-yakhala**.
(i) Andiva; uthi usana **-enza ntoni**?
(j) Inkomo **-funa** ilusini, kodwa umvundla wona **a-thandi** ukutya ilusini, uthanda ihabile.

2. Change the verbs written in bold print into negative or positive, as the case may be:
(a) Wena Sipho, **uyathanda** ukudlala.
(b) Amadoda **ayasebenza**, kodwa abafazi bona **abasebenzi**.
(c) Ikati **ilala** phandle.
(d) Lo mthi **ukhula** kakuhle.

(e) UNgqika **uyoyika** ukuhamba ebusuku.
(f) Umntwana **akalili**.
(g) Undwendwe **luyathandaza**.
(h) Ukutya **akubandi** kuba **akuphumi** efrijini.

1.11 OTHER AFFIXES OF THE NOUN

In addition to the prefixal elements of the noun treated above, which form part of its constituent structure, there are other formatives which can be added to the noun without changing it into another part of speech. These are suffixal formatives which give more information either about the noun itself or about its function in a sentence. The addition of some of them has phonological implications for the structural make-up of the noun. These are some of them:

(a) The vocative suffix **-ndini**:
This is suffixed to the noun stem when it depicts the person or thing addressed. Whenever **-ndini** is suffixed to the noun, the noun loses its initial vowel.
e.g. umfana > **Mfanandini**, yiza apha.
uDebby > **Debby**, uya phi ngoku?
umakhulu > Molo, **makhulu**.

(b) The diminutive suffix
This may be **-ana, -anana, -azana** or **-anyana**. The addition of these to the stem of the noun has some phonological implications for the noun. Look at the following examples:-

1.	inja	-	injana
2.	itafile	-	itafilana
3.	ikati	-	ikatana
4.	isitulo	-	isitulwana
5.	umntu	-	umntwana
6.	umlomo	-	umlonyana
7.	intaba	-	intatyana
8.	umbhobho	-	umbhojana
9.	isepha	-	isetshana
10.	impempe	-	impentshana
11.	intambo	-	intanjana

In the above examples you will notice the following:-
(1) If the noun ends in -a, -e or -i, these are deleted when the diminutive suffix is added, as in examples 1 to 3.
(2) If the root of the noun has a syllable that has a labial sound, this changes to a palatal sound when the diminutive suffix is added – provided the syllable does not occupy the initial position, that is, it is not the first syllable – as in examples 6 to 11. This sound change is referred to as **palatalization**. The sound changes take place as follows:-
m > ny (6)
b > ty (7)
bh > j (8)
mb > nj (11)
ph > tsh (9)
mp > ntsh (10)

Diminution can be in terms of:
(1) age, as in: umntu > umntwana
(2) size, as in: ilitye > ilityana
(3) quantity, as in: imali > imalana

(c) The augmentative suffix **-kazi**
This is added to the stem of the noun to express "very big".
e.g. indlu > indlukazi
    umlambo > umlambokazi

(d) The feminine gender suffix **-kazi**
e.g. inkosi > inkosikazi
    inja > injakazi
In some cases the feminine gender suffix is **-azana** as in:
inkosi > inkosazana
umkhonzi > umkhonzazana
isicaka > isicakazana

2. OCCUPATIONS

In this theme you will learn vocabulary that is related to occupations and some kinship terms. You will also learn about the following aspects of Xhosa grammar: the **identifying copulative, absolute pronoun** and the **demonstrative pronoun**.

With regard to occupational terms, you will note that many of the terms are loan-words (cognates) and that in many other cases there are no Xhosa equivalents. In these latter cases the English terms are used with a Xhosa initial vowel, which in most cases is that of class 9.

e.g. iphysiotherapist (physiotherapist)
    Usisi yipyhsiotherapist eGroote Schuur.

2.1 OCCUPATIONS AND KINSHIP TERMS.
Kule ncoko uDebby noZola bakuloDebby. Babuka i-album.

Incoko

UDEBBY:	Masiqale apha ekuqaleni.
UZOLA:	Kulungile.
UDEBBY:	Jonga ke, Zola. **Yifemeli** yakuthi *le*.
UZOLA:	Inene! Unodade na?

UDEBBY:	Ewe, ndinodade omnye. Igama lakhe **nguTerry**.
UZOLA:	O! Wenza ntoni *yena*?
UDEBBY:	UTerry **ngumongikazi**. Uyanesa; unesa eBaragwanath Hospital, eRhawutini.
UZOLA:	Utshatile?
UDEBBY:	Ewe, utshatile. Utshate noBhekumuzi Mthembu.
UZOLA:	Wenza ntoni uBhekumuzi *yena*?
UDEBBY:	**Ngumakhi**. Usebenza kwa-L.T.A.
UZOLA:	Banabantwana?
UDEBBY:	Ewe, banabantwana ababini; inkwenkwe nentombazana.
UZOLA:	Benza ntoni abantwana *bona*? Bayafunda?
UDEBBY:	Ewe. Inkwenkwe **ngumfundi** eSt John's Junior School. Intombazana **ngumfundi** eHoly Cross Convent. **Ngubhuti** *lo*; **ngumama** notata *aba*.
UZOLA:	Benza ntoni abazali bakho?
UDEBBY:	Utata **ngumakhenikhi** eGugulethu Motors. Umama *yena* **ngutitshalakazi**, kodwa akasebenzi ngoku. Imisebenzi inqabile.
UZOLA:	Ubhuti wakho *yena* wenza ntoni? Uyafunda?
UDEBBY:	Hayi, ubhuti akafundi. **Ngumchweli**; usebenza eU.C.T.
UZOLA:	Masityhile kwakhona. Ngoobani *aba*?
UDEBBY:	Ndim lo. **Ngumzala** wam *lo*, uNeville Klass, eGugulethu. Ufundela ukuba **ngumfundisi**. UseSeminari kulo nyaka.
UZOLA:	*Aba*?
UDEBBY:	**Ngumalume** nenkosikazi yakhe *aba*. **Ngabazali** bakaNeville. **NguNeville** kwakhona *lo*; **ngumkhuluwa** wakhe *lo*, uDenver; **ngumninawa** wakhe *lo*, uShaun. Umalume unabantwana abathathu. OoNeville abanadade; **ngamakhwenkwe** odwa.
UZOLA:	Umalume nenkosikazi yakhe benza ntoni?
UDEBBY:	Umalume **ligqwetha**; umakazi *yena* **ngumtshutshisi**.
UZOLA:	*Aba*?
UDEBBY:	**Ngudadobawo** *lo* nomyeni wakhe. Bahlala eBhayi. Udadobawo **yiprofesa** e-U.P.E. Umyeni wakhe **ngugqirha** eLivingstone Hospital.
UZOLA:	Thiza, Debby! Abantu bakowenu bafundile. *Wena* ufundela ntoni?
UDEBBY:	Hayi, Zola, andazi; andifuni kuxoka. Ngamanye amaxesha ndifuna ukuba **yinjineli**, ngamanye amaxesha ndifuna ukuba **ngumzobi**.
UZOLA:	Debby, ngubani ixesha? Ndifuna ukugoduka ngoku, kuhlwile.
UDEBBY:	Hayi kulungile, Zola.
UZOLA:	Enkosi, Debby ngento yonke. Nisale kakuhle.
UDEBBY:	Uhambe kakuhle, Zola; sobonana.

Vocabulary

ekuqaleni	-	from/at the beginning
yakuthi	-	of our home (i.e. our)
Inene!	-	Really!
udade	-	sister (younger or older)

utshatile	-	married
umakhi	-	a builder
inkwenkwe	-	a boy
intombazana	-	a girl (young girl; – big girl is 'intombi')
umfundi	-	student/pupil (lit. a learner)
umchweli	-	carpenter
ukutyhila	-	turn over/page (masityhile – let's turn the page)
kodwa	-	but
Ngoobani aba?	-	Who are these?
umzala	-	cousin
umalume	-	maternal uncle (i.e. mother's brother)
umkhuluwa	-	elder brother
umninawa	-	younger brother
inkosikazi	-	wife
igqwetha	-	lawyer/attorney
umtshutshisi	-	prosecutor
udadobawo	-	paternal aunt (i.e. father's sister)
Thiza!	-	O! My goodness; O, my word; etc. (Coloq.: Gee; Jislaaik)
Kuhlwile	-	It is late (lit. the night has come)

2.2 HERE ARE MORE OCCUPATIONS.
Look at the following pictures:

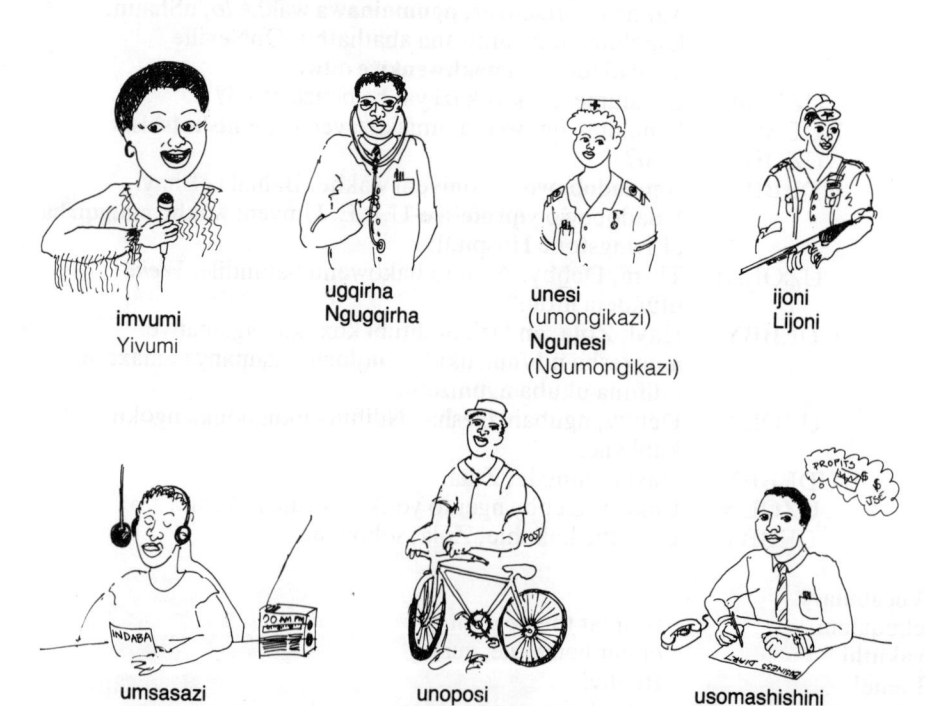

imvumi
Yivumi

ugqirha
Ngugqirha

unesi
(umongikazi)
Ngunesi
(Ngumongikazi)

ijoni
Lijoni

umsasazi
Ngumsasazi

unoposi
Ngunoposi

usomashishini
Ngusomashishini

umabhalana
(iklakhi)
Ngumabhalana
(Yiklakhi)

ibhishophu
Yibhishophu

umpheki
Ngumpheki

ijaji
Yijaji

Abadlali
Ngabadlali
Umdlali(sing.)
Ngumdlali

utitshalakazi
Ngutitshalakazi

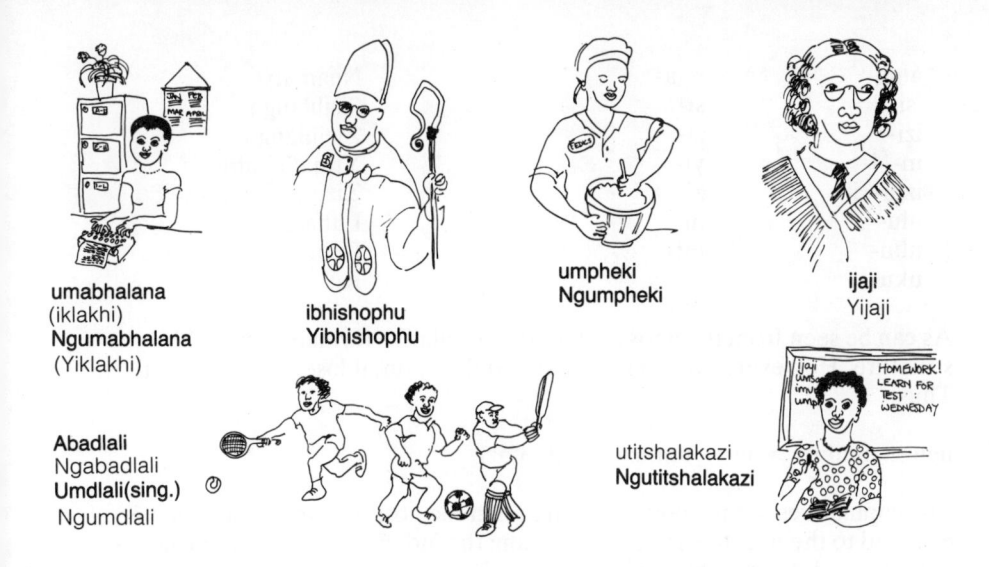

2.3 THE COPULATIVE
As we have seen from the previous theme, the significance of a verb in a sentence is that it gives the sentence a complete meaning. The technical term used for a word that gives the sentence a complete meaning is **predicate**. There are two types of predicates in Xhosa, viz. the verbal **predicate** and the non-verbal **predicate**. The latter is referred to as the copulative, so called because this predicate is the equivalent of the English copula "to be" used before other parts of speech such as noun, pronoun, adverb, etc. The words written in bold print in the dialogue in paragraph 2.1 above are all copulatives formed from nouns, i.e. equivalents of the English "to be" used before nouns. Copulatives formed from nouns and pronouns are referred to as the **identifying copulatives**. There are other types of copulative, some of which are treated in the later themes.

There are two types of the identifying copulative, viz. the impersonal (indefinite) identifying copulative and the personal (definite) identifying copulative.

2.3.1 Impersonal identifying copulative
This copulative is the equivalent of the English "it is. . ./they are. . .". It is formed by prefixing to the noun or pronoun an element referred to as the copulative formative. The structure of the copulative formative is determined by whether the noun prefix is strong or weak, as follows:

Noun prefix	Copulative formative	Example
um-	ngu-	Ngumfazi
u-	ngu-	Ngumama
aba-	nga-	Ngabafazi
oo-	nga-	Ngoomama
um-	ngu-	Ngumthi
imi-	yi-	Yimithi
ili-	li-	Lilitye

33

ama-	nga-	Ngamatye
isi-	si-	Sisihlangu
izi-	zi-	Zizihlangu
in-, i-	yi-	Yinja/Yitafile
izin-, ii-	zi-	Zizinja/Ziitafile
ulu-	lu-	Luhadi
ubu-	bu-	Bubusi
uku-	ku-	Kukutya

As can be seen from the above table, the copulative formative has a CV-structure. However, when it is prefixed to the noun, it loses its V element. Thus:-

ngu- + umfazi > ng- + umfazi > ngumfazi

The copulatives in the above table are all in the positive form. They can be changed to the negative form by prefixing the indefinite copulative negative formative **asi-** to the copulative formative. The V element of the copulative formative changes to **-o-** after **asi-**. The addition of the negative formative results in the deletion of the initial vowel of the noun from which the copulative is formed.

Complete the following table as in the first three lines.
(Note that in class 2a the initial vowel oo- is retained.):

Noun prefix	*Neg. cop. formative*	*Example*
um-	asingo-	Asingomfazi
u-	asingo-	Asingomama
aba-	asingo-	Asingobafazi
oo-	....	....
um-	....	....
imi-	....	....
ili-	....	....
ama-	....	....
isi-	....	....
izi-	....	....
in-, i-	....	....
izin-, ii-	....	....
ulu-	....	....
ubu-	....	....
uku-	....	....

2.3.2 Personal identifying copulative

The positive form of the personal identifying copulative is formed by prefixing the subject concord to the impersonal identifying copulative.
e.g. USipho **ungumdlali** webhola.
   Abafazi **bangabasebenzi**.

The negative form is formed by prefixing the negative formative a- to the subject concord of the personal identifying copulative. If the subject concord has a V-structure, it changes after the negative formative as it does in a negative verb.
e.g. USipho **akangomdlali** webhola

2.4 PROUNOUNS

Read the dialogue in paragraph 2.1 above again. The words written in italics are pronouns. The pronoun has traditionally been defined as a word that stands in the place of a noun in a sentence. Like a noun, therefore, it can function either as subject or object of the verb in a sentence. There are different types of pronouns in Xhosa. Some of the pronouns in the above dialogue for example, are **absolute pronouns,** the others are **demonstrative pronouns**. You are advised to revise the noun classes, paying special attention to the basic prefix before reading the following paragraphs.

2.4.1 The absolute pronoun

Look at the following table:

Class prefix	*Absolute pronoun*
um-	yena
u-	yena
aba-	bona
oo-	bona
um-	wona
imi-	yona
ili-	lona
ama-	wona
isi-	sona
izi-	zona
in-, i-	yona
izin-, ii-	zona
ulu-	lona
ubu-	bona
uku-	kona

The absolute pronoun consists of three constituent elements. They are:
(1) an agreement element
(2) a root element
(3) a stabilizer

In all cases the stabilizer is **na-**. The root element is **-o-** except in classes 1 and 1a, where it is **-e-**. (See below for the first and second persons.) The agreement element is either **y-** or **w-** in the case of weak classes. If, however, the noun has a strong prefix, the agreement element is identical with its (noun) subject concord, but the vowel of the agreement element is elided before the root element **-o-**

e.g. ba- + -o- + -na > bona
si- + -o- + -na > sona

The absolute pronouns of the first and second persons are:

	Singular	*Plural*
First person	mna	thina
Second person	wena	nina

35

Note:
1. The absolute pronoun can be used with or without the noun as in:
   Abantwana bona bafunda phi?
   Bona bafunda phi?
2. It may precede or follow the noun as in:
   Umana **yena** ngutitshalakazi.
   Yena umama ngutitshalakazi.
3. An absolute pronoun can be used with other pronouns as in:
   Bonke aba bona bayafunda
   Aba bonke bona bayafunda
   Bona aba bonke bayafunda
4. Identifying copulatives are formed from absolute pronouns by prefixing the copulative formative to the absolute pronoun. When this is done, the stabilizer is deleted, as it is whenever any morpheme is prefixed to the absolute pronoun.
   e.g. ngu- + yena > nguye
   si- + sona > siso

Complete the following tables:

(a) | Class prefix | Absolute pronoun | Copulative |
|---|---|---|
| um- | | |
| u- | | |
| aba- | | |
| oo- | | |
| um- | | |
| imi- | | |
| ili- | | |
| ama- | | |
| isi- | | |
| izi- | | |
| in-, i- | | |
| izin- | | |
| ulu- | | |
| ubu- | | |
| uku - | | |

(b) | Person | Absolute pronoun | Copulative |
|---|---|---|
| First singular | | |
| First plural | | |
| Second singular | | |
| Second plural | | |

2.4.2 The demonstrative pronoun

As the term suggests, the basic function of the demonstrative pronoun is to give an indication of the position of the noun (spoken about) in relation to the speaker and hearer. There are three possible positions, viz. apha (here), a position close to both speaker and hearer, technically referred to as the **first position**; apho (there), a position far from the speaker and close to the hearer, the **second position**; and phaya (yonder), a position far from both the speaker and hearer, the **third position**. Thus demonstrative pronouns of the first, second and third positions respectively express, **this/these**, **that/those** and **that/those yonder**.

The demonstrative of the **first position** consists of two constituent elements. These are:
(1) a demonstrative formative **la-**
(2) an agreement element, similar to the subject concord of the class

If the agreement element is a vowel (i.e. in weak classes), it coalesces with the **-a** of the demonstrative formative.

e.g. Class 1 la- + u- > lo as in: lo mfazi
Class 9 la- + i- > le as in: le nja

(**N.B.** in the table below weak classes are marked with asterisks.)

If the agreement element has a CV-structure (i.e. in strong classes), the **-a** of the demonstrative formative is raised if the vowel is either **-i** or **-u**. The **l-** of the demonstrative formative is dropped.
e.g. Class 5 la- + li- > leli > **eli**
Class 14 la- + bu- > lobu > **obu**

The demonstrative of the **second position** is formed from that of the first position by suffixing **-o**. In the case of weak classes a semi-vowel **-y-** or **-w-** is inserted between the two vowels.
e.g. lo + -o > lowo (loo)
le + -o > leyo (loo)
la + -o > lawo (loo)
All these forms are normally shortened to **loo**.
In the case of strong classes, the addition of **-o** results in the deletion of the final vowel of the first position demonstrative.
e.g. ezi + -o > ezo
aba + o- > abo
olu + -o > olo

The demonstrative of the **third position** is formed from that of the first position by suffixing **-ya** or **-wa**.
e.g. lo + -wa > lowa (laa)
eli + -ya > eliya (elaa)
obu + -ya > obuya (obaa)
la + -wa > lawa (laa)

All third position demonstratives can be shortened, as indicated in brackets in the above examples and the table below. (N.B. the two vowels in the shortened forms are not articulated separately. They are articulated as one sound and the doubling is merely to indicate a falling tone in pronunciation, i.e. length.)

Note:
1. Demonstrative pronouns can be used with or without the noun
   e.g. Lo mntu uyasebenza.
       Lo uyasebenza.

2. A demonstrative pronoun in its shortened form cannot be used without or after the noun.
   e.g. Umntu loo uyasebenza*
   Loo uyasebenza.*
   (* indicates ungrammatical sentence)
3. A noun loses its initial vowel after a demonstrative pronoun
   e.g. Aba **bantwana** bayathanda ukudlala.
4. Singular first and second person's demonstrative pronouns are similar to that of class 1.
   e.g. Ndim **lo**.
   Nguwe **lo**.
   In the plural they are similar to that of class 2.
   e.g. Sithi **aba**.
   Nini **aba**.

Table of demonstrative pronouns

Class pref.	1st position	2nd position	3rd position
um-*	lo	lowo (loo)	lowa (laa)
u-*	lo	lowo (loo)	lowa (laa)
aba-	aba	abo	abaya (abaa)
oo-	aba	abo	abaya (abaa)
um-*	lo	lowo (loo)	lowa (laa)
imi-*	le	leyo (loo)	leya (laa)
ili-	eli	elo	eliya (elaa)
ama-*	la	lawo (loo)	lawa (laa)
isi-	esi	eso	esiya (esaa)
izi-	ezi	ezo	eziya (ezaa)
in-, i-*	le	leyo (loo)	leya (laa)
izin-, ii-	ezi	ezo	eziya (ezaa)
ulu-	olu	olo	oluya (olwaa)
uku-	oku	oko	okuya (okwaa)

3. TRAVEL AND TIME

In this theme you will learn vocabulary and expressions related to travel and time. You will also learn about the following aspects of Xhosa grammar: the use of the adverb prefixal morpheme **nga-**; the **object concord**: the **infinitive** and its use to express time (i.e. as an adverbial clause of time); and the **reflexive morpheme**.

3.1. THE USE OF NGA-
Look at the following sentences:
1. (a) Umama uya ngetreyini edolophini.
   (b) UJabu uza ngebhayisikile eyunivesiti.
2. (a) Usisi ukera iitapile ngemela.
   (b) Ndithanda ukubhala ngepensile.
3. (a) Abafundi bathanda ukuncokola ngezifundo.
   (b) Oomakhenikhi bathanda ukuthetha ngeemoto.
4. (a) Eyunivesiti ubona abantu ngabantu.
   (b) Evenkileni kukho izinto ngezinto.
5. (a) Ibhasi ifika ngo- 2.00 ekuseni.
   (b) Isikolo siqala ngo- 8.00 kusasa.
6. (a) Edolophini ndiya ngoMgqibelo.
   (b) Andifuni ukuza esikolweni ngoMvulo.
7. (a) Ngo-1990 ndiza kuya eRhini.
   (b) Ndifuna ukumka eKapa ngo-1987

Note:
The meanings of **Nga-**:
1. Nga- **by** as in 1(a) and (b)
         with as in 2(a) and (b)
         about as in 3(a) and (b)
         at as in 5(a) and (b)
         on as in 6(a) and (b)
         in as in 7(a) and (b)

   When one noun in the plural is duplicated, with the second one starting with nga- the meaning is "different types of . . ." as in 4(a) and (b)
2. As with that of **na-**, the -a of **nga-** coalesces with the initial vowel of the noun to which it is prefixed.
3. When the preceding verb is in the negative the initial vowel of the noun may be deleted.
   e.g. Umama notata abancokoli ngemali.
       or
       Umama notata abancokoli ngamali.

3.2 TIME, DAYS OF THE WEEK, MONTHS, YEARS AND SEASONS
(a) What is the time/At what time/When?
(Ngubani ixesha/Ngabani ixesha/Nini?)
In informal conversational exchanges time is expressed in English. However, the prefixal formatives ngu- (it is) and ngo- (at) are prefixed as in:

Ngubani ixesha?	*Ngabani ixesha/Nini?*
ngu-1	ngo-1
ngu-2	ngo-2
....	ngo-3
....	ngo-4
ngu-5	....
....	ngo-6
....	ngo-7
....	....
ngu-9	....
....	ngo-10
....	ngo-11
ngu-12	....

Complete the table by filling in the appropriate forms in the blank spaces. These forms of telling the time are commonly used even in many formal situations, possibly for the purposes of verbal economy, because their Xhosa equivalents can be as long as eight words.

Compare: ngu-12.29 (or Yi-twenty nine past twelve),
         and Yimizuzu engamashumi amabini anethoba emva kwentsimbi yeshumi elinambini

In Xhosa time is expressed by using the noun **intsimbi** (bell) followed by the possessive form of the numeral (i.e. cardinal forms of numbers 1-12).

Ixesha		*Ngubani ixesha?*
1 o'clock	- intsimbi yokuqala	- yintsimbi yokuqala
2 o'clock	- intsimbi yesibini	- yintsimbi yesibini
3 o'clock	- intsimbi yesithathu	- yintsimbi yesithathu
4 o'clock	- intsimbi yesine	- yintsimbi yesine
5 o'clock	- intsimbi yesihlanu	- yintsimbi yesihlanu
6 o'clock	- intsimbi yesithandathu	- yintsimbi yesithandathu
7 o'clock	- intsimbi yesixhenxe	- yintsimbi yesixhenxe
8 o'clock	- intsimbi yesibhozo	- yintsimbi yesibhozo
9 o'clock	- intsimbi yethoba	- yintsimbi yethoba
10 o'clock	- intsimbi yeshumi	- yintsimbi yeshumi
11 o'clock	- intsimbi yeshumi elinanye	- yintsimbi yeshumi elinanye
12 o'clock	- intsimbi yeshumi elinambini	- yintsimbi yeshumi elinambini

Nini/Ngabani ixesha?
Ngentsimbi yokuqala
Ngentsimbi yesibini
Ngentsimbi yesithathu
Ngentsimbi yesine
....
....
....
....
....
....
....
(Gqibezela!)

Umzekelo:

Uya nini emsebenzini?	When do you go to work?
Ndiya ngentsimbi yesibhozo.	I go at eight o'clock.
Itreyini ifika ngabani ixesha eMowbray?	At what time does the train arrive at Mowbray?
Ifika ngentsimbi yesibini.	It arrives at two o'clock.

N.B. The above forms of telling the time are used mainly in formal situations which demand the use of the standard variety of language. You will find them in radio and T.V. newscasts, newspapers, books and, to a very limited extent, also in such formal communication situations as giving talks.

PRACTICE AT HOME:

Find out the meaning of: Ngesithuba sika-1
   and   Ngezithuba zoo-1

(b) Days of the week
1. Kungolwesingaphi namhlanje?
   (What day is it today?)

(Sunday) iCawe	- kungeCawe (it is. . .)
(Monday) uMvulo	- kungoMvulo
(Tuesday) uLwesibini	- kungoLwesibini
(Wednesday) uLwesithathu	- kungoLwesithathu
(Thursday) uLwesine	- kungoLwesine
(Friday) uLwesihlanu	- kungoLwesihlanu
(Saturday) uMgqibelo	- kungoMgqibelo

   The identifying copulative formative can be used instead of kunga- (ku- + nga-) as in:-
   Kungolwesingaphi namhlanje? YiCawe. NguMvulo etc.

2. Ngolwesingaphi? (On what day?)
   NgeCawe
   NgoMvulo
   NgoLwesibini
   NgoLwesithathu
   NgoLwesine
   NgoLwesihlanu
   NgoMgqibelo

Learn also:

namhlanje	- today
izolo	- yesterday
ngomso	- tomorrow
izolo elinye	- day before yesterday
ngomso omnye	- day after tomorrow
ngenye imini	- one day
ngezinye iimini	- on some days
yonke imihla	- every day
ngeemini ezithile	- on certain days
imini yonke	- the whole day
kule veki	- this week
kule veki izayo	- next week
kule veki iphelileyo	- last week
kule veki ingaphaya kwale izayo	- week after next
kule veki ingapha kwale iphelileyo	- week before last
ngempelaveki	- during/over the week-end

N.B. The nouns **umhla**, **usuku** and **imini** are all synonyms meaning **day**.

(c) Months
In Xhosa months are named according to plants that grow or flower in the month or the weather conditions associated with the month, or stars that are visible in the month or the season in which the month is.

The Xhosa names of months have (virtually) become obsolete, because the following have been standardised and are now used instead:
uJanuwari (uJanyuwari)
uFebhuwari
uMatshi
uApreli (uEpreli)
uMeyi
uJuni
uJulayi
uAgasti
uSeptemba
uOktobha
uNovemba
uDisemba

Yeyiphi le nyanga?
(What month is this?)
NguJanuwari
NguFebhuwari
NguMatshi
NguApreli
NguMeyi
NguJuni
NguJulayi
NguAgasti
NguSeptemba
NguOktobha
NguNovemba
NguDisemba

Ngeyiphi inyanga?
(In which month?)
NgoJanuwari
NgoFebhuwari
NgoMatshi
NgoApreli
NgoMeyi
NgoJuni
NgoJulayi
NgoAgasti
NgoSeptemba
NgoOktobha
NgoNovemba
NgoDisemba

Learn also:
kule nyanga	- this month
kule nyanga iphelileyo	- last month
ekuqaleni/ukuqala kwenyanga	- at the beginning of the month
ekupheleni/ukuphela kwenyanga	- at the end of the month

(d) Year
The prefixal formatives **ngu-** and **nga-** are used as in:-

Ngowuphi lo nyaka?
(Which year is this?)
Ngu-1989
Ngu-1990

Ngowuphi unyaka?
(In which year?)
Ngo-1989
Ngo-1990

Learn also:
kulo nyaka	- this year
kulo nyaka uzayo	- next year
kulo nyaka uphelileyo	- last year
unyaka wonke	- the whole year
yonke iminyaka	- every year

(e) Seasons of the year

autumn	- ukwindla	- ekwindla
winter	- ubusika	- ebusika
spring	- intlakohlaza	- entlakohlaza
summer	- ihlobo	- ehlotyeni

(f) other expressions that relate to time:

malanga	- in the afternoon
emva kwemini	- in the afternoon
matshona	- at sunset
ukutshona kwelanga	- at sunset
ukuphuma kwelanga	- at sunrise
emini	- during the day
emini emaqanda	- at noon
ngentlazane	- in the late morning
ekuseni	- at dawn
kwakusasa	- very early in the morning
ngorhatya	- in the evening
ebusuku	- at night
ngobusuku	- by night
ezinzulwini zobusuku	- at midnight
ekuzeni kokusa	- towards dawn

(g) Time how long

In Xhosa time how long is expressed by using the time-depicting noun or expression as the object of the preceding verb. Therefore, there is no formative (prefixal or suffixal) that is used with the noun in expressing time how long.

e.g. Ndisebenza **imini** yonke. (I work the whole day.)

    Ibhasi ithatha **iiyure** ezimbini. (The bus takes two hours.)

Umsebenzi

Guqulela esiXhoseni:
1. My mother goes to work by train.
2. She leaves home at about 6.30 a.m.
3. The train arrives at 7.45 a.m.
4. I prefer to go on foot.
5. When does your sister come to university?
6. How do you (singular) go to East London?
7. Sometimes I fly; sometimes I go by car.
8. I come by bus every day.
9. I have two sisters.
10. They have three children.

3.3 MODES OF TRANSPORT

Read the following dialogue and pay special attention to the words written in bold print. The aim of this lesson is to enable you to describe how you or other people travel from one point to the other as well as to give you practice in the use of **nga-**.

KungoMgqibelo. UDebby noZola bakuloDebby eMowbray. Utata kaDebby uyafika. Uncokola nabo.

UTATA:	Molweni, bantwana bam.
OODEBBY:	Ewe, tata.
UTATA:	Shu-u! Ndidiniwe! Debby, ukhona umama?
UDEBBY:	Ewe ukhona, tata; usekhitshini. Tata, nguZola lo, umhlobo wam. NguZola Jacobs. Zola, ngutata lo.
UTATA:	Ndiyavuya ukukwazi, Zola mntwana wam. Liphi ikhaya lakho?
UZOLA:	Ndiyavuya ukukwazi nam, tata. Ikhaya lam liseMonti.
UTATA:	O, ndiyabona. Kunjani ke, ntombi yam?
UZOLA:	Hayi siphilile, tata. Kunjani kuwe?
UTATA:	Ndiphilile, sana lwam; kukudinwa nje. Ndiza **ngeenyawo** ukusuka e-Observatory. Iibhasi zinqabile ngeli xesha **ngoMgqibelo**. Wena uze ngantoni?
UZOLA:	Ndize **ngetreyini**, kodwa ndifuna ukugoduka **ngebhasi**
UTATA:	Akuthandi ukuhamba **ngeteksi**?
UZOLA:	Hayi, ndikhetha ukuhamba **ngemoto** okanye **ngebhayisikile**.
UDEBBY:	Mna ndithanda ukuhamba **ngesithuthuthu** qha.
UTATA:	Zola uya **ngantoni** eMonti?
UZOLA:	Ndiya **ngenqwelomoya**.
UTATA:	Kulungile bantwana bam. Mna ndiya ekhitshini. Ndifuna ukuphunga.
OOZOLA:	Kulungile, tata.
UZOLA:	Debby, nam ndiyahamba ngoku.
UDEBBY:	Owu, uyahamba na ngoku, Zola? Uya phi?
UZOLA:	Ewe, ndiyahamba; ndiya eFuller.
UDEBBY:	Hayi ke, kulungile. Mandikukhuphe.

Vocabulary

umhlobo	- friend
ukudinwa	- to be tired
ukunqaba	- to be scarce
ngeli xesha	- at this time
ngantoni?	- by what (i.e. how?)
ukukhetha	- to prefer
unyawo (iinyawo)	- foot (feet – therefore: ngeenyawo > on foot)

EXERCISES
1. Give the correct form of the word in brackets:
   (a) Umama wakho uphangela (ntoni)?
   (b) Wena uza (iteksi) yonke imihla.
   (c) Ndiyoyika ukuhamba (inqwelomoya); ndikhetha ukuhamba (ibhasi).
   (d) Ndinqwenela ukuhamba (inqanawe).
   (e) NgoMgqibelo ubhuti uya edolophini (isithuthuthu)

(f) Abasebenzi balanda iincwadi esitishini (ibhaki).
(g) Ndifuna ukuthutha intlabathi eStrandfontein (ilori).
(h) Ngamanye amaxesha siza (itreyini).
(i) USammantha ufuna ukuya (ibhayisikile) esikolweni.
(j) Mna ndithanda ukuya (iinyawo) emsebenzini.

2. Look at the following pictures and then answer the questions as in picture (a):

(a) isithuthuthu
Ques. Ubona ntoni emfanekisweni?
Ans. Ndibona isithuthuthu.
Ques. Yintoni le?
Ans. Sisithuthuthu.
Ques. Uya ngantoni emsebenzini?
Ans. Ndiya ngesithuthuthu.

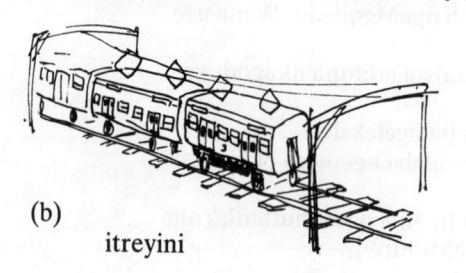

(b) itreyini
Ques. Ubona ntoni emfanekisweni?
Ans. ....
Ques. Yintoni le?
Ans. ....
Ques. Uya ngantoni edolophini?
Ans. ....

(c) ilori
Ques. Ubona ntoni emfanekisweni?
Ans. ....
Ques. Yintoni le?
Ans. ....
Ques. Uya ngantoni emsebenzini?
Ans. ....

(d) iveni/ibhaki
Ques. Ubona ntoni emfanekisweni?
Ans. ....
Ques. Yintoni le?
Ans. ....
Ques. Uya ngantoni eyunivesiti?
Ans. ....

(e) ibhayisikile
Ques. Ubona ntoni emfanekisweni?
Ans. ....
Ques. Yintoni le?
Ans. ....
Ques. Uya ngantoni ekhefi?
Ans. ....

(f) imoto

Ques. Ubona ntoni emfanekisweni?
Ans. ....
Ques. Yintoni le?
Ans. ....
Ques. Uya ngantoni esikolweni?
Ans. ....

(g) ibhasi

Ques. Ubona ntoni emfanekisweni?
Ans. ....
Ques. Yintoni le?
Ans. ....
Ques. Umama uya ngantoni eNyanga?
Ans. ....

(h) iteksi

Ques. Ubona ntoni emfanekisweni?
Ans. ....
Ques. Yintoni le?
Ans. ....
Ques. Uya ngantoni eGuguletu?
Ans. ....

(i) inqwelomoya

Ques. Ubona ntoni emfanekisweni?
Ans. ....
Ques. Yintoni le?
Ans. ....
Ques. Uya ngantoni eMonti?
Ans. ....

(j) inqanawe

Ques. Ubona ntoni emfanekisweni?
Ans. ....
Ques. Yintoni le?
Ans. ....
Ques. Niya ngantoni eMelika?
Ans. ....

(k) ihashe

Ques. Ubona ntoni emfanekisweni?
Ans. ....
Ques. Yintoni le?
Ans. ....
Ques. Uya ngantoni emasimini?
Ans. ....

3.4 THE INFINITIVE

If you were to look up the meaning of a verb in a Xhosa dictionary, you would most probably find that the dictionary entry of the verb is, for example, as follows:

- hamba (uku-)   walk, go away, leave, depart

The prefixal formative always given in brackets is the **infinitive prefix**. In some cases you may find the prefix entered as (**ukw-**) and in others as (**uk-**). The infinitive prefix is the equivalent of the English "**to** ..." or "...**ing**" and the Afrikaans "**om te** ...". When the verb is in this form, it is said to be in the **infinitive**. In this form the verb functions mostly as a noun. Thus the infinitive can be described as a verbal noun. It can function either as the subject or object of another verb.

e.g. Ndifuna **ukugoduka**   (Object)
      Akuthandi **ukuhamba** ngeteksi?   (Object)

Ukufunda isiXhosa kuyanceda   (Subject)
Ukuncokola nabantu kuyafundisa (Subject)

It also can have all the concordial relations that a noun can have with the other parts of speech - that is, agreement morphemes are derived from the infinitive prefix as in any other noun.

e.g. Andi**ku**thandi ukuhamba   (Object concord)
Ukufunda **ku**yanceda   (Subject concord)
Kukudinwa nje   (Copulative formative)
Ukukhala **kwe**sikhova   (Possessive concord)
kuxela ilishwa
Ukulala **k**ona akuncedi   (Absolute pronoun
                                  agreement morpheme)
Oku kudutyulwa kwabantu   (Demonstrative pronoun)
makuphele

Before vowel-commencing verb stems, the **-u-** of the infinitive basic prefix undergoes some phonological changes, as follows:

(i)   If the verb stem commences in an a- or e-, the -u- changes to **-w-**

e.g. uku- + -akha > ukwakha: Ndifuna **ukwakha** indlu
      uku- + -enza > ukwenza: Ndithanda **ukwenza** iti

(ii) If the verb stem commences in an o-, the -u- is deleted

e.g. uku- + -oyika: **Ukoyika** ukuthetha eklasini
                              akulunganga
      uku- + -onga: **Ukonga** isigulana kunzima

      Hence the dictionary entries (**ukw-**) and (**uk-**)

The infinitive can be used to express the time of the occurrence of another action – i.e. it can function as an adverbial clause of time, which is normally expressed by means of either the conjunction **xa** or the **temporal aspect** of the indicative. (Aspects and conjunctions are treated elsewhere in this text.) In this construction the subject noun or pronoun is used in the possessive after the infinitive - with its concord derived from the basic prefix of the infinitive.

e.g. **Ukutshona kwelanga** sitya isopholo.
Ukukhala kwentsimbi ngo-2 bayaphuma eklasini.

Note that in translation, the tense of the temporal clause (infinitive part of the sentence) is determined by the tense of the head verb.

As a verb, the infinitive can take an object and therefore, an object concord, as in:

Ndiyathanda ukubukela **iTV** emva kwemini ngoMgqibelo.
Ndifuna **ukuyibukela** emva kwemini iT.V. ngoMgqibelo.

It can be modified by an adverb as in:

Ndihlala ngaphambili kuba ndifuna ukuva **kakuhle.**

It can function as the complementary verb of an auxiliary as in:

Musani **ukungxola**!

3.5 THE OBJECT CONCORD
In addition to functioning as the object of the verb in a sentence, the noun can also function as the object of the verb. As an object, the noun normally follows the verb.

e.g. USammantha ukhwela **ikhombi**

A verb that can take an object is said to be **transitive**. If it cannot take an object, it is said to be **intransitive**. Many Xhosa verbs can be used transitively, although there are few which cannot be used with an object at all.

e.g. UMatthew uyatya. Utya **inyama**
UJenny **uyagula**

The verb **-tya** is a transitive verb because it can be used with a noun that answers to the question **ntoni**?

e.g. Question: UMatthew utya ntoni?
Answer : UMatthew utya **inyama**

The verb **-gula** is an intransitive verb because it cannot be used with a noun that answers the question **ntoni**?

It should, however, be noted that not all nouns that come after a verb have an objectival relationship to that verb.
Thus, a noun can be the object of a verb only by virtue of its being in the object position (i.e. after the verb), even though it does not have objectival relationship to that verb. Such a noun is simply a **grammatical or syntactic object** and not a **logical or semantic object.**

Compare the relation of **umlomo** and **xweba** on the one hand and **sika** and **isonka** on the other, in the following sentences:

USipho **uxwebe umlomo** yindlala.
and USipho **usika isonka** ngemela.

As with its subject, the verb is brought into concordial agreement with its object by means of a prefixal element known as the **object concord**. The object concord has a fixed position in relation to the verb stem to which it is prefixed. It is always immediately before the stem, that is, nothing can come between the object concord and the verb stem. The object concord, like the subject concord, is derived from the basic prefix of the (object) noun.

In the table below you will notice that, in the strong classes, the object concord is identical with the subject concord.

Class prefix	*Subject concord*	*Object concord*
um-	u-	-m-
u-	u-	-m-
aba-	ba-	-ba-
oo-	ba-	-ba-
um-	u-	-wu-
imi-	i-	-yi-
ili-	li-	-li-
ama-	a-	-wa-
isi-	si-	-si-
izi-	zi-	-zi-
in-/i-	i-	-yi-
izin-/ii-	zi-	-zi-
ulu-	lu-	-lu-
ubu-	bu-	-bu-
uku-	ku-	-ku-

The verb can be used with the object concord even if the object is there, but essentially the object concord has a pronominal function - it is used in the place of the object noun which has been mentioned in a previous utterance.

e.g.   Uyasithanda isiXhosa?
       Ewe, ndiyasithanda

           or
       Ewe, ndiyasithanda isiXhosa

Object concords with a CV-structure are subject to some phonological changes if prefixed to vowel-commencing verb stems or to verb stems that have a latent (i-) (if the object concord ends in -a).

Examples:

Ndiyayi- = -oyika inja   > **Ndiyayoyika** inja (Deletion)

Bayalu- = -akha udonga   > **Bayalwakha** udonga (Consonantalization)

Siyaba- = -(i)va abazali > **Siyabeva** abazali (Vowel coalescence)

The object can be used before the noun - in the subject position, but when this is done, the use of the object concord is obligatory.

e.g.   UJabu utya inyama
Inyama uyayitya uJabu
Inyama uJabu uyayitya
   *Inyama utya/uyatya uJabu
   *Inyama uJabu uyatya

Some verbs can take two subjects without these objects being joined by the associative **na-** and without them having been extended by means of an extension suffix which enables them to do this.

e.g.   Umama upha **ikati ubisi**

These verbs are said to be **doubly transitive**. One of the two objects is **direct**, the other is **indirect**. The indirect object comes before the direct object. Thus, in the example above, the noun **ikati** is the indirect object, and the noun **ubisi** is the direct object. This order can, however, be changed if the verb is used with the object concord of the indirect object as in:

Umama uyipha **ubisi ikati**

If the verb is used with both the auxiliary **-ya-** and the object concord of the indirect object, the object nouns can follow each other in any order without any change in the meaning of the sentence.

e.g.   Umama uyayipha **ubisi ikati**
         or
         Umama uyayipha **ikati ubisi**

3.6 THE REFLEXIVE MORPHEME
The English reflexive ponouns "myself, yourself, itself, themselves," etc do not have lexical equivalents in Xhosa. These are expressed by means of an agreement morpheme **-zi-** which is prefixed to the verb stem and which is referred to as the **reflexive morpheme** or **reflexive prefix**. As in the case of the object concord, its position is fixed — no other morpheme can come between the reflexive morpheme and the verb stem.

e.g.   USammantha uyazihlamba
         Mna ndiyazisebenzela

The **-i-** of **-zi-** is deleted before vowel-commencing verb stems:

e.g.   USithohlo **uyazonga**, kuba uhlala yedwa.

51

4. AT HOME

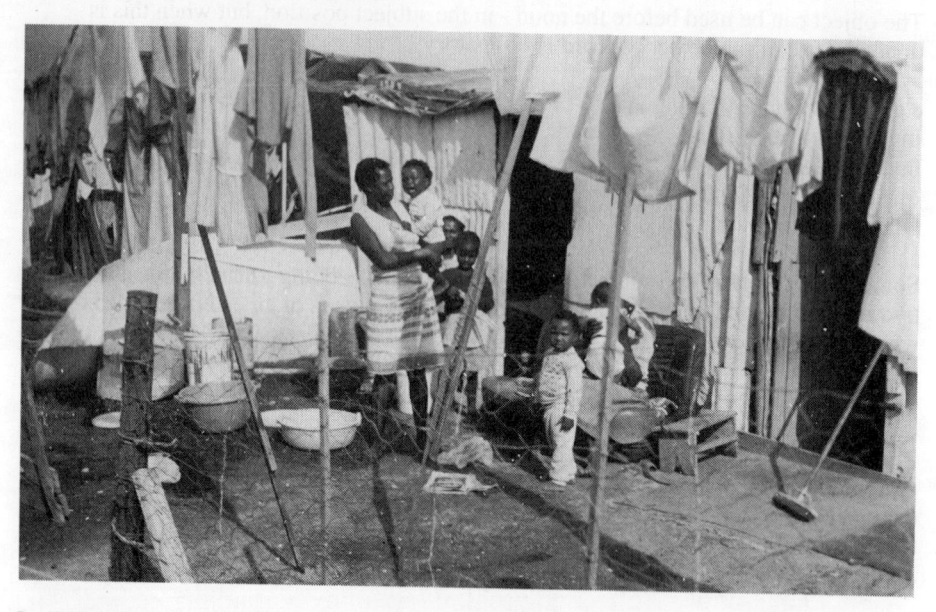

In this theme you will learn vocabulary that relates to objects and activities at your home as well as to some pets. You will also learn about the following aspects of Xhosa grammar: **the adjective, descriptive copulative, future tense**, the **present subjunctive** and the **imperative**.

4.1. INSIDE
(UJabu Ngwenya, umhlobo kaDebby Smith usixelela ngekhaya lakhe/Jabu Ngwenya, Debby Smith's friend is telling us about his home).
Jonga le mifanekiso, umamele ukuba uJabu uthini na/Look at these pictures and listen to what Jabu says:

UJABU: Molweni bahlobo bam. Namhlanje ndiza kunixelela ngendlu yakuthi.

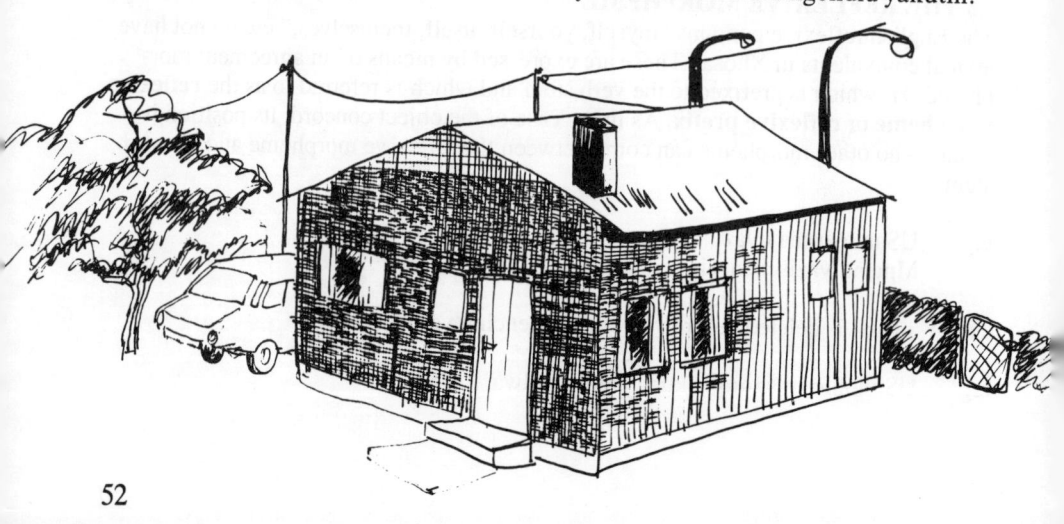

Mamelani ke. Indlu yakuthi iseRondebosch, eNightingale Street, kwanamba 5. Jongani phaya emfanekisweni. Yindlu yakuthi le/Kusekhaya apha/Likhaya lam eli. Niyayibona? Indlu yakuthi inkulu; intle. Iifestile zayo zinkulu. Zine. Zimbini ngaphambili, zimbini ngemva. Iminyango ephumayo mibini: mnye ngemva, mnye ngaphambili. Kukho itshimini. Itshimini imfutshane.

Amagumbi endlu yakuthi maninzi - mathandathu. Kukho ikhitshi; igumbi lokuphumla; igumbi lokutyela. Amagumbi okulala mathathu. Kukho negumbi lokuhlambela, ibhafrum; negumbi langasese, ithoyilethi.

Indlu yakuthi ibiyelwe ngocingo. Abazali bam abayithandi iheji. Iyadi yakuthi inkulu. Kukho imithi: mide, mikhulu. Bahlobo bam, masiyeke apho namhlanje. Ngomso ndiza kungena nani ekhitshini lakuthi. Kulungile.

Vocabulary

ukuxelela	-	tell
indlu	-	house
iminyango	-	doors
ephumayo	-	that lead out (i.e. iminyango ephumayo - outside door)
kowabo	-	at his/her home
ukungena	-	enter
igumbi lokutyela	-	dining room
igumbi lokuphumla	-	living room (lounge)
-khulu	-	big
-ninzi	-	many
-hle	-	beautiful
-mhlophe	-	white
-bomvu	-	red
-futshane	-	short
-de	-	tall
iheji	-	hedge
iyadi	-	yard
ukubiyela	-	fence in
udonga	-	wall
ngaphambili	-	in front
ngemva	-	at the back
igumbi	-	room (plur. amagumbi)
igumbi lokulala	-	bedroom
ucingo	-	fence

PRACTICAL EXERCISE

Each learner to tell class about his/her home, as Jabu has done.

4.2 THE VERB IN THE FUTURE TENSE

Read the following paragraph and pay special attention to the words written in bold print:

Ngomso uMatthew **uza kuya** eCamps Bay. **Uza kuhamba** ngetreyini kuba iibhasi **ziza kunqaba** ngomso. **Uza kumka** eRondebosch ngo-11.00 kusasa. **Uza**

53

kudibana noJenny eMain Road eCamps Bay. **Baza kuya** elwandle kodwa uJenny **uza kwala** ukudada kuba uyoyika ukungena emanzini. Yena **uza kudlala** ngentlabathi; **uza kwakha** iinqaba ngentlabathi. Ngedinala **baza kuthenga** into esiwa phantsi kwempumlo ekhefi, kuba uMatthew **uza koyika** ukuya kuloJenny. Akafuni ukudibana notata kaJenny.

Note:
1. All the verbs written in bold print are in the positive form of the **future tense**
2. The future tense is a compound tense because it consists of two lexical elements.
3. In the above examples the two lexical elements are:-
   (a) an auxiliary verb **-za** and
   (b) an infinitive without the initial vowel
4. The subject concord is prefixed only to the auxiliary. Thus:-
   Subject Concord + Auxiliary + Infinitive (without initial V)
   ▼   ▼   ▼
   Ba +   za +   kuhamba
       Baza kuhamba

5. Note the following verbs and then explain the sound changes that have taken place:-
   uza kwala
   uza kwakha
   uza koyika
6. Another future tense auxiliary **-ya** may be used instead of the **-za** used in the above examples. Although these auxiliaries may be used interchangeably, **-ya**, is normally used for emphasis and for indicating a very distant future. (Hence the distinction between Immediate Future and Remote Future). Second language learners, however, are advised to stick to **-za** as it is the more commonly-used of the two. What is important is to remember that semantically these auxiliaries are not different.
7. For the formation of the negative of the future tense, look at the verbs written in bold print in the following dialogue between Jenny and Matthew:

UJENNY:	Matthew, kanene uza kufunda eTechnikon kulo nyaka uzayo?
UMATTHEW:	Hayi Jenny, **andizi kufunda** eTechnikon. Ndiza kufunda eyunivesiti.
UJENNY:	Uza kuya eStellenbosch?
UMATTHEW:	Hayi, **andizi kuya** eStellenbosch. Ndiza kuya e- U.C.T.
UJENNY:	Kanene uza kwenza ntoni e-U.C.T; uza kwenza iB.A.?
UMATTHEW:	Hayi, **andizi kwenza** iB.A. Ndiza kufundela ubugqirha.
UJENNY:	Uza kuhlala ehostele okanye uza kuhlala ekhaya?
UMATTHEW:	**Andizi kuhlala** ehostele; **andizi kuhlala** ekhaya; Ndiza kuhlala efletini.
UJENNY:	Abazali bakho baza kuvuma?
UMATTHEW:	Jenny, andazi. Wena uza kusebenza kulo nyaka uzayo?

UJENNY: Hayi, **andizi kusebenza**. Nam ndiza kuya e-U.C.T.
UMATTHEW: Jenny, ndiyavuya ukuyiva loo nto. Uza kuhlala apha eCamps Bay?
UJENNY: Hayi, **andizi kuhlala** apha eCamps Bay. Ndiza kuhlala ehostele. Ndiza kukhetha iFuller Hall.

As it can be noted from the negative examples in the above dialogue, the formation of the future tense negative is not different from that of the present tense. What is to be noted with the negative of the future tense, however, is that the infinitive part (i.e. the complementary verb) does not change; it is only the auxiliary that changes, i.e. to which is prefixed the negative formative **a-**, which results in the change of final vowel from **-a** to **-i**.

Negative formative + Subject concord + auxiliary ending in -i
▼   ▼   ▼
a +   ndi +   zi
andizi + infinitive without initial vowel
Andizi kuhlala ehostele.

8. When a verb in the future tense is used with an object concord, the latter is placed between the verb stem and the infinitive prefix.
   e.g. Ndiza kuzithenga izihlangu.

4.3 OBJECTS AND ACTIVITIES IN THE KITCHEN
Ekhitshini lakuloJabu.
UJABU: Molweni kwakhona bahlobo bam. Nali ke ikhitshi lasekhaya. Siza kungena sonke. Ndiza kunibonisa izinto ngezinto. Kodwa kuqala masijonge la magama alandelayo:-

Vocabulary

mdaka	-	dirty
kuqala	-	firstly
sonke	-	all of us
masijonge	-	let us look
masingene	-	let us get in/let us enter
ukupheka	-	to cook
ukusika	-	to cut
ukufrayisha	-	to fry
ukubilisa	-	to boil (something)
umbane	-	electricity (lit. lightning)
ukutshayela	-	to sweep
ukusula	-	to wipe
ukuphunga	-	to drink (hot beverages)
ukusela	-	to drink (something cold)
ukuhlamba	-	to wash
ukufaka	-	to put in
ukubeka	-	to put on (N.B. Not as in 'wear', but as in 'place on')
ukugalela	-	to pour
ukuqaba	-	to smear/spread on

ukubanda - to be cold
utywala - liquor (e.g. brandy, wine etc.)
ngaphakathi - inside
ukuphaka - to dish out

Kulungile ke, bahlobo bam. Masingene ngaphakathi. Niyabona kukho ntoni ekhitshini lakuthi?

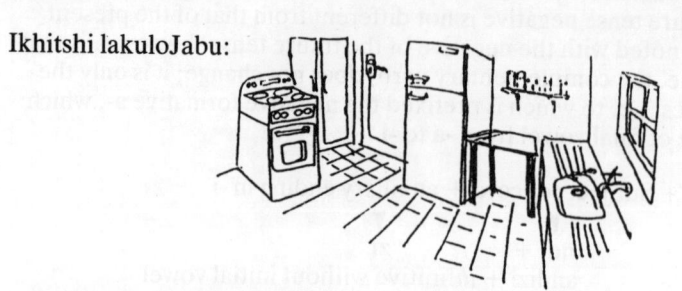

Ikhitshi lakuloJabu:

Ekhitshini lakuloJabu kukho **ikhabhathi**

Ekhabhathini sifaka:

iti
ikoko
ipinabhatha

ikhabhathi

ikofu
itipoti
iswekile

ikomityi
ipleyiti

itispuni
icephe
ifolokhwe
imela

ipani

iketile

imbiza

Esinkini sifaka izitya ezimdaka. Umama uhlambela izitya neembiza esinkini. Mna ndincedisa umama. Notata uyancedisa. Umama uyahlamba, mna ndiyasula, utata yena ufaka izitya ekhabhathini. Ndisula ngefadukhwe. Nantsi ifadukhwe:
Esinkini kukho amanzi abandayo nashushu. Sisebenzisa isepha yezitya.

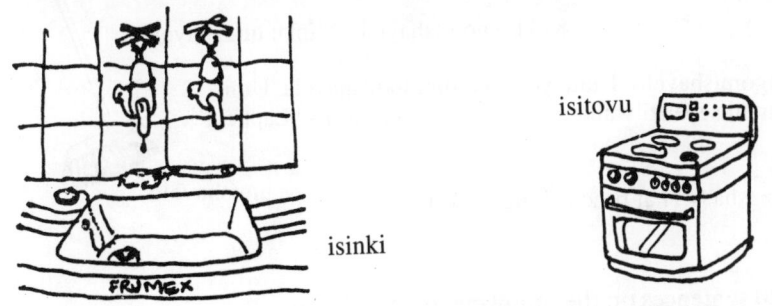

isitovu

isinki

Nasi **isitovu**. Sisitovu sombane. Umama uphekela esitovini. Isitovu sakuthi sinewoma neondi. Iipleyiti zesitovu sakuthi zine. Iipleyiti ezintathu zinkulu. Ipleyiti encinci inye. Esitovini siyapheka, siyafrayisha. Sipheka ukutya; sifrayisha amaqanda okanye inyama. Ngamanye amaxesha umama uyabhaka esitovini, eondini. Ubhaka isonka okanye iikeyiki. Mna notata asikwazi ukubhaka, kodwa sifuna ukufunda. Umama uthi uza kusifundisa ukubhaka.

Nantsi ifriji yakuthi. Yifriji yombane. Efrijini sifaka:

amaqanda

inyama

ubisi

ifriji

iziselo

utywala

ibhotolo

ijem

Utata usela utywala. Usela nabahlobo bakhe. Xa kushushu basela ibhiye; xa kubanda basela ibranti okanye iwayini. Mna nomama asibuseli utywala; sisela iziselo ezibandayo xa kushushu. Kodwa xa kubanda sithanda ukuphunga iti okanye ikofu. Mna ndithanda ikoko kakhulu, kodwa inqabile ekhaya. Umama akathandi ukuthenga ikoko kuba yena notata abayiphungi.

Ekhitshini lasekhaya kukho netafile.

Nantsi itafile:

Etafileni umama ubeka iimbiza nezitya. Uphakela etafileni.

itafile

Kukho nesitulo. Nasi isitulo:

isitulo

Ekhitshini lakuthi izitulo zine.
Sihlala ezitulweni.

Kukho nomtshayelo. Nanku umtshayelo:

Nditshayela ngomtshayelo. Utata yena akafuni ukutshayela. Uthi ukutshayela ngumsebenzi wabafazi. Mna nomama sithi:- "Laphela elo xesha".

(Laphela elo xasha = That time is long gone.)

umtshayelo

EXERCISES

1. Write 15-20 sentences on the following topic:
Ekhitshini ekhaya ngoMgqibelo.

2. Answer the following questions. Use full sentences:
(a) Lingakanani ikhitshi lakowenu?
(b) Umama wakho ubhaka ntoni esitovini?
(c) Utata wakho uyakwazi ukubhaka ikeyiki nesonka?
(d) Zingaphi iifestile ekhitshini lakowenu?
(e) Umama wakho uthanda ukuphunga ntoni kusasa?
(f) Niphunga ngantoni kowenu? (ikomityi)
(g) Nigalela ntoni ekofini okanye etini?
(h) Ubhuti wakho uthanda ukuqaba ntoni esonkeni?
(i) Wena uthanda ukuqaba ntoni esonkeni?
(j) Utata wakho uwabilisa ngantoni amanzi okwenza ikofu?
(k) Wena uyakwazi ukufrayisha amaqanda? Wenza njani?
(l) Sikhona isitovu kowenu?
(m) Ukuba sikhona sisitovu santoni?
(n) Utata wakho nabahlobo bakhe basela ntoni xa kubanda?

3. Complete the following sentences by using the correct form of the word in brackets:
(a) Nditshayela ekhitshini (umtshayelo).
(b) Ndisika isonka (imela).
(c) Ndifaka iimbiza (izitya) ezimdaka esinkini.
(d) Ndenza iti (itipoti).
(e) Ndisula izitya (ifadukhwe).
(f) Umama uthi uza (fundisa) mna notata ukubhaka.
(g) (Ifriji) sifaka izinto ngezinto.
(h) (Ikhabhathi) sifaka izitya.
(i) (Iti) sigalela iswekile (itispuni).

4.4 THE QUALIFICATIVE

In English and Afrikaans all words that describe a noun are referred to as adjectives. In Afrikaans the structure of an adjective may change according to its position in relation to the noun it describes.

e.g. (a) Sy soek 'n **goeie** man and (b) Die man is **goed**

There is no such structural change in English.
e.g. (c) The man is **good**   (d) She wants a **good** man

In both English and Afrikaans the adjective does not change according to the gender and number of the noun described.
e.g. 'n **Goeie** vrou – **Goeie** vrouens
'n **Goeie** man – **Goeie** manne
'n **Goeie** hond – **Goeie** honde
A **good** girl – **Good** girls
A **good** boy – **Good** boys
A **good** performance

Compare:

	Masculine	Feminine
Latin	puer **bonus** (m),	puella **bona** (f)
	pueri **boni**	puellae **bonae**

In Xhosa all words that describe are referred to as **qualificatives**. The structure of a **qualificative** changes according to the **number** of the noun it describes i.e. qualificative **must agree** with the noun it describes in **number**. (There is no gender–related structural change). This structure change results from the addition of an agreement morpheme to the stem of the qualificative. In Xhosa the qualificative has two constituent elements. These are:
(a) The qualificative concord
    and
(b) The qualificative stem

The qualificative concord, like the subject and object concords, is derived from the (basic) prefix of the noun it describes. The structure of the qualificative concord is not the same for all qualificatives. For this reason there are different types of qualificatives in Xhosa.

Types of qualificatives
The following are the types of Xhosa qualificatives:
(a) The adjective
(b) The relative
(c) The possessive
(d) The quantitative
(e) The enumerative

The Adjective
There are not many adjectives in Xhosa. These are some of them:
The first six numbers i.e. numbers 1-6

-nye	>	Umfazi **om**nye
-bini	>	Abantwana **aba**bini
-thathu	>	Imithi **emi**thathu
-ne	>	Izihlangu **ezi**ne
-hlanu	>	Izinja **ezin**tlanu
-thandathu	>	Amantombazana **ama**thandathu
-bi	>	Umfana **om**bi
-de	>	Imithi **emi**de

-dala	>	Imoto **en**dala
-khulu	>	Indlu **en**kulu
-hle	>	Intombi **en**tle
-ncinci/ncinane	>	Ilitye **eli**ncinane
-futshane	>	Iheji **em**futshane
-tsha	>	Iwotshi **en**tsha
-ngaphi?	>	ama-apile **ama**ngaphi?
-ninzi	>	Utywala **obu**ninzi
-nye	>	**Om**nye umntwana uyafunda; **om**nye uyatya.

The formation of the Adjectival Concord:
Look at the part of each of the adjectives above that is written in bold print. They are the concords. The adjectival concord consists of two elements. These are:

(a) Adjectival formative -a
   and
(b) An agreement element identical with the basic prefix of the noun described, except in the case of class 9 nouns where the agreement element is identical with the whole noun prefix.

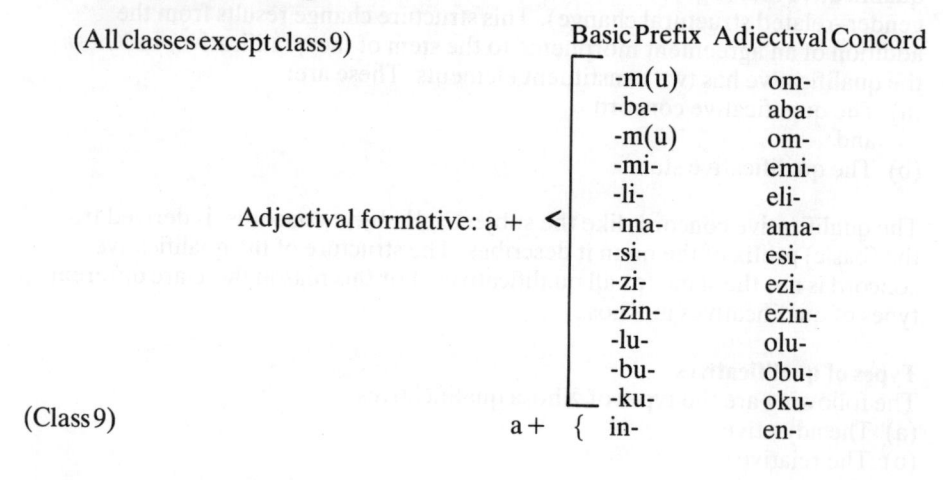

(All classes except class 9)

	Basic Prefix	Adjectival Concord
	-m(u)	om-
	-ba-	aba-
	-m(u)	om-
	-mi-	emi-
Adjectival formative: a +	-li-	eli-
	-ma-	ama-
	-si-	esi-
	-zi-	ezi-
	-zin-	ezin-
	-lu-	olu-
	-bu-	obu-
	-ku-	oku-
(Class 9) a +	in-	en-

N.B.
1. When the adjectival formative a- is added to a basic prefix whose vowel element is either -i- or -u- it changes to e- or o- respectively. This sound change is known as **Vowel Raising**. Vowel raising occurs when the low vowel a- precedes a syllable with the high vowel -i or -u: Thus:
   a + mi > emi - a+mi+khulu > emikhulu
   a + lu > olu - a+lu+khulu > olukhulu

2. In the case of class 9 the qualificative formative coalesces with the initial vowel. Thus:
   a + in- > en-

3. There are other sound changes that take place when classes 9 and 10 adjectival concords **en-** and **ezin-** are used:-

- The sounds **kh th** and **hl** change to **k, t** and **tl** respectively when preceded by the n- of en- and ezin-
en- + khulu > enkulu (n+kh=nk)
ezin- + hle > ezintle (n+hl=ntl)
ezin- + thathu > ezintathu (n+th=nt)
When a speech sound changes as a result of a preceding alveolar nasal n, the change is referred to as **Nasalization**
- When the n- of en- and ezin- precedes a labial (bilabial and dentilabial) sound, it changes and becomes a bilabial nasal m-.
en + bi > embi (n + b = mb)
ezin- + futshane > ezimfutshane (n + f = mf)
This sound change is referred to as **Assimilation**.

4. When an adjectve describes a noun without an initial vowel, the adjectival concord is used without the adjectival formative a-
   e.g. Thina bantu **badala** silala ngo-8, ngorhatya.
5. An adjective normally follows the noun it describes as in:
   Ndiyaluthanda usana olukhulu.

   However, an adjective can come before the noun and it can also be used without the noun it describes as in:
   Abadala abantu baza kulala ngo-8.
   Abadala baza kulala ngo-8.

   Some linguists maintain that when an adjective is thus used, it ceases to be an adjective; it becomes a qualificative pronoun. The distinction between a qualificative and a qualificative pronoun is of no significance for the purpose of communication.

4.5 IGUMBI LOKUTYELA NEGUMBI LOKUPHUMLA
Nali igumbi lokuphumla lasekhaya. Niyabona kukho ntoni egumbini lokuphumla lasekhaya? Jongani apha kule mifanekiso:

Kukho:

iT.V. Nantsi iT.V.

Sibukela iT.V. malanga nangokuhlwa. Sibukela iinkqubo ngeenkqubo; ezemidlalo; ezolutsha; ezenkolo; iifilimu njalo njalo. Ndithanda uCCV kuba ndifuna ukufunda isiXhosa. Abanye abafundi babukela iT.V. ngempela-veki qha.

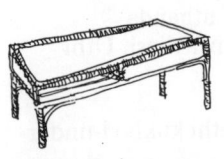

itafilana (ikofi-table)

Nantsi itafilana encinci. Phezu kwetafilana encinci kukho ivazi. Ivazi ineentyatyambo. Phantsi kwevazi kukho idoyili. Ngamanye amaxesha umama ubeka ivazi phezu kwelaphu.

Phezu kwetafilana encinci sibeka ikofu okanye iti neekeyiki.

61

isofa. Nantsi isofa

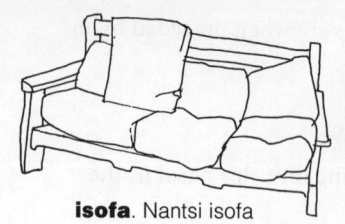

Isofa itofo-tofo. Sihlala esofeni. Ecaleni kwesofa kukho ifowuni. Ifowuni inesitshixo. Utata uyayitshixa ifowuni. Ndithanda ukufowunela abahlobo bam. Ndicela imvume kutata kuqala. Ecaleni kwefowuni kukho incwadi yefowuni.

umfanekiso
Nanku umfanekiso.

Utata uyakwazi ukuzoba. Uthengisa imifanekiso edolophini ngempela-veki. Umama yena akakwazi ukuzoba, kodwa uyayithanda imifanekiso. Utata uthi uza kufundisa umama ukuzoba. Umama uthi ufuna ukufunda ukuzoba imithi neentyatyambo. Uthanda imithi neentyatyambo kakhulu.

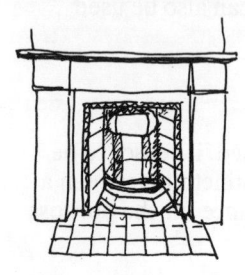

Ebusika sibasa umlilo eziko. Mna andikwazi ukubasa, kodwa ndiyathanda ukuhlala ecaleni komlilo xa kubanda.
iziko. Nali iziko.

Kukho:
Ishelufu yeencwadi

Nantsi ishelufu yeencwadi.

irediyo (unomathotholo/iwayilesi)

Nantsi iwayilesi katata. Simamela iindaba nomculo ewayilesini. Mna ndithanda ukumamela inkqubo yezikolo, kuba iyafundisa. Umama yena uthanda ukumamela inkqubo yamakhosikazi. Utata yena akayithandi iwayilesi. Uthi ithetha imfungu-mfungu.

Igumbi lokuphumla lakuthi linemethi phantsi. Phantsi kwemethi kukho i-underfelt. Iifestile zimbini; zinkulu kakhulu. Kukho iwotshi.

Ngoku masingene egumbini lokutyela. Igumbi lokutyela lakuthi lincinci. Kukho itafile nezitulo. Izitulo zithandathu. Phezu kwetafile kukho ilaphu letafile. Kukho isayibhodi, Umama ufaka izitya neeglasi neekomityi esayibhodini. Ezinye izitya zihlala ekhabhathini ekhitshini. Isayibhodi ineedrowa. Ezidroweni umama ufaka amacephe, iimela, iifolokhwe namatispuni. Amanye amatispuni namacephe neemela neefolokhwe zihlala ekhabhathini ekhitshini. Sityela egumbini lokutyela ngokuhlwa qha. Emini asityi. Kusasa sithanda ukutyela ekhitshini. Kulungile ke, bahlobo bam. Ngomso ndiza kunibonisa igumbi lokulala negumbi lokuhlambela, ibhafrum. Emva koko ndiza kunibonisa iyadi yakuthi. Ngoku masijonge la magama alandelayo.

Vocabulary

iiglasi	-	glasses
iidrowa	-	drawers
inkqubo	-	programme
bukela	-	watch
ezemidlalo	-	those of sport (sport programmes)
ezolutsha	-	those of youth (children's programmes)
ezenkolo	-	those of belief (religious programmes)
tofo-tofo	-	soft (of something to sit on - anything)
isitshixo	-	key
ukutshixa	-	(to) lock
imvume	-	permission
incwadi yefowuni	-	phone directory (lit. the book of the telephone)
edolophini	-	in town
iintyatyambo	-	flowers
kakhulu	-	a lot/very much
umlilo	-	fire
ebusika	-	in winter
ukubasa	-	make a fire
umculo	-	music
iindaba	-	news
emva koko	-	after that

EXERCISES

1. Guqulela esiXhoseni:

On Saturday in the afternoon, my father and uncle sit in the living room at home. They watch T.V. They watch the sports programmes. They drink. If it is hot they drink beer; if it is cold they drink either wine or brandy. My father likes whisky. On Sunday my father reads his books in the living room. He does not go to work during the week-end; he stays at home. Our living room is big. There is a fire-place. In winter we make fire in the fire-place. I cannot make a fire, but I want to learn. Father says he will teach me how to make a fire.

How big is your living room?
It is very big; its windows are big; they (windows) are two. There is a T.V. set; it is big. Next to the T.V. there is a telephone. The telephone has a key. My father locks it. I like to phone my friends. I ask my father for permission.

2. **Vocabulary home-work**
Find out the meanings of:-
ukucoca
ukukera
ukunqunqa
ukukorobha
ukulayita
ukucima

N.B. To show that you have understood the meanings of these words, use each one in a short sentence.

4.6 THE DESCRIPTIVE COPULATIVE (FROM ADJECTIVES)

In Xhosa when a qualificative is used predicatively (see par. 2.3), it ceases to be a qualificative. Instead it becomes a **descriptive copulative**. It may either be in a positive or a negative form. The noun described is in fact the subject of descriptive copulative. This is a non-verbal predicate.

The structure of a descriptive copulative consists of two elements viz. the **copulative formative** and the **copulative stem** (which is the qualificative - or adverb- from which it is formed). Except in the case of class 9 where the whole prefix **in-** is used as copulative formative, the copulative formative is identical with the basic prefix of the noun that is its subject.

Noun Prefix	Copulative formative	Example	
um-	m-	Umntwana mhle	
u-	m-	Usisi	(dala)
aba -	ba -	Abafazi	(ninzi)
oo -	ba -	Ookrebe	(khulu)
um -	m-	Umthi	(futshane)
imi -	mi -	Imithi	(de)
ili-	li-	Icephe	(tsha)
ama -	ma -	Amazwe	(ninzi)
isi -	si-	Isitya	(ncinci)
izi -	zi-	Izitya	(bini)
in-,i-	in-	Indlu	(hle)
izin -,ii-	zin -	Izindlu	(dala)
ulu -	lu-	Udonga	(de)
ubu -	bu -	Ubusi	(ninzi)
uku -	ku -	Ukutya	(ncinci)

EXERCISE:

1. Complete the examples in the third column of the above table by filling in the correct forms of the words in brackets.
2. Use the following adjectives predicatively with nouns that have the prefixes indicated in brackets:
   e.g. nye (isi-): Isihlangu **sinye**.
       bini (izin-)
       thathu (izin-)   hlanu (izin-)
       ne - (aba-)   thandathu (izi-)

4.7 IN THE BEDROOM
(a) Egumbini lokulala
Nali ke igumbi lokulala lam. Egumbini lokulala kukho: ibhedi. Silala ebhedini. Kusasa umama uyondlula. Ubeka ispread phezu kwebhedi. Ngamanye amaxesha ubeka iduveyi. Ibhedi inemiqamelelo namashiti. Umama utshayela qho phantsi kwebhedi.

Kukho iwodrophu. Ewodrophini sifaka iimpahla zokunxiba neengubo. Silala ngeengubo. Sinxiba iimpahla. Ewodrophini sifaka: iibhulukhwe, iihempe, iijezi, iibhatyi, iidyasi, izihlangu neekawusi. Umama yena ufaka iilokhwe, oonondrokhwe neenayithi. Ezinye iimpahla sizixhoma ezihengarini, ezinye sizifaka ezishelufini. Ucango lwewodrophu lunesipili esikhulu. Kukho idressing table. Ineedrowa nesipili. Phezu kwedressing table sibeka izithambiso neziqholo.

iqhina

ihempe

inayithi

ilokhwe

iipijama

ibhulukhwe

65

ibrashi

izithambiso neziqholo

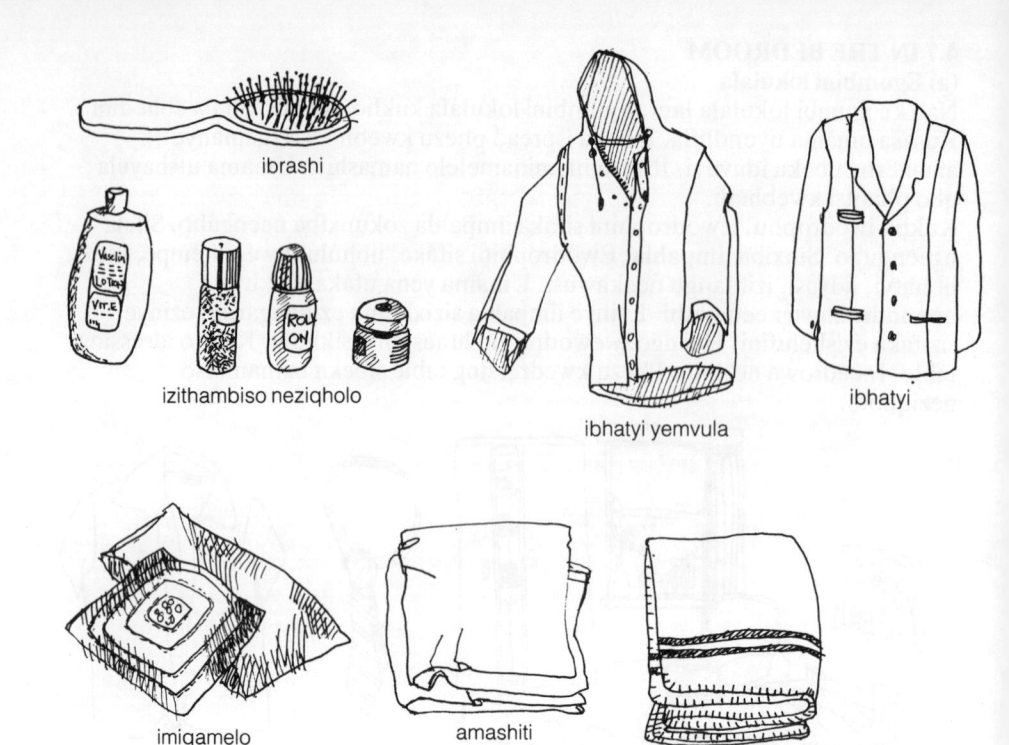

ibhatyi yemvula

ibhatyi

imiqamelo

amashiti

iingubo

(b) Egumbini lokuhlambela (ebhafrum)

Sihlambela egumbini lokuhlambela. Igumbi lokuhlambela likufutshane negumbi lokulala. Kukho isikali, isepha neetawuli - iitawuli zokuhlamba neetawuli zokusula. Kukho ibhafu nesinki. Ebhafini sihlamba umzimba; esinkini sihlamba izandla nobuso. Ebhafrum kukho ikhabhathana encinci. Sifaka iisepha, intlama yamazinyo (tooth paste), iikama, njalo njalo. Ucango lwekhabhathana encinci lunesipili. Ecaleni kwebhafrum kukho ithoyilethi.

Nanga amanye amagama:

iimpahla zokunxiba	-	clothes
iingubo	-	blankets
isihlangu/izihlangu	-	a shoe (shoes)
iziqholo	-	perfumes
izandla (isandla)	-	hands (hand)
umqamelelo	-	pillow
umzimba	-	body
ondlula	-	make the bed
xhoma	-	hang
ubuso	-	face

Ngomso siza kuphuma endlwini. Siza kubona iyadi yasekhaya. Kulungile masiyeke apho namhlanje.

4.8 PHANDLE
4.8.1 Namhlanje uJabu usibonisa ikhaya lakhe ngaphandle eyadini. Kuqala masijonge kule mifanekiso:

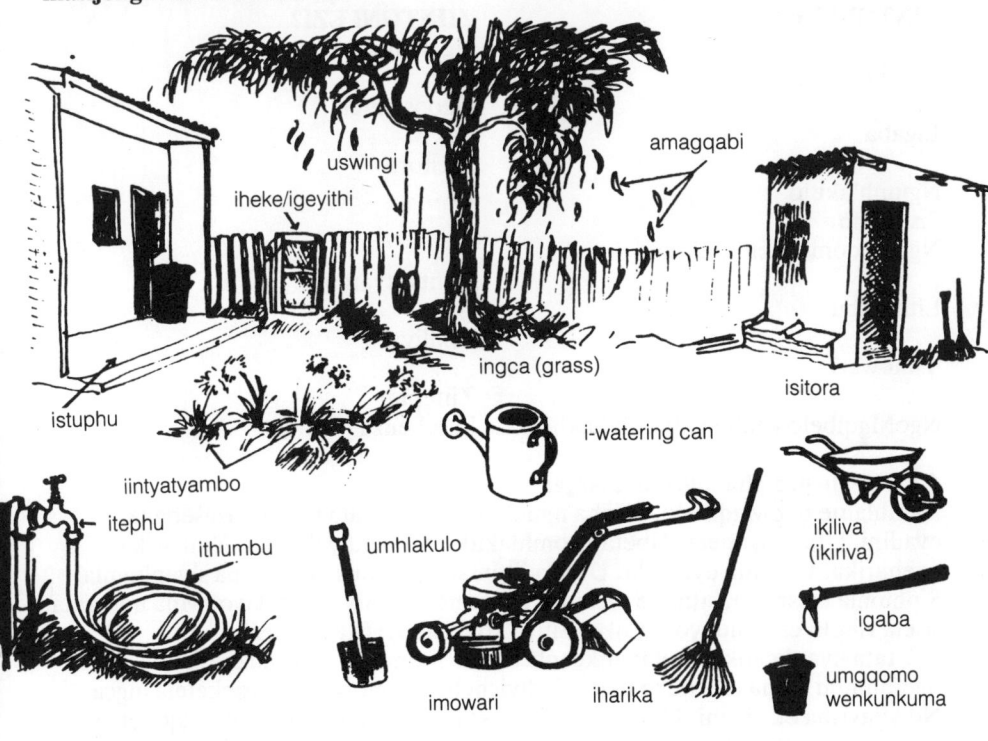

Labels in image: uswingi, iheke/igeyithi, amagqabi, ingca (grass), isitora, istuphu, iintyatyambo, i-watering can, itephu, ithumbu, umhlakulo, imowari, iharika, ikiliva (ikiriva), igaba, umgqomo wenkunkuma

Eyadini kuloJabu/Iyadi yakuloJabu
Sibona ntoni? Sibona izinto ngezinto.

Sibona:

Singular	*Plural*
umhlakulo	imihlakulo
imowari	iimowari
iharika	iiharika
ikiliva	iikiliva
i-watering can	ii-watering can
igaba	amagaba
isitora	izitora
isituphu	izituphu
intyatyambo	iintyatyambo
iheke/igeyithi	iiheke/iigeyithi
uswingi	ooswingi
igqabi	amagqabi
ingca	. . .
itephu	iitephu
ithumbu	amathumbu
umgqomo wenkunkuma	imigqomo yenkunkuma

EXERCISE:
Fill in the gaps by answering the questions:

YINTONI LE?	ZIINTONI EZI?
. . ..	Ngamagqabi
Yiheke	. . ..
. . .	Ngooswingi
Ligaba	. . ..
. . .	Zizitora
Ngumhlakulo	. . ..
Sisituphu	. . ..
Ngumgqomo wenkunkuma	. . ..
. . .	Ziintyatyambo
Lithumbu	. . ..
. . .	Zikiliva
Yimowari	. . ..
. . .	Ziitephu

NgoMgqibelo uJabu nabazali bakhe baza kusebenza phandle.

4.8.2 Sisebenza phandle namhlanje:

Namhlanje nguMgqibelo. Ixesha ngu-2.30. Mna notata nomama sisebenza eyadini. Utata uyapeta. Upeta ngomhlakulo. Mna ndiyaharika. Ndiharika ngeharika. Umama uyatyala. Utyala iitumato. Emva kwexeshana siyaphumla. Siphumla ixeshana, sithobe unxano. Utata usela ibhiye ebandayo. Mna nomama sisela isiselo esibandayo: i-Coke. Emva koko **sibuyela enkomeni**.

Utata uyankcenkceshela; unkcenkceshela iitumato. Unkcenkceshela ngethumbu. Mna ndicheba ingca. Ndiyicheba ngemowari. Ndiqokelela ingca. Ndiyilayisha ekiriveni. Utata uyagqiba ukunkcenkceshela iitumato aqokelele amagqabi omthi. Uwaqokelela ngeharika. Umama yena uchola amaphepha awafake emgqomeni wenkunkuma. Emva koko ukha iintyatyambo. Uza kuzibeka egumbini lokuphumla phezu kwetafile.

Siyayeka ukusebenza ngoku. Siqokelela izinto zokusebenza sizifake esitoreni. Utata utshixa isitora. Usitshixa ngesitshixo. Ngoku sidiniwe sifuna ukuya endlwini siphumle.

Vocabulary

ukulayisha	to load
emva kwexeshana	after a short while
ukuqokelela	to collect/gather
ukukha	to pick
ukutyala	to plant
ukuthoba unxano	to quench one's thirst
ukuchola	to pick up
ukubuyela enkomeni	to get back to the work (after a short break)

Utata uyapeta.
Upeta ngomhlakulo

Mna ndicheba ingca

Umama uyatyala.
Utyala iitumato

Utata uyankcenkceshela
Unkcenkceshela ngethumbu

Emva kwexeshana siyaphumla sithobe unxano. Utata usela ibhiye ebandayo. Mna nomama sisela isiselo esibandayo.

Umama ufaka amaphepha emgqomeni wenkunkuma.

Utata uqokelela amagqabi omthi.

Umama ukha iintyatyambo. Uza kuzifaka e- vazini, azibeke phezu kwetafile egumbini lokuphumla.

EXERCISES:
1. Answer the following questions appropriately. Use full sentences:
(a) Ingakanani iyadi yakowenu?
(b) Iyadi yakowenu ibiyelwe ngantoni?
(c) Uyakuthanda ukusebenza egadini?
(d) Mangaphi amagumbi endlu yakuni?
(e) Umama wakho uyakuthanda ukubeka iintyatyambo egumbini lokuphumla?

2. Guqulela esiNgesini:
(a) Umama akafuni ukubukela iT.V. kuba ibonisa imfungu-mfungu.
(b) Emva koko sibukela ezemidlalo.
(c) Andizi esikolweni ngoMvulo kuba andinazifundo. Ndifundela ekhaya.
(d) Xa kubanda sithanda ukubasa umlilo eziko egumbini lokuphumla.
(e) Ubhuti wakho uthanda ukuqaba ntoni esonkeni?

4.9 THE PRESENT SUBJUNCTIVE MOOD
Look at the following pictures:

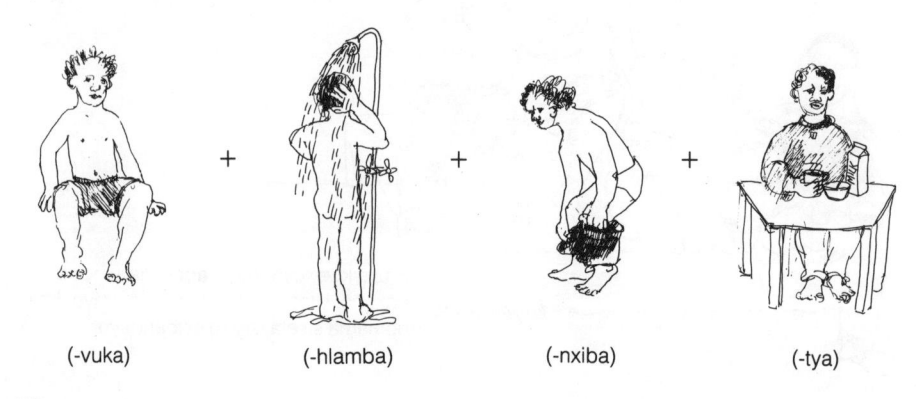

(-vuka) + (-hlamba) + (-nxiba) + (-tya)

70

These pictures depict a sequence of actions. These actions can be presented in four independent simple sentences thus:
1. Ndiyavuka
2. Ndiyahlamba
3. Ndiyanxiba
4. Ndiyatya

However, consecutive actions are normally presented in one sentence. [In English this would be done by joining them by means of the conjunction "and"]. In Xhosa verbs that depict consecutive actions are said to be in the **subjunctive mood**.

The subjunctive has two tenses viz. the present and the past tense; it can either be in the positive or the negative form.

The tense of a verb in the subjunctive mood is determined either by the tense or the mood of the first verb. (N.B. The first verb does not depict a consecutive action, so it is never used in the subjunctive mood.)

Formation of the present subjunctive
The above sequence of actions can also be presented in a single sentence as follows:
Ndivuka **ndihlambe, ndinxibe nditye**.

As can be seen from the verbs written in bold print in this sentence, the positive form of the subjunctive is formed **by changing the final vowel -a to -e.**

The negative is formed as follows:
S.C + Negative Formative + Verb stem ending in -i

ndi +   nga +   hlambi   ndingahlambi

N.B.
1. The Class 1 and third person singular subject concord is **a-** and not **u-** in the present subjunctive.
   e.g. USamantha uvuka kusasa ahlambe, anxibe, atye, akhwele ibhasi, aye esikolweni.
2. The present subjunctive is used if the initial verb is in:
(a) The present tense as in:
   Bavula ucango **bangene**.
(b) The future tense as in:
   Baza kuhlala phantsi **bafunde**.
(c) The imperative (positive or negative) as in:
   Hlala phantsi **ufunde**.
   Musa ukujonga isiqhwala **uhleke**.
(d) The infinitive as in:
   Ufuna **ukusebenza afumane** imali **athenge** imoto.
(e) Continuous past tense as in:
   Bendivuka **ndihlambe**.
   Ndandivuka **ndihlambe**.

4.10 THE IMPERATIVE

Read the following short dialogue, paying attention to the verbs written in bold print:

UJOHN:	Nkqo! Nkqo! Nkqo!
UMATTHEW:	**Ngena**.
UJOHN:	Molo, ntanga.
UMATTHEW:	Heke, ntanga. **Hlala** nasi isitulo.
UJOHN:	Hayi, Matthew mfondini; andizi kuhlala.
UMATTHEW:	Mfondini, **thatha** nasi isitulo uhlale.
UJOHN:	**Mamela** apha, Matthew mfondini. Ndifuna ukuboleka nje incwadi yesiXhosa ndihambe. Ndifuna ukufika ekhaya ngo-3.30. **Jonga**, ixesha ngu-3.15 ngoku.
UMATTHEW:	**Yiva** ke, mhlobo wam. Uza kuza nini ke ngoku?
UJOHN:	Hayi andazi, mfondini. Kunjani ngomso?
UMATTHEW:	Kulungile, **yiza** ngomso ke ngo-2.30. Ndiza kufika apha ekhaya ngo-2.00.
UJOHN:	Kuhle ke.
UMAMA KAMATTHEW:	Matthew noJohn, **yizani** apha. (Bayaya) Matthew, **yenza** iti mntwana wam. Ndifuna ukuphunga.
UJOHN:	Mama, uxolo. Sendihamba mna ngoku.
UMAMA KAMATTHEW:	Hayi John, sana lwam, akuzi kuhamba.
UJOHN:	Owu mama! Yini! Ndiyafa kukungxama.
UMAMA KAMATTHEW:	Kulungile, **yifa**; siza kukungcwaba.
UJOHN:	O! Yhini kodwa mama! Ndiyacela.
UMAMA KAMATTHEW:	Hayi, kulungile John, sana lwam, **hamba**. Iibhasi ziza kunqaba.
UJOHN:	Heke, mama! Enkosi, **salani** kakuhle.

All the verbs in bold print are direct commands. A verb that depicts a direct command is in the **imperative mood**. Now let us group these verbs according to their:
(a) Prefixal morphemes and
(b) suffixal morphemes

(a) Prefixal morphemes

I	II	III
Ngena	Yiva	yenza
Hlala	*Yizani	....
Thatha	yifa	....
Mamela	....	....
Jonga	....	....
Hamba	....	....
*Salani	....	....

From the above table we notice that:
(1) To the verbs in column I, which are polysyllabic (two or more syllables in the stem) nothing has been prefixed.
(2) To the verbs in column II, which are all monosyllabic (one syllable in the stem), **yi**-has been prefixed.
(3) To the verb in column III which is a vowel verb, **y**- has been prefixed.

(b) Suffixal morphenes
The verbs marked with asterisks in columns I and II are different from all the other verbs in all the three columns because to them **-ni** has been suffixed.

EXERCISES:
(a) Explain and exemplify the formation of both the sing. and plural commands in Xhosa with:
   1. polysyllabic
   2. monosyllabic verb stems
   3. vowel verbs
   In each case give two examples.
(b) Complete columns II and III by filling in appropriate imperative verbs, so that all 3 columns should have the same number of verbs.

Prohibitions
The above commands can be changed to prohibitions by changing the positive form of the imperative to the negative form thus:
Singular: Musa ukungena.
            Musa ukwenza iti.
            Musa ukuza apha.
Plural: Musani ukungena.
            Musani ukwenza iti.
            Musani ukuza apha.

As can be seen from these examples a verb that depicts a prohibition consists of two elements which are:
1.   an auxiliary verb "musa" and
2.   the infinitive form of the verb
     Auxiliary + Infinitive
     Musa + ukungena
     Musa ukungena

The plural is formed by suffixing -ni to the auxiliary as follows:
     Auxiliary + Plural morpheme + Infinitive
         ▼   ▼   ▼
     Musa +   ni +   ukungena   Musani ukungena

The object concord with the imperative
When a verb in the imperative has an object concord the final vowel changes from -a to -e.
e.g. Nxiba ibhatyi > Yinxibe ibhatyi.

This happens with all verbs. In the case of monosyllabic and vowel verbs the object concord replaces yi- and y-.
e.g. Yenza ukutya > Kwenze ukutya.
Yitya ama-apile > Watye ama-apile.

4.11 ABANTWANA BAKULOSAMMANTHA

Abantwana bakuloSammantha bathathu. Nguye, nguLarry noRob. Intombazana inye; nguSammantha. ULarry noRob ngamakhwenkwe. URob lizibulo kulandele uLarry; uSammantha yimpelo.

USammantha unekati. Igama lekati kaSammantha nguKitty. UKitty ungwevu ngebala, unesisu esimhlophe nemilenze emhlophe. Yimazi. Ngoku uKitty unamantshontsho amahlanu. Amantshontsho amabini afana noKitty ngebala; elinye lilubhelu, linemilenze emhlophe; amabini amnyama. Umama kaSammantha uthi uza kumvala uKitty ukuphela konyaka, kuba amantshontsho ayangcolisa; atya ubisi oluninzi. USammantha yena uyawathanda amantshontsho ekati, kuba ayathanda ukudlala. Athanda ukudlala ngebhola. Ngamanye amaxesha uKitty namantshontsho akhe ulala noSammantha. UKitty uyathanda ukuleqa iintaka eyadini; uyazibamba ngezinye iimini. Ubamba iimpuku. Ngamanye amaxesha akayibulali kwangoko impuku. Ungena nayo endlwini, adlale ngayo. Umama kaSammantha uthi: "Sammantha, le kati yakho iza kungena nenyoka ngenye imini."

Wena unayo ikati? Sixelele ngayo. Ngubani igama layo, injani ngebala, ilala phi, ithanda ukutya ntoni, iyathanda ukudlala, yimazi okanye yinkunzi?

ULarry yena unenja. Libhaku elimthendevu; lineendlebe ezibhaku-bhaku. Yinduna. Igama lenja kaLarry nguRex. URex uyathanda ukuleqa uKitty. Uyathanda ukukhonkotha abantu, kodwa akalumi. Utata kaLarry uthi: "Andiyifuni inja elumayo apha, kuba iza kugxotha abantu. Abantu baza koyika ukusityelela." URex ulala phandle. Unendlu, kodwa akathandi ukulala kuyo. Ulala kuyo ebusika, xa kubanda kakhulu. Uthanda ukutya amathambo. Ngezinye iimini akalali ekhaya; uyemka ebusuku atyelele abahlobokazi bakhe. Unabahlobokazi abaninzi.

Ngubani igama lenja yakho okanye yakowenu?

Ubhuti kaSammantha, uRob, naye uyazithanda izilwanyana. URob unemivundla emininzi, namagundwane amaninzi. Unamahobe, nemilonji nesikhwenene. Isikhwenene sikaRob siyakwazi ukuthi, "Hallo," nokuthi "Good-bye" ebantwini. URob usifundisa ukulinganisa.

Vocabulary
izibulo	-	first child
impelo	-	youngest child
ngwevu	-	grey
imazi	-	female (of an animal)
imilenze (um-)	-	legs
isisu	-	stomach/belly
amantshontsho	-	kittens (youngs of animals)
ukufana	-	to look like/resemble/be similar to
lubhelu	-	tan (yellow)
mnyama	-	black
ukuvala	-	to have a female animal neutered (lit. to close)

ukungcolisa	-	to make dirty
ukuleqa	-	to chase
iintaka	-	birds
ukubamba	-	to catch
iimpuku	-	mice
ukubulala	-	to kill
kwangoko	-	immediately (there and then)
inyoka	-	a snake
ibhaku	-	hush puppy or basset
-mthendevu	-	black and tan
ukukhonkotha	-	to bark
ukuluma	-	to bite
ukugxotha	-	to chase away
ukutyelela	-	to visit
phandle	-	outside
ebusika (ubusika)	-	in winter
amathambo	-	bones
ukumka	-	to go away
umvundla	-	rabbit
amagundwane	-	guinea-pigs
amahobe	-	pigeons
imilonji	-	canaries
isikhwenene	-	parrot

5. IN TOWN

In this theme you will learn most of the vocabulary related to the petrol station, post office, bank, directions and eating out. You will also learn about the following aspects of Xhosa grammar: the **locative (adverb of place)**; **potential aspect**; **emphatic** and **indirect commands**; **hortative auxiliaries, ma-, -ze** and **kha-** and the **descriptive copulative from locatives**.

5.1 THE LOCATIVE (OR THE ADVERB OF PLACE)
Read the following passage paying special attention to the words in bold print.

Abafundi baseyunivesiti bafundela imisebenzi ngemisebenzi. Abanye bafundela ukuba ngoogqirha. Ugqirha usebenza **esibhedlele** okaye **ekliniki**. Banyanga abantu. Abongikazi basebenza noogqirha. Bancedisa oogqirha. Abanye abafundi bafuna ukuba ngootitshala; abanye bafuna ukuba ziiprofesa.

Utitshala usebenza **esikolweni**. Ufundisa abantwana. Iiprofesa zifundisa **eyunivesiti**. Umsebenzi weeprofesa noweetitshala kukufundisa. Abanye abafundi bafuna ukuba ngoosomashishini. Umsebenzi kasomashishini kukuthengisa. Bathengisa izinto ngezinto. Abanye bathengisa iibhasi; abanye bathengisa iimoto, iibhaki, izithuthuthu neelori. Abanye bathengisa iibhayisikile. Abanye baneeteksi.

Abanye abafundi bafunda umthetho. Bafuna ukuba ngamagqwetha okanye abatshutshisi okanye oomantyi okanye iijaji. Amagqwetha athethelela abantu **enkundleni**.

Abanye abafundi bafunda umculo; bafuna ukuba ziimvumi. Abanye abafundi bafundela ukuba ngabazobi. Abazobi bazoba imifanekiso. UJabu Ngwenya yena ufundela ukuba yinjineli. Ufunda **e-U.C.T.**

Mna ndifuna ukufundela ukuba ngumakhenikhi. Ndithanda ukulungisa iimoto. Ndifuna ukusebenza **egaraji**.

EXERCISE:
(a) Translate the above passage into English
(b) Phendula le mibuzo ilandelayo.
   1. Oogqirha basebenza phi?
   2. Utitshala usebenza phi?
   3. Amagqwetha abathethelela phi abantu?
   4. Iiprofesa zifundisa phi?
   5. Umakhenikhi uzilungisa phi iimoto?

Each of the words written in bold print in the above passage and of the ones you have given as answers to the questions depicts a place where something takes place i.e. the locality of the action. They are all adverbs of place. In technical grammatical language the adverb of place is referred to as the **locative**. It is formed from nouns (including the infinitives) and pronouns.

Formation
The **locative** is formed from nouns by means of locative prefixes and a locative suffix. The locative prefixes are **e-**, **kulo-** and **kwa-**. According to Pahl, the locative suffix is **-ni**. (For the purposes of simplifying, Pahl's explanations will be followed here. But see note (5) below.) The locative prefix replaces the initial vowel of the noun.
idesika > edesikeni
itafile > etafileni
ifriji > efrijini
isitulo > esitulweni
indlu > endlwini

From these examples it is noticed that in some nouns the final vowel changes before the locative suffix -ni:
a > e as in:- idesika > edesikeni
o > we as in:- isitulo > esitulweni
u > wi as in:- indlu > endlwini

The prefix ku- is used with nouns of Classes 1a and 2(a) as in:
umama > kumama
oomalume > koomalume

Ku- may, however, be used with nouns of the other classes **provided that the noun is followed by a qualificative**.
e.g. abantu > kubantu abakhulu

Kwa- is used with proper names and nouns of classes 1(a) and 2(a) to indicate "at the place/house of"

77

e.g. USipho > **kwa**Sipho - At Sipho's house/place
Umakhulu > **kwa**makhulu - At grand-mother's

Kulo- is used with proper names to indicate "at the house of somebody's parents"
e.g. uSipho > kuloSipho = at the house of Sipho's parents
umama > kulomama = at the house of my mother's parents.

N.B. In English both **kwa-** and **kulo-** can be translated by means of "at somebody's house". In Xhosa a distinction is made between owner of the house (kwa-) and another person to whom the house is just a home (kulo-).
e.g. Kulotata kukho igadi enkulu. At the house of my father's parents there is a big garden. At my father's home there is a big garden.

Note:
1. When **ku-**, **kwa-** and **kulo-** are used the noun does not take the suffix **-ni**. This suffix is used when the prefix is e- thus:
   e[noun-stem]**ni**

2. There are a few nouns which take the suffix **-ni** only when they are qualified
   e.g. ikhaya > ekhaya but ekhayeni labadala.
   intloko > entloko but entlokweni yesikolo

3. In nouns of Class 11 (ulu-) the latent -lu- comes back after the prefix e-
   e.g. udini > **elu**dinini
   ubisi > **elu**bisini

4. There are certain adverbs of time which have a locative structure/form:
   ihlobo - ehlotyeni
   ubusika - ebusika
   intwasahlobo - entwasahlobo
   ukwindla - ekwindla
   imini - emini
   ubusuku - ebusuku

5. Although it is easier for communication skills' purposes to follow Pahl and treat **-ni** as the locative suffix, the locative suffix is **-ini**. The suffixing of **-ini-** to the noun stem results in some phonological processes because of the juxtaposing of the noun final vowel and the initial **i-** of **-ini-**. Detailed treatment of these sound changes is beyond the scope of these notes. These are: vowel lowering, glide formation (consonatalization) and deletion.

6. **Palatalization:** With some nouns, labial sounds in the final syllable change to palatal sounds after the addition of the locative suffix.
   m > ny e.g. intamo > entanyeni
   b > ty idobo > edotyeni
   mb > nj umlambo > emlanjeni

ph > tsh incopho > encotsheni
mp > ntsh amahlwempu > emahlwentshini
bh > j igxobho > egxojeni

7. Sometimes when a locative with the locative prefix **e-** follows a verb in the negative, the locative prefix may be left out.
e.g. Ndiya eRhini - Andiyi Rhini.
or Andiyi eRhini.

EXERCISES:
1. Translate the following sentences into Xhosa:
(a) Are you going to the shop now?
(b) No I am not going to the shop now, I am going to the garage. I will go to shop in the afternoon.
(c) The children go to school at 7.30 in summer, but in winter the school starts at 8.30.
(d) In June I will go to my maternal uncle's place in P.E. with my friend, Buntu. He is scared of flying (travelling by aeroplane). So we will travel by car.
(e) This afternoon (today in the afternoon) I would like to go to Themba at the hospital. He is not sick; he is a nurse.
(f) At Sipho's home (at the house of Sipho's parents) there are many tall trees in the garden.
(g) In spring the boys like to swim in the river.
(h) At night mother and dad sit in the lounge and watch T.V. and chat and sometimes drink tea or coffee. If it is cold, dad prefers to drink brandy or whisky especially on Fridays.
(i) I do not like to go the top of the mountain in summer because I am scared of snakes.
(j) Children, go to mother and company and ask for food.

2. Complete each of the following sentences by filling in the correct form of the word/s in brackets:-
(a) Themba, ndifuna ukukuthuma (ivenkile).
(b) (Idolophu) kukho abantu abaninzi ngo Mgqibelo.
(c) Zininzi iimoto (iindlela) (iNewlands) namhlanje kuba iWestern Province iza kudlala neNorthern Transvaal.
(d) Kukho itheko (iholo) (ubusuku) namhlanje.
(e) Abahlobo bam baza kuza (ikhaya) ngo-2.30 malanga ngomso.
(f) Thathani iimbiza nizibeke (umlilo) ngoku.
(g) Inqwelomoya ibhabha (amafu).
(h) UNosipho noLucy bavela (umthombo).
(i) Abanye abafundi bavela (iMonti), abanye bavela (iKapa), abanye bavela (iRhini).
(j) ULizo uza kuthumela imali (amahlewempu) (iSea Point).

Other adverbs of place
There are a few adverbs of place which are primary, i.e. not derived from other parts of speech. These are the ones classified as nouns of class 16 - nouns that function locatively.

phandle
phantsi
*phambili
phakathi
phesheya
phonoshono
*phezulu

(*Sometimes shortened to phambi and phezu respectively and always followed by a possessive.)

EXERCISE:
(a) Use each of the following adverbs of place in a sentence to show that you understand its meaning:
phandle   phambili
phantsi   phezulu
phakathi
(b) Use each of the adverbs in (a) above predicatively, each with its own subject.

The following adverbs of place have an adjectival stem to which the locative prefix ku- has been added.
-de > kude
-fuphi > kufuphi
-futshane > kufutshane

These may be used alone, or they may be followed by another locative or by an associative adverb.

e.g. USipho uhlala kude.
USipho uhlala kude eGuguletu
USipho uhlala kude neGuguletu.

Locatives from pronouns are formed by means of the locative prefix ku-. In the case of absolute pronouns, the stabilizer **-na** is dropped after the addition of any prefix including the locative prefix. Note the sound changes when ku- is added to a vowel-commencing pronoun (demonstrative, qualificative or possessive).

N.B. Locatives may be joined together by means of the associative **-na** as in:
Siza kuya eBhayi naseRhini, naseQonce naseMonti
(We will go to P.E., Grahamstown, KWT and E.L.)
If the locative prefix is e-,-s- is inserted between the -a of **-na** and the locative prefix.

Edolophini
Apha kusedolophini. Sibona iindawo ngeendawo; izakhiwo ngezakhiwo. Masizijonge kakuhle.

igaraji (egaraji)
Kusegaraji apha.

isikhululo samapolisa
(esikhululweni samapolisa)

ikhefi (ekhefi)
Kusekhefi apha.

isikolo (esikolweni)
Kusesikolweni apha.

isupamakethi
(esupamakethi)
Kusesupamakethi apha.

isitophu sebhasi
(esitophini sebhasi)

iposi (eposini)
Kuseposini apha.

iyunivesiti (eyunivesiti)

ibhanki (ebhankini)
Kusebhankini apha.

ibhayaskophu (ebhayaskophu)

ihotele (ehotele)

icawe (ecaweni)

isitishi setreyini/ isikhululo setreyini/ sikaloliwe
(esitishini) Kusesitishini apha.

isibhedlele (esibhedlele)

ilondri (elondri)

ibheyikhari (ebheyikhari)

ikhemesti (ekhemesti)

isilarha (esilarheni)

5.2 AT THE GARAGE
In this lesson you are taught how to communicate with petrol attendants at a garage.

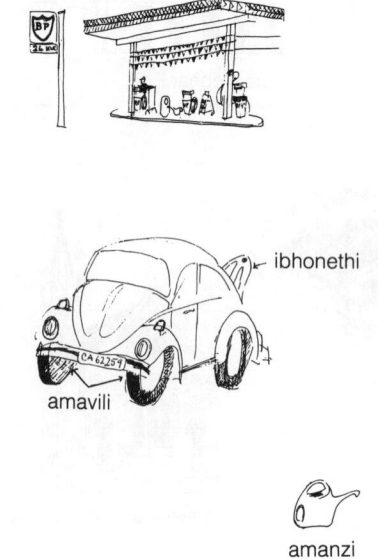

isitshixo

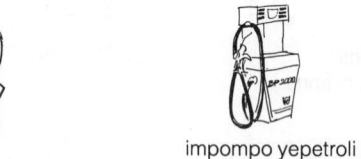

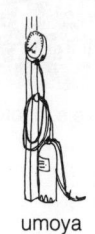

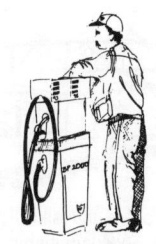

impompo yepetroli

ibhonethi

amavili

amanzi

umoya

isiciko sepetroli

i-oyile

iiphayinti ze-oyile

umsebenzi

First look at the vocabulary list and pictures and then read the following dialogue:

UMQHUBI:	Molo, mnumzana
UMSEBENZI:	Ewe.
UMQHUBI:	Kunjani?
UMSEBENZI:	Hayi, sikhon' enkosi. Kunjani kuwe?
UMQHUBI:	Hayi, sikhona nathi.
UMSEBENZI:	Ndingakunceda ke, mhlekazi?
UMQHUBI:	Ewe, ndicela ipetroli.
UMSEBENZI:	Ugalela bani? U-97 okanye u-93?
UMQHUBI:	Ndicela u-97.
UMSEBENZI:	Ufuna ngamalini?
UMQHUBI:	Ndiphe iilitha ezilishumi.
UMSEBENZI:	Ndicela isitshixo sepetroli.
UMQHUBI:	O! Nasi.
UMSEBENZI:	(ugqibile) Nantso ke, mhlekazi. Unjani umoya?
UMQHUBI:	Ndiyakholwa usalungile. Ndicela ujonge i-oyile.
UMSEBENZI:	Ndicela undivulele ibhonethi.
UMQHUBI:	Sendiyivulile.
UMSEBENZI:	Kowu! Ifuna iiphayinti ezimbini okanye ezintathu?
UMQHUBI:	Kulungile, ndiphe ezintathu.
UMSEBENZI:	Nantso ke. Anjani amanzi wona?
UMQHUBI:	Ungawajonga nawo.
UMSEBENZI:	Asanele mhlekazi.
UMQHUBI:	Yimalini ke iyonke?
UMSEBENZI:	Ipetroli yi-R10.50. I-oyile yi-R6.45. Yi-R16.95 iyonke.
UMQHUBI:	Sowubamba ke, nantsi.
UMSEBENZI:	Ndiyabulela, mhlekazi. Sowubamba ke nantsi itshintshi, yi-R3.05.
UMQHUBI:	Ndiyabulela. NdinguJimmy ke mna. Ndihlala apha eRondebosch. Ndifunda apha e-U.C.T.
UMSEBENZI:	O, ndiyavuya ukukwazi, Jimmy. Mna ndinguThemba Voyizana.
UMQHUBI:	Hayi ke, siza kubonana, Themba.
UTHEMBA:	Kamnandi, Jimmy.

Vocabulary

igaraji	garage
umsebenzi	worker (**umsebenzi wasegaraji** - petrol attendant)
impompo	pump (**impompo yepetroli** - petrol pump)
ivili	wheel
amavili	wheels
isiciko	lid (**isiciko sepetroli** - petrol cap)
ipetroli	petrol
ibhonethi	bonnet
ibhuthi	boot
isipere	spare
ilitha	litre
umoya	air
i-oyile	oil

ukuvula	to open
ukuvulela	to open for
iphayinti	a pint
ukupha	to give
-anele	enough
sowubamba	here you are/please take (a polite way of saying here you are, please take)

5.3 ASKING FOR AND GIVING DIRECTIONS

Mamela le ncoko ke ngoku. UJimmy usegaraji eRondebosch; ubuza indlela kuThemba. Ufuna ukuya e-University House, kodwa akakwazi kuba uyafika apha eKapa.

UJIMMY: Molo, Themba
UTHEMBA: Ewe, Jimmy! Kunjani namhlanje?
UJIMMY: Hayi sikhona, ndoda yakuthi. Singeva kuni.
UTHEMBA: Hayi asikhalazi nathi. Akuncedi nto ukukhalaza. Ngu-97 okanye ngu-93, kanene?
UJIMMY Hayi enkosi, andifuni nto namhlanje. Qha ndiyalahleka.
UTHEMBA: Awu! Ufuna ukuya phi?
UJIMMY: Ndifuna ukuya e-University House, kodwa indlela andiyazi.
UTHEMBA: Yhe madoda! Akufundi e-UCT na?
UJIMMY: Ewe, ndifunda khona.
UTHEMBA: Kodwa akuyazi ukuba iphi na i-University House?
UJIMMY: Themba, khawuyeke mfondini. Ndiyafika apha, mfondini. Ndifika kulo nyaka. Andikazazi zonke iihostele zale Yunivesiti
UTHEMBA: Yima ke! Uyayibona iMain Road le?
UJIMMY: Heke!
UTHEMBA: Ngena apha kuyo, unyuke nko-o!
UJIMMY: Ndiyabona.
UTHEMBA: Uze ungajiki tu. Vela ngapha kancinci. Uyazibona eziya hostele zimbini zinde, zingathi ziingqayi?
UJIMMY: Ewe, iTugwell ne Maquard? Ndiyazibona.
UTHEMBA: Andazazi ke mna amagama azo, kodwa ndixela zona kanye. Heke! Uza kuzigqitha ke zona, udlule iCollege House, udlule iSandringham Court, Uyazibona?
UJIMMY: Ewe!
UTHEMBA: Zonke ezi ndawo zisekhohlo kuwe, njengokuba unyuka nje. Nyuka ngqo wena.
UJIMMY: Ewe!
UTHEMBA: Phambilana kukho iirobhothi. Phaya kwezo robhothi uze ujonge ekhohlo. Kukho isupamakethi, iGrand Bazaar. Ekunene kukho igaraji, i-Auto Atlantic. Uyaqonda?
UJIMMY: Ewe.

UTHEMBA: Ukufika nje kwakho kweziya robhothi, uze ujike ekhohlo, uyishiye iMain Road le. Andilazi ngoku igama lesiya sitalato, kodwa ke xa uphaya akunakuyiphosa i-University House. Uza kunyuka nko, ungajiki tu. Indlela iza kukukhokela. Zikhona izitalatwana eziphambukayo kwesi, kodwa uze ungazijongi nokuzijonga zona.
UJIMMY: Ndijonge entabeni ngoku, andithi?
UTHEMBA: Nantso ke. Ngoku ujonge kule ndlela iya eMuizenberg ivela eKapa. Phambili kakhulu kuza kubakho idolwana eliya ngasekhohlo, kubekho isiphambuka esiya ekunene. Uze usiyeke sona, unyuke nje kancinci. Phosa amehlo ke ngoku ekunene, uza kubona isayini ethi "University House," uyigqithe nje kancinci. Nantsi ke i-University House ekunene. Indlela nayo iyaphela, yi-Cul de Sac. Ungemisa ke ngoku, ubuze nabani na phaya ukuba igeyithi indawoni na. Nantso ke, Jimmy! Ilula noko, akunjalo?
UJIMMY: Themba, undicendile ndod' akuthi. Enkosi kakhulu. Mandiyizame, kodwa ngathi andinakulahleka noko. Kulungile, sakubonana.
UTHEMBA: Hayi, akunakulahleka, Uze ujonge nje iGrand Bazaar; ugqibile. Sobonana.

Vocabulary

indlela	the road
ukulahleka	to get lost
ukunyuka	to go up
ukujika	to turn
ukugqitha/ukudlula	to pass i.e. to go past
ekhohlo	left
ekunene	right
ukukhokela	to lead
ukuphambuka	to go off
isiphambuka	intersection or turn-off

5.4 THE POTENTIAL ASPECT (THE USE OF "MAY/CAN")
The English auxiliary verb "may" does not have a lexical equivalent in Xhosa. It is translated by means of potential aspect formative **nga-** which is placed between the subject concord and the verb stem.
e.g. Ungahamba ukuba uyafuna.
   (You may go if you want to.)

N.B. Remember the object concord has a fixed position in relation to the verb stem. So **-nga-** comes before the object concord and the verb stem.

A verb that has **-nga-** is said to be in the **potential aspect**. It indicates: permission to do something; ability to do something; likelihood of something happening.

e.g. Ungahlala phantsi. (Permission)
Ndingawuphendula lo mbuzo. (Ability)
Bangafika namhlanje. (Likelihood)

It is also used with conditional clauses to depict what would happen if something else were to happen.
e.g. Ndingavuya ukuba ungafika ngomso.
(I would be happy if you were to come tomorrow.)
The dependent clause may be left out as in:
UDEBBY: Zola ndingakubonisa i-album?
UZOLA: **Ndingavuya**.
Zola could also have said:
"Ndingavuya **ukuba ungandibonisa i-album**."

N.B. The Classes 1 & 1a subject concord of a verb in the potential aspect is **a-** instead of **u-**
e.g. ULizo angatshata kulo nyaka.

The negative - The negative of the potential aspect is formed by prefixing the negative formative **a-** and changing **-nga-** to **-nge-** and the final vowel to **-i** e.g. ULizo **akangetshati** kulo nyaka.

EXERCISES:
(a) Translate into Xhosa:
1. Jenny may not go to Matthew's home today.
2. Matthew says Jenny may come to Rondebosch.
3. My father can drive a train.
4. You may sit down. Can I help you?
5. Can you help me, Sammantha? You may use the lounge if you want to.

(b) Translate into English:
1. Ndingavuya ukuba umama angafika ngomso.
2. Ndingahleka ndilale ukuba ungawa kuba akufuni ukumamela.
3. Ungaya kwaLanga ngeenyawo?
4. Abadlali baseVostile abangefiki kule mpela-veki.
5. Uyayithanda iHellenic? Hayi, andingetsho. Wena? Ewe, ndingatsho.

5.5 AT THE POST OFFICE
UZamile ungena eposini athethe nonoposi. Ufuna ukuthumela ipasile eRhawutini. Ufuna ukuposa neeleta.
Phambi kokuba sive incoko kaZamile nonoposi masijonge la magama alandelayo:

Vocabulary
isitampu	stamp
imvulophu	envelope
irejistala	register
ipasile	parcel

ucingo	telegram
ipostal order	postal order
isiliphu	slip, receipt
ukusayina	sign
idilesi	address
ityhu	queue
isikali	scale
ukuveyisha	to weigh
ubunzima	weight
umnxeba/ifowuni	phone
unoposi	postman
ileta	letter
iphepha	paper
ukuposa	to post
ukufaka imali	to deposit money
ukukhupha imali	to withdraw money
ukubetha ucingo	to send a telegram
ukufumana	to receive
ixabiso	value, price
ukusondeza	to bring nearer
usiba	pen

Incoko eposini

UZAMILE: Molo, mnumzana!
UNOPOSI: Ewe!
UZAMILE: Kunjani?
UNOPOSI: Sikhona, enkosi. Kunjani kuni?
UZAMILE: Hayi, sikhona nathi.
UNOPOSI: Ndingakunceda ngantoni, mnumzana?
UZAMILE: Ndifuna ukuthumela le pasile eRhawutini. Ndingenza njani?
UNOPOSI: Khawuyisondeze ngapha! Kufuneka ndiyibeke esikalini, ndive ubunzima bayo kuqala. (Uyayiveyisha) Ziikhilo ezimbini, ngoko ke, iya kubiza iR2.
UZAMILE: Nantso ke, mhlekazi, sowubamba.
UNOPOSI: Kufuneka usayine apha, uze uyishiye apha, ipasile le.
UZAMILE: Khawundiboleke usiba olo ke.
UNOPOSI: Nalo ecaleni kwakho.
UZAMILE: Enkosi! Sendigqibile ke, mhlekazi. Ndingazifumana, izitampu?
UNOPOSI: Ufuna izitampu zamalini?
UZAMILE: Andilazi ixabiso lazo, kodwa ziya eThekwini, iincwadi ezi.
UNOPOSI: Yi-10c sisinye.
UZAMILE: Ungandipha zibe zibini?
UNOPOSI: Nazo ke.
UZAMILE: Enkosi, mhlekazi! Usale kakuhle!
UNOPOSI: Uhambe kakuhle!

EXERCISE:

You are at the post office to send money to your younger brother/sister by registered mail. You are not certain whether to enclose cash or to buy a postal order, and so you ask the postal clerk for advice. Write a dialogue between you and the postal clerk. (N.B. The postal clerk tells you that it is even quicker to telegraph the money but you tell him/her that you prefer to post it because it is cheaper to do so.)

5.6 AT THE BANK
5.6.1 ULinda uthetha neteller

ITELLER: Molo, nkosazana!
ULINDA: Molo, mhlekazi!
ITELLER: Kunjani?
ULINDA: Sikhona, enkosi. Kunjani kuni?
ITELLER: Sikhona nathi, nkosazana. Ndingakunceda?
ULINDA: Ewe, ndifuna ukufaka imali yam ebhankini kodwa andazi ukuba ndithini na.
ITELLER: Xa ufuna ukwenza oko, kufuneka ube nemali yokuvula incwadi. Yi-R50.00 ke yona.
ULINDA: Inzala yalapha, yona injani?
ITELLER: Inzala yalapha iyancumisa. Yi-12%. Yanda ngakumbi ke xa ungayikhuphi rhoqo, imali yakho.

5.6.2 Iibhanki

Zininzi iibhanki eMzantsi Afrika. Ezinye zinkulu, ezinye zincinane. Kukho neeBuilding Societies. Iibhanki zonke zinamasebe ezidolophini zonke. Amanye amasebe makhulu, amanye mancinane. Abanye abantu bagcina imali yabo ebhankini, abanye bayigcina kwiiBuilding Societies. Kulungile ukugcina imali ebhankini kuba iyazala. Izala qho ngonyaka. Inzala iyanceda kuba iyenza ninzi imali yomntu.

Ibhanki neeBuilding Societies ziyakhuphisana ngenzala kuba zifuna ukutsala abantu. Ezinye zinenzala ephantsi, ezinye zinenzala ephezulu. Kufuneka umntu athelekise inzala yeebhanki phambi kokuvula incwadi yebhanki. Zonke iibhanki ziyazibhengeza kumaphephandaba, zizincome, ngakumbi inzala yazo. Ubuninzi beebhanki ziyababoleka abantu imali. Ziboleka nabafundi imali yokufunda eyunivesiti. Abafundi bayayibuyisa le mali bakugqiba ukufunda eyunivesiti.

Imali-mboleko nayo inenzala. Ziboleka nabantu abafuna imali yokuthenga izinto ngezinto: iimoto, izindlu, njalo njalo. Zinceda abantu abafuna inkunzi yokuqala amashishini: Iivenkile, iihotele, iikhefi, njalo njalo.

Kumnandi ukuboleka imali ebhankini, kodwa kunzima ukuyibuyisa ngenxa yenzala. Kambe ke akukho kuthini. Imali inqabile; iingxaki zininzi; imisebenzi inqabile. Abantu bafuna ukufunda, bafuna nokuhlala kamnandi. Ubomi ngumzamo.

Vocabulary

iyancumisa	-	it is very satisfactory (lit. it makes one smile)
rhoqo	-	frequently
imali engamaphepha	-	banknotes

bala	-	count, calculate
qho ngonyaka	-	annually
qho ngenyanga	-	monthly
yonke imihla	-	daily
qho ngekota	-	quarterly
imali ekhoyo	-	credit
imali elityala	-	debit
intlawulo	-	payment
ukukhupha/ukutsala	-	withdrawal or to withdraw
idipozithi	-	deposit
ukudipozitha	-	to deposit
ukufaka imali	-	to put in/deposit some money
itsheki	-	cheque
i-akhawunti yetsheki	-	cheque account
i-akhawunti yokugcina imali	-	savings account
ukubhengeza	-	to advertise/market
inkunzi	-	capital
ukuzincoma	-	to praise oneself
imali-mboleko	-	loan
ukubuyisa	-	to repay
kambe ke	-	however
ukuthelekisa	-	to compare
akukho kuthini	-	there is no choice (idiomatic expression)
ubomi ngumzamo	-	life is a struggle (idiomatic expression)
isebe	-	a branch
ukukhuphisana	-	to compete

EXERCISES:

1. The teller asks Linda for more particulars about herself in order to complete a form completed by all new clients. Continue the dialogue between Linda and the teller.

2.
(a) Xela igama lebhanki yakho okanye katata/mama wakho.
(b) Ivula ngabani ixesha le bhanki?
(c) Ivala nini?
(d) Gqibezela:
 (1) Umphathi webhanki yi. . .
 (2) Imali-mboleko ine. . . eyi-15% ngonyaka.
 (3) Xa ufuna ukuvula i-akhawunti ebhankini uz . . . ifomu yokuvula incwadi.
 (4) Xa ufuna imali-mboleko ebhankini uthetha ne . . . yebhanki.
 (5) I-teller iyayib . . . imali phambi kokuba iyibhale encwadini.
 (6) Iitsheki sizitsh . . . ebhankini.

3. Bhala izivakalisi ezilishumi ngale ntloko ilandelayo:
 ukubabuleka kweebhanki

 OKANYE

Bhala incoko phakathi kwakho nomzali wakho, nincokola ngokugcina imali ebhankini

5.7. AT THE RESTAURANT
Kungokuhlwa ngoLwesihlanu. UMatthew noJenny baserestorenti (baserestyu).

IWEYITALA:	Molweni
OOJENNY:	Ewe.
IWEYITALA:	Ningathanda eliphi icala? Elabatshayayo okanye elabangatshayiyo.
OOJENNY:	Sikhetha elabangatshayiyo.
IWEYITALA:	Kulungile ke, yizani ngapha. Nantsi itafile yabantu ababini. Ningahlala.
OOJENNY:	Enkosi.
IWEYITALA:	Nanzi iimenyu, ningajonga, nikhethe. Nalu uluhlu lweziselo - ezibandayo nezaphukayo. Ningathanda ukufumana into eselwayo lo mzuzu?
UMATTHEW:	Ewe, kodwa khawusiphe ithuba kancinane, sikhethe.
IWEYITALA:	Kulungile ke, ndiza kubuya. Khanijonge.
UMATTHEW:	Uza kusela ntoni, Jenny?
UJENNY:	Mandithathe iwayini emhlophe namhlanje. Wena uza kusela ntoni?
UMATTHEW:	Nam mandithathe iwayini emhlophe. Iphi le weyitala ngoku? Mayize ngoku; ndinxaniwe mna.
UJENNY:	Nanku, uyeza.
IWEYITALA:	Sendibuyile. Seniyikhethile ke into yokusela?
UMATTHEW:	Ewe. Khawusiphe ibhotile yewayini emhlophe, iTJ 39.
IWEYITALA:	Kulungile. Into yokutya yona anikayikhethi?
UJENNY:	Siza kukuxelela ngoku; asikaqiniseki.
IWEYITALA:	Kulungile; ningazixheshi. Mandilande iwayini lo mzuzu.
UJENNY:	Matthew, ufuna ukutya ntoni? Mna ndifuna intlanzi.
UMATTHEW:	Ndiza kuthatha inkuku mna.
UJENNY:	Ndizama ukuyeka inyama ebomvu.
UMATTHEW:	Nam, kodwa kunzima ukuyiyeka inyama.
UJENNY:	Mna ndifuna ukuyiyeka tu inyama yonke, nditye intlanzi netshizi nemifuno qha.
UMATTHEW:	Kodwa kuthiwa itshizi inamafutha njengenyama.
UJENNY:	Hayi, andikholwa yiloo nto.
IWEYITALA:	Uxolo ke kancinci, nantsi ke iwayini, i-TJ 39. Khawungcamle ke, bhuti.
UMATTHEW:	Heke, yiyo kanye. Uyamaz' ubawo.
IWEYITALA:	Ndiyathemba seniyikhethile into yokutya. Andifuni kunixhesha, kodwa ningandinika i-odolo, ukuba senikhethile.
UJENNY:	Mna ndiza kuthatha intlanzi, ikingklip.
IWEYITALA:	Ungathanda ihambe nantoni, neetshipsi okanye netapile ebhakiweyo?
UJENNY:	Netapile ebhakiweyo.
IWEYITALA:	Kulungile. Wena bhuti, uza kuthatha ntoni?

UMATTHEW:	Hm, ndifuna inkuku mna, ihambe netapile ebhakiweyo.
IWEYITALA:	Itapile ebhakiweyo ningathanda ihambe nebhotolo okanye nekhrim emuncu?
UJENNY:	Mna ndifuna ihambe nebhotolo.
UMATTHEW:	Nam.
IWEYITALA:	Zonke ke ii-odolo zihamba nemifuno ephekiweyo. Kusalungile ke.
UJENNY:	Ziyakhawulezisa ke iiweyitala zalapha.
UMATTHEW:	Ndithanda loo nto nam apha. Akulindi ixesha elide. Jonga nantsi kwakhona le weyitala. Seyisiza nako ukutya.
IWEYITALA:	Naku ke bhuti nawe sisi. Nitye kamnandi. Nindibize ukuba kukho enye into eniyifunayo.
UMATTHEW:	Enkosi kakhulu. Hmm, Jenny! Ijongeka mnandi le ntlanzi yakho.
UJENNY:	Inkulu. Uthi ndiza kuyigqiba?
UMATTHEW:	Hayi andazi. Mna ndiza kukugqiba oku kwam. (Bayatya, bancokole. Iweyitala iyafika kwakhona.)
IWEYITALA:	Kunjani kodwa? Nisaqhuba kakuhle.
OOJENNY:	Hayi, sisaqhuba kakuhle, enkosi. (Bayatya bagqibe. Iweyitala iyafika kwakhona.)
IWEYITALA:	Kunjani ngeeswiti?
UMATTHEW:	Hayi, andizi kuthatha nto mna. Ndifuna ikofu nje qha. Jenny, akuzithathi iiswiti?
UJENNY:	Hayi, nam andizi kuzithatha. Nam ndifuna ukuphunga, kodwa mna ndifuna iti.
IWEYITALA:	Kulungile ke, mandilande into yokuphunga.

Vocabulary and new expressions

icala	-	side/section
ukutshaya	-	to smoke
uluhlu	-	list
into eselwayo	-	something to drink (usually for cold drinks)
into yokutya	-	something to eat
ukuxhesha	-	to rush someone (ukuzixhesha - to rush oneself)
lo mzuzu	-	in the meantime
into ephungwayo	-	something to drink (for hot beverages)

5.8 FURTHER COMMANDS AND REQUESTS

For the purposes of this section, learners are advised to revise the sections on the present subjunctive.

As has been noticed in the section on the imperative, this form of the verb is used for giving commands to the second person. Although there are no tenses in the imperative, a direct command assumes that the action has to be carried out at the time it is given. The questions that this section will attempt to answer are:
(a) What is the form of the verb in the first and third person's commands?
   e.g. let me/us ......; let her/them ...

(b) What is the form of the verb when the command is future (i.e. is for something that should be done in the future)?
(c) Is there a structural difference between a verb that expresses a direct command and one that expresses a request (polite command)?

(a) First and Third Person Commands
The auxiliary verb **ma-** is prefixed to the present subjunctive form of the verb as follows:
1st person > 1. Mandilale ngoku - Let me sleep now.
            2. Masilale ngoku - Let us sleep now.
Third person > 3. Makahambe - Let him go (He should go)
                  4. Mabahambe - Let them go (They should go)

N.B.
1. The auxiliary does not take the subject concord.
2. Subject concords with a V structure change after the auxiliary as after the negative formative **a-** of the present indicative.

(b) The use of the auxiliary -ze.
When the command (or request) is for something that should be done in the future the auxiliary verb **-ze** is used before the present subjunctive. It may be used with or without the subject concord, but mostly without. It is used for all the persons.

e.g. Zesifike ngo-8 or Size sifike ngo-8
     Zenibuye ngebhasi or Nize nibuye ngebhasi
     Zendifike nini? or Ndize ndifike nini?
     Ze afike nini? or Aze afike nini?

N.B. The auxiliary **-ze** may be left out completely as in: Nisale kakuhle.

(c) The use of the auxiliary kha-
The auxiliary verb **kha-** is prefixed to a present subjunctive verb to express a polite command or request. It is used for the second person only and it is used without the subject concord. In the second person singular a **-w-** is inserted between the **-a** of **kha-** and the subject concord.

                  e.g. Kha + uze apha > Khawuze apha.
                         Kha + ulinde kancinci > Khawulinde kancinci.
Plural   Khanize apha
                       Khanilinde kancinci

N.B. This form of the verb is rarely used in the negative. Normally its negative is expressed by means of the negative of the imperative (i.e. prohibition: musa+infinitive)
e.g. Musa ukuza apha

ma-, ze and **kha-** are **hortative** auxiliaries, sometimes referred to as hortative morphemes. Hence hortative forms of verbs.

Emphatic commands
The verb **kufuneka** (lit. it is necessary – i.e. must) is used before a present subjunctive verb to express an emphatic command (i.e. a necessity).
e.g. Kufuneka sifunde ukuthetha isiXhosa.
    Izinja kufuneka zilale phandle.

Emphatic commands may be made even more emphatic by using the long form "kuyafuneka".
e.g. Kuyafuneka sitye iziqhamo yonke imihla.

The negative of the emphatic command may be formed in either of the following ways:
1. By using the negative form of kufuneka.
   e.g. Akufuneki sitye inyama kakhulu.
or
2. Using the positive form of kufuneka with the negative form of the lower verb
   e.g. Kufuneka singatyi inyama kakhulu.

Indirect commands
The present subjunctive may be used in some noun clauses to express indirect commands. It may be preceded by the conjunction ukuba (that), but the conjunction is normally omitted. Common head verbs, i.e. verbs in the preceding clause, are:

funa: Ndifuna (ukuba) nijonge kum.
cela: Ndicela (ukuba) nithule kancinci.
cebisa: Ndikucebisa (ukuba) uyeke ukutshaya.
nqwenela: Abazali bam banqwenela (ukuba) ndifundele ubugqirha.
thundeza: Uza kusithundeza (ukuba) sitye msinyane.
nyanzela: Ndiza kubanyanzela (ukuba) bafunde.
cenga: Ndiza kubacenga (ukuba) bahlale nam apha.
yalela: Yalela abantwana (ukuba) badlale phandle.

EXERCISES:

(a) Translate into Xhosa:
   1. Themba, come here, please my child.
   2. I want you (plur.) to go to the shop and buy the Cape Times.
   3. We must come back at about 1.30 pm.
   4. Please do not make a noise (plural).
   5. Let us encourage the children to study every day.
   6. You (sing) should please read chapter five tomorrow.
   7. We should not watch T.V. on Saturday next week.
   8. You (sing) should come back on Wednesday morning.
   9. If you want to, you can come by bus, but we must meet here at 10.00.
   10. The children must not eat sweets too much (a lot).

(b) Combine the following pairs of sentences by making the sentence in brackets an indirect command
   Examples: Ndiza kucebisa uThemba. (UThemba wenza i-B.A.)
             Ndiza kucebisa uThemba ukuba enze i-B.A.

1. Ndiza kuxelela uSammantha. (USammantha akahambi ngebhasi namhlanje.)
2. Utata unyanzela abantwana. (Abantwana badlala intenetya.)
3. Oogqirha bakhuthaza abantu. (Abantu batya imifuno yonke imihla.)
4. Amagqwetha acenga amapolisa. (Amapolisa akhulula uMadiba.)
5. Umfazi ucenga umyeni. (Umyeni uthenga imoto entsha.)

(c) Translate into English:
1. Manene namanenekazi, masingaqali ngesifundo sokuqala.
2. Kulungile ke, mandilale ngoku. Uze undivuse ngo- 2. Ndiza kulala iiyure ezintathu qha.
3. Khanimamele kakuhle, manene. Kuyafuneka siye eHartleyvale ngomso kuba iHellenic iza kudlala neSele-sele.
4. Akufuneki abantwana bahambe ebusuku.
5. Kufuneka abafazi bangawabethi amadoda.

5.9 COPULATIVE FROM LOCATIVE (THE DESCRIPTIVE COPULATIVE CONTINUED)

Read the following passage, paying special attention to the words written in bold print:

UMatthew **usengxakini** kakhulu namhlanje. Ufuna ukufunda isiXhosa kodwa iincwadi zakhe azikho; **zisesikolweni**. Akakwazi ukuzifumana kuba nguMgqibelo namhlanje. Ootitshala bayayitshixa igeyithi esikolweni. Ngoko ke abafundi abakwazi ukungena esikolweni ngempela-veki. Ngoku uMatthew ufuna ukusebenzisa ifowuni athethe noJohn Patterson, umhlobo wakhe. Ikhaya likaJohn **liseMowbray**. UMatthew uthetha nomama wakhe. Uthi: "Mama, ndicela ukusebenzisa ifowuni. Siphi isitshixo?" Umama wakhe uyaphendula uthi: "Matthew, mntwana wam, isitshixo **sikutata** wakho. Ngoku utata wakho **useGugulethu**. Uza kubuya ngo-1." UMatthew uphendula athi: "Hayi, andizi kulinda; ndiza kuya kwaGranny ndicele ukusebenzisa ifowuni." Umama kaMatthew uyavuma. Ngoko ke uMatthew uya kwaGranny Wallace.

UMATTHEW: Molweni, Granny.
UGRANNY: Molo Matthew, mntwana womntwan' am.
UMATTHEW: Granny, **ndisengxakini**. Ndifuna ukufunda isiXhosa, kodwa iincwadi **zisesikolweni**. Ngoku ndicela ukusebenzisa ifowuni kodwa andikwazi ukufowuna ekhaya. Utata nomama bayayitshixa ifowuni ekhaya; isitshixo **sikutata** kodwa utata **usemsebenzini** ngoku.
UGRANNY: Uza kuyifumana phi ke ngoku incwadi?
UMATTHEW: Ndiza kuboleka incwadi kuJohn, umhlobo wam.
UGRANNY: Uphi uJohn ngoku?
UMATTHEW: UJohn **useMowbray**, Granny.
UGRANNY: Kulungile Matthew, fowuna. Ifowuni **isegumbini** lokuphumla.

The words written in bold print in the above passage are all copulatives that have been formed from locatives. The locatives themselves have been derived from nouns, thus:

Nouns	Locative	Copulative
ingxaki	- engxakini	- ndisengxakini (I am)
isikolo	- esikolweni	- zisesikolweni
iMowbray	- eMowbray	- liseMowbray
utata	- kutata	- sikutata
umsebenzi	- emsebenzini	- usemsebenzini
igumbi	- egumbini	- isegumbini

From the English equivalents of the copulative forms in column three, it can be noted that with the use of the verb "to be" before a locative, the latter becomes predicative, and it has a subject and can be conjugated according to tenses, moods and aspects. The above examples, for instance are in the positive present tense of the indicative.

In Xhosa, as can be noted from the examples in column three, the predication of the locative is achieved by prefixing a subject concord to the locative. If the locative has the locative prefix **-e, -s-** is inserted between the locative and the subject concord.

e.g. Umalume u + emsebenzini > Umalume usemsebenzini

Once a subject concord is prefixed to a locative, the latter ceases to be an adverb of place and becomes a copulative – a descriptive copulative formed from locatives.

EXERCISE:
Complete the following table as in the first two lines:

Noun	S C	Locative	Descriptive Copulative
Umama	u-	ekhaya	Umama usekhaya
oosisi	ba-	edolophini	Oosisi basedolophini
umfazi	--	eRondebosch	. . .
abantu	--	entabeni	. . .
umthi	--	egadini	. . .
imithi	--	emlanjeni	. . .
ilitye	--	endlwini	. . .
amashiti	--	ebhedini	. . .
isitya	--	ekhitshini	. . .
izitya	--	ekhabhathini	. . .
indoda	--	emsebenzini	. . .
iintaka	--	emthini	. . .
usiba	--	etafileni	. . .
ubusi	--	ebhotileni	. . .
ukutya	--	embizeni	. . .

The negative of the descriptive copulative from locative
The above can be changed into negative by means of the copulative stem **-kho** to which is prefixed the negative formative **a-** and the relevant subject concord thus:

Negative formative + subject concord + copulative stem
                  ▼   ▼   ▼
                  a +   ba +   kho   abakho

This is placed before the locative. When this is done the locative prefix e- may either be omitted or retained
e.g.   Abantwana abakho klasini.
or   Abantwana abakho eklasini.

Although these two forms can be used in free variation, the retention is normally used for emphasis.

EXERCISE:

Give the negative of each of the sentences you have given in column three of the above table.

6. EDUCATIONAL INSTITUTIONS

In this theme you will learn vocabulary and expressions related to objects and activities at school and at university. You will also learn about the following aspects of Xhosa grammar: the **possessive**; the **relative**; the **quantitative**; the **locative (demonstrative) copulative**; **locative phrases**; **comparative adverb**; **progressive**, **temporal** and **exclusive aspects**; **passive** and **causative extensions**.

6.1 THE DEMONSTRATIVE (LOCATIVE) COPULATIVE
Where is she/he/it? Where are they?
These questions can be answered in one of three ways as follows:
1. By making use of the descriptive copulative formed from locatives (see par. 5.9)
   e.g. Uphi umthi? Usegadini.
   Iphi imithi? Isegadini.
2. By using an identifying copulative formed from the absolute pronoun of the noun concerned followed by its demonstrative pronoun.
   e.g. Uphi umthi? Nguwo lo.
   Iphi imithi? Yiyo le.

97

3. By pointing at the object/person and using the demonstrative phrases "here she/he/it is," "here they are." In Xhosa the word categories that are equivalents of the demonstrative phrases are referred to as **locative copulatives** (or demonstrative copulatives) – copulative because the verb "to be" renders them predicative, locative/demonstrative because they point out the location of the noun. As with demonstrative pronouns, there are three positions relative to speaker and hearer.

Structure of the demonstrative/locative copulative
(a) First position
It has two constituent elements. The one is **na-** and the other is the demonstrative/locative copulative formative which differs in structure from class to class. Except in classes 1, 1a, 2, 2a, 4, 9 and 10, this second element is identical with the identifying copulative formative.

Examples:

Prefix	Demonstrative copulative and example	
um-	nanku	- Nanku utitshala
u-	nanku	- Nanku uNksz Ntshontsho
aba-	naba	- Naba abantwana
oo-	naba	- Naba ootitshala
um-	nangu	- Nangu umthi
imi-	nantsi	- Nantsi imithi
ili-	nali	- Nali ibala lemidlalo
ama-	nanga	- Nanga amabala emidlalo
isi-	nasi	- Nasi isitulo
izi-	nazi	- Nazi izitulo
in-, i-	nantsi	- Nantsi ibhotile ye-inki
izin, ii-	nanzi	- Nanzi iincwadi
ulu-	nalu	- Nalu usiba
ubu-	nabu	- Nabu ubusi
uku-	naku	- Naku ukutya

(b) Second position
As with the demonstrative pronouns, the demonstrative copulative of the second position is formed from the first position by substituting the final vowel with -o.

Complete the following table by filling in the second position equivalents of the examples in (a) above as in the first line:

Prefix	Demonstrative copulative and example	
um-	nanko	- Nanko utitshala
u-	....	- ....
aba-	....	- ....
oo-	....	- ....
um-	....	- ....
imi-	....	- ....
ili-	....	- ....

Prefix	Demonstrative copulative and example
ama-	.... - ....
isi-	.... - ....
izi-	.... - ....
in-, i-	.... - ....
izin, ii-	.... - ....
ulu-	.... - ....
ubu-	.... - ....
uku-	.... - ....

(c) Third position
It is formed by suffixing -ya to the first position demonstrative copulative as follows:

Prefix	Demonstrative copulative and example		
um-	nankuya	-	Nankuya umfana
u-	nankuya	-	Nankuya uNksz Ntshontsho
aba	nabaya	-	Nabaya abantwana
oo-	nabaya	-	Nabaya ootitshala
um-	nanguya	-	Nanguya umthi
imi-	nantsiya	-	Nantsiya imithi
isi-	nasiya	-	Nasiya isitulo
izi-	naziya	-	Naziya izitulo
in-, i-	nantsiya	-	Nantsiya ibhotile ye-inki
izin-, ii-	nanziya	-	Nanziya iincwadi
ulu-	naluya	-	Naluya usiba
ubu-	nabuya	-	Nabuya ubusi
uku-	nakuya	-	Nakuya ukutya

The demonstrative copulative normally comes before the noun. This position is not fixed, for it can be used after the noun sometimes as in:
Ipensile nantsi
Iincwadi nanzo
Irabha nantsiya

6.2 EKLASINI YOOSAMMANTHA NGAPHAKATHI
Iklasi yooSammantha intle kakhulu ngaphakathi. Eklasini kukho.

idesika   Nantsi idesika

Abafundi bahlala ezidesikeni. Idesika ihlala umfundi omnye. Abafundi bangamashumi amabini anesihlanu eklasini yooSammantha. Ngoko ke kukho iidesika ezingamashumi amabini anesihlanu. Idesika zineziciko. Abafundi bayazivula bafake iincwadi nezinto zokubhala. Abanye abafundi bayathanda ukubhala iidesika. Emigceni inqununu ithi: "Bantwana bam, musani ukungcolisa iidesika nge-inki! Niyeva?"

iziciko – lids

Nantsi itafile

itafile nesitulo

Nasi isitulo

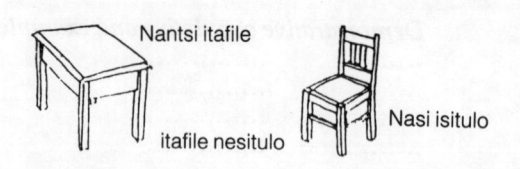

Sisitulo sikatitshalakazi. Utitshalakazi usondeza isitulo etafileni ahlale. Abantwana babeka iincwadi etafileni phambi kukatitshala. Utitshalakazi uyazivula, ajonge umsebenzi wabantwana, alungise iziphoso. Usebenzisa usiba olubomvu. Ubanika amanqaku abantwana. Uwabhala encwadini yamanqaku. Ngezinye iimini utitshalakazi ubanika umsebenzi wasekhaya abafundi.

ukusondeza – to bring nearer
(isiphoso) iziphoso – mistakes/errors
(inqaku) amanqaku – marks/points

Utitshalakazi wooSammantha nguNkosazana Weli Ntshontsho. Abantwana bamthanda kakhulu uNksz Ntshontsho kuba unobubele ebantwaneni. Ubafundisa imidlalo emininzi, emnandi. Ubafundisa nezicengcelezo. Nasi esinye isicengcelezo:

UNOMATHEMBA

Wena, Nomathemba,
Ubethwa ngubani?
Yile ndoda.
Iphi ngoku?
Nantsi es' apha.
Yibiz' ize apha.
Hayi, ndiyanqena
Khwel' ihashe
Hayi, ndiyanqena
Asuka ehla amathambo
Ukubheka ezantsi
Asuka ehla amathambo
Ukubheka ezantsi.

Nanku utitshalakazi

Utitshalakazi wenza iintsomi eklasini. Abantwana bayazithanda iintsomi, kuba utitshalakazi wenza iintsomi ezimnandi kakhulu.
UNkosazana Ntshontsho ubafundisa nezibalo, ezempilo (ihayijini), ezeembali (ihistri) njalo njalo. Abantwana bayazithanda izifundo zikaNkosazana Ntshontsho.

iintsomi -folktales
ububele -kindness
izibalo -mathematics
          arithmetic
izicengcelezo – recitations

Nantsi ibhodi

ibhodi netshokhwe

Nantsi itshokhwe

Utitshalakazi ubhala ebhodini. Ubhala ngetshokhwe. Ubhala imibuzo yomsebenzi waseklasini okanye yovavanyo. Ushwankathela zonke izifundo ebhodini. Sakuphela isifundo utitshalakazi uthatha idasta asule ibhodi. Ngamanye amaxesha abafundi bayayisula ibhodi. USammantha uyathanda ukusula ibhodi. Kodwa akafiki phezulu kuba mfutshane. Ibhodi imnyama.

idasta

Nantsi idasta

Utitshalakazi ubhala ngetshokwe emhlophe. Ngamanye amaxesha ubhala ngetshokhwe emthubi okanye ebomvu. Iitshokhwe zikaNkosazana Ntshontsho zinemibala ngemibala.

ukushwankathela – to summarise
mthubi – yellow

iwotshi

Nantsi iwotshi

Jongani nantsi iwotshi. Niyayibona? Ngubani ixesha ngoku? Le wotshi inkulu. Abantwana bajonga ixesha kuyo. Utitshalakazi yena unewotshi yesihlahla. Yiwotshi yamanenekazi; yiwotshi yexabiso.

isihlahla – wrist
ixabiso – price
yiwotshi yexabiso – it's an expensive watch (lit. it is a watch of a price)

imephu

Nantsi imephu

Yimephu yeLizwe. UNkosz Ntshontsho ufundisa ngayo ijografi. Emephini abafundi babona amazwe ngamazwe, imilambo ngemilambo, iintaba ngeentaba. Le mephu ijinga eludongeni.

ilizwe – country
imilambo – rivers
iintaba – mountains
ukujinga – to hang

i-inki, usiba, ipensile, iikhreyoni, irula

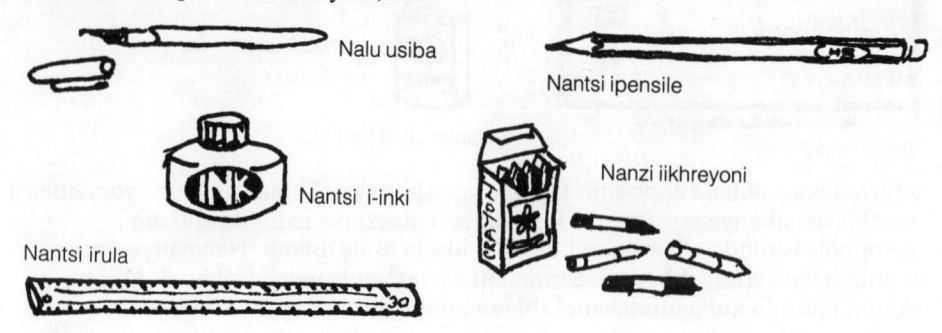

Nalu usiba

Nantsi ipensile

Nantsi i-inki

Nanzi iikhreyoni

Nantsi irula

Abafundi babhala ngeentsiba, nangeepensile. Iintsiba zabafundi zisebenzisa i-inki. I-inki isebhotileni ye-inki. Abanye abafundi basebenzisa i-inki emnyama. Utitshalakazi akafuni abafundi basebenzise i-inki emnyama; ufuna basebenzise eblowu. Abafundi bakrwela imigca ngerula. Abanye baneerula zeplanga. Ezinye iirula zinde, ezinye zimfutshane. Bakugqiba ukuzoba imifanekiso ngeepensile bafaka imibala ngemibala emihle ngeekhreyoni. Abafundi bayathanda ukucima: I-inki bayicima ngetipeksi; ipensile bayicima ngerabha. Iipensile zabanye abafundi ziner abha.

ibhotile - a bottle
ukukrwela - to draw a line
ukucima - to erase

Abafundi baphatha iincwadi nezinye izinto ngoobhaka (ngeengxowa zeencwadi)

Ngezinye iimini uNkosz Ntshontsho uza neprojekta eklasini abonise abafundi umfanekiso bhanya-bhanya esikrinini. Ngamanye amaxesha uza neslide projector okanye i-overhead projector afundise ngemifanekiso. Le mifanekiso ivela esikrinini.

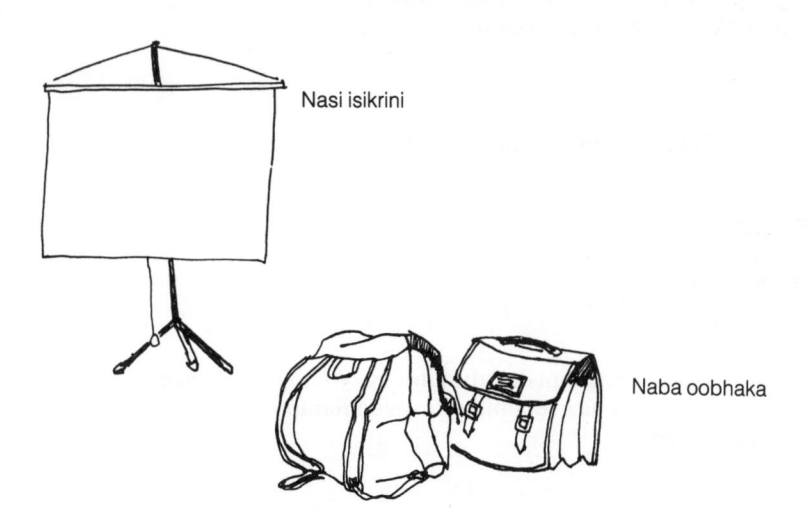

Nasi isikrini

Naba oobhaka

EXERCISES:

1. Translate the paragraph below each picture/group of pictures into English (Do not translate the recitation opposite the teacher's picture)
2. Translate into Xhosa:

The principal/headmaster of our school is Mr Marhiximbana Rhosha. He is a tall and handsome man. He likes to wear a suit all the time at school. He likes grey suits, white shirts or blue shirts with stripes (lines), black shoes and red ties. He wears glasses. He drives a very expensive car (a car of a price). It is a yellow Honda Ballade. He also has a blue Mazda bakkie.

Mr Rhosha is very kind. Parents, teachers and pupils like him a lot. He likes children, especially young children. Sometimes he teaches the young children games. His deputy is Mrs Nomfakuxa Goqweni. Mrs Goqweni has an office next to Mr Rhosha's office. She rings the bell at the end of each lesson. Mrs Goqweni is short. She likes to laugh, especially during lunch-time, between one o'clock and two o'clock. She likes music; she conducts the school choir (choir of the school). She is talkative (likes to talk); she is kind. However, all the teachers at our school are kind. We like them all. Our parents like them all, especially the Headmaster and his deputy, Mrs Nomfakuxa Goqweni.

3. Write 10-15 lines on any of the following topics:
   Inqununu yesikolo sam
   or
   Abahlobo bam esikolweni

4. Complete the following table by filling in suitable locative copulatives, as shown in the first line

Locative Copulative and positions

Nouns	*First Position*	*Second Position*	*Third Position*
Ubusi	nabu	nabo	nabuya
usisi	....	....	....
ihashe			
ukutya			
izitulo			
amakhwenkwe			
uhadi			

5. Recitation acting:
Two members of the class must stand in front of the class and act the recitation "uNomathemba" as follows:
A. Wena Nomathemba, ubethwa ngubani?
B. Yile ndoda
A. Iphi ngoku?
B. Nants' es' apha
A. Yibiz' iz' apha!
B. Hayi, ndiyanqena.
A. Khwel' ihashe!
B. Hayi, ndiyanqena.

A & B. As' k' ehl' amathamb' ukubhek' ezantsi
As' k' ehl' amathamb' ukubhek' ezantsi
(whole class can join)

6.3 UZOLA UBHALELA ABAZALI BAKHE
Mama notata

Namhlanje ndifuna ukunixelela nge-U.C.T. – iYunivesiti yaseKapa. Ndifuna ukunixelela nge-U.C.T. kuba ndiyayithanda. Ndiyithanda kakhulu. IYunivesiti yaseKapa yiyunivesiti enkulu kakhulu. Inabafundi abaninzi. Abafundi apha bavela kwiimbombo zone zomhlaba. Abanye bavela phesheya. Kukho iintlanga ngeentlanga apha; akukho lucalu-calulo tu. Bonke abantu apha bayalingana, omdala nomncinane, omnyama nomhlophe; obhinqileyo noyindoda. I-U.C.T. inezakhiwo ezininzi, ezide. Kukho isakhiwo semidlalo esikhulu kunene. Kwisakhiwo semidlalo abafundi badlala imidlalo ngemidlalo. Kukho nee-ofisi zabaphathi bemidlalo. Abaqeqeshi babadlali nabo banee-ofisi apho. Kukho ikhefi kwisakhiwo semidlalo. Abadlali bathenga iziselo ezibandayo neziqhamo nabanye oono nooni. Mininzi imibutho ngemibutho yemidlalo apha. Maninzi namabala emidlalo. Kukho umbutho wombhoxo, iragbhi. Abafundi base-U.C.T. bawuthanda kakhulu umbhoxo. Maninzi amaqela ombhoxo. Kukho umbutho webhola ekhatywayo – isoka, kukho umbutho wentenetya; kukho umbutho weqakamba; kukho umbutho wamanqindi; kukho umbutho webhola yomnyazi. Ndibala ntoni na? Ngempela-veki abadlali bayaphuma baye ngapha nangapha. Bahamba ngeebhasi okanye ngeekhombi.
Ngamanye amaxesha abadlali bezinye iindawo bayeza apha e-U.C.T. Kumnandi kakhulu apha ngempela-veki kodwa mna andidlali kulo nyaka. Kunzima ukufumana indawo emaqeleni okudlala apha kuba abadlali baninzi kakhulu. Kambe ke ndililungu lombutho wabaxhasi bombhoxo. Kulo nyaka uzayo mhlawumbi ndiza kudlala kwiqela lesibini lombhoxo. Umhlobo wam, uJabu Ngwenya, ngumdlali omkhulu wombhoxo. Udlala kwiqela lokuqala, kodwa siyathanda ukubukela ibhola ekhatywayo eHartleyvale ngorhatya qho ngoLwesihlanu. UJabu uthi ufuna ukuba ngumqeqeshi wabadlali bombhoxo abancinane ngenye imini.
Ngeholide kaJuni amaqela amabini ombhoxo aza kukhenketha iMpuma-Koloni. Aza kudlala imidlalo emithathu eBhayi, neU.P.E., neCrusaders, neSpring Rose.
ETinarha aza kudlala umdlalo omnye neDespatch. ERhini aza kuqubisana ne-Albany qha. EDikeni aza kudlala neFort Hare. Baza kudlala ebusuku ngezinye iimini.
Abadlali nabaxhasi baza kuhamba ngeebhasi zikaMotale kuba iibhasi zeyunivesiti ziza kuxakeka. Ndiyafuna ukuhamba ukuba niyavuma. Ukhenketho luza kuthatha iiveki ezimbini.
Hayi bo, mama, andifuni ukubhala ileta ende kakhulu. Ndiza kubhala kwakhona kule veki izayo. Ndifuna ukunixelela yonke into nge-U.C.T. – izifundo, abaphathi, abafundi, abahlohli, imibutho ngemibutho, njalo njalo. Ndiyabulisa kuJama nakuNdileka. Ndicela netikana yezithambiso nezinye iintwana-ntwana. Ngomso ndiza kubhalela uNdileka.
Intombi yenu eniyithandayo
Zola

Vocabulary

abahlohli	-	lecturers
abaphathi	-	administrators
kwiimbombo zone zomhlaba	-	from all directions
ucalu-calulo	-	discrimination
ukulingana	-	to be equal
(umntu) obhinqileyo	-	female
isakhiwo	-	a building
iintlanga (uhlanga)	-	races (race)
ooni nooni	-	different types of nice goodies
imibutho	-	clubs
amabala emidlalo	-	sports grounds
intenetya	-	tennis
iqakamba	-	cricket
amanqindi	-	boxing
ibhola yomnyazi	-	netball
Ndibala ntoni na?	-	The list is endless (lit. what am I counting?)
ilungu	-	member
abaxhasi	-	supporters
ukunqwenela	-	to wish
umqeqeshi	-	trainer/coach
ukukhenketha	-	to tour
kuthiwa	-	it is said
ukhenketho	-	the tour
itikana	-	small amount of money
iintwana-ntwana	-	odds and ends.

COMPREHENSION EXERCISE:

Phendula le mibuzo ilandelayo:
(Sebenzisa isivakalisi esipheleleyo)
1. Ingakanani iYunivesiti yaseKapa?
2. Bavela phi abafundi base-U.C.T.?
3. Abadlali bathenga ntoni ekhefi yesakhiwo semidlalo?
4. Kunzima ukufumana indawo kumaqela emidlalo e-U.C.T. Ngoba?
5. Ziphi ii-ofisi zabaphathi bemidlalo?
6. Ngubani umhlobo kaZola?
7. Umhlobo kaZola unqwenela ukuba yintoni ngenye imini?
8. NgoJuni amaqela ombhoxo aza kukhenketha phi?
9. Aza kudlala imidlalo emingaphi iyonke?
10. Abadlali nabaxhasi baza kuhamba ngantoni?

6.4 MORE QUALIFICATIVES

As mentioned in Theme 4 (par. 4.4), there are other types of qualificatives besides the adjective. One of these, the possessive, has appeared several times in the previous themes. The other is the relative.

6.4.1 The possessive

The possessive is a qualificative that normally describes a noun in terms of its (noun) possessor. It is formed from nouns, pronouns, adverbs (locatives and

temporal adverbs with a locative structure), and conjunctions. The possessive has two main constituent elements. These are:
(a) The possessive concord
(b) The possessive stem (the actual possessor)
Here are the possessive concords for the various classes:

Class prefix	Possessive concord
um-	wa- (ka-)
u-	wa- (ka-)
aba-	ba- (baka-)
oo-	ba- (baka-)
um-	wa- (ka-)
imi-	ya- (ka-)
ili-	la- (lika-)
ama-	a- (ka-)
isi-	sa- (sika-)
izi-	za- (zika-)
in-, i-	-ya- (ka-)
izin, ii-	za- (zika-)
ulu-	lwa- (luka-)
ubu-	ba- (buka-)
uku-	kwa- (kuka-)

Possessive from nouns – When the possessive concord is prefixed to a noun, its vowel **coalesces** with the initial vowel of the noun.
e.g. Inja ya + umfana > Inja yomfana
Umntwana wa + inkosi > Umntwana wenkosi.

Before a noun of class 2 (a) the -a of the possessive concord is deleted
e.g. iimoto za + oomama > iimoto zoomama

If, however, the possessor (i.e. the noun from which the possessive is formed) is a noun of class 1(a) the structure of possessive concord is as shown in brackets for each class in the above table.
e.g. Umntwana katata
Abantwana bakatata

Possessive from locatives – The possessive concord is prefixed to the locative and, if the locative commences with a vowel, **-s-** is inserted between the two vowels
e.g. imvula ya + eKapa > imvula yaseKapa

In the case of the demonstrative locatives **apha** and **apho**, **-l-** and not **-s-**, is inserted between the two vowels.
e.g. umoya wa + apha > umoya walapha
izindlu za + apho > izindlu zalapho

From demonstrative pronouns – The possessive concord is prefixed to the demonstrative pronoun, and if the demonstrative pronoun commences with a vowel, the vowel of the possessive concord is deleted.

e.g. umyeni wa + lo mfazi > umyeni walo mfazi
umfazi wa + eli xhego > umfazi weli xhego
N.B. If the possessive concords **lwa-** and **kwa-** are prefixed to a demonstrative pronoun commencing with **o-**, the **-w-** is also dropped before the o-. Find out why this happens.
e.g. ukutya kwa +olo sana > ukutya kolo sana

From absolute pronouns – When the possessive concord is prefixed to an absolute pronoun, the stabilizer of the absolute pronoun, **-na,** is dropped.
e.g. abantwana ba + bona > abantwana babo
umlenze wa + sona > umlenze waso

Thus, the stem of a possessive formed from an absolute pronoun is the absolute pronoun minus its stabilizer. The following are exceptions as their possessive stems are structurally different:

First person plural: thina > Possessive stem = **ithu: into yethu**
Second person singular: wena > Possessive stem = **-kho: into yakho**
Second person plural: nina > Possessive stem = **-inu: into yenu**
Third person singular: yena > Possessive stem = **-khe: into yakhe**

Note what happens when the possessive concord is prefixed to the possessive stems **-ithu** and **-inu.**

(**N.B.** The possessive has various other uses besides that of depicting possession)

6.4.2 The relative
The relative, like the adjective and the possessive, has two main constituent elements, viz. the **relative concord** and the **relative stem**. It differs from the adjective in two ways. (In English and Afrikaans no distinction is made between adjective and relative.) First, some relatives can be formed from other parts of speech. Second, it differes in the formation of its concord.

The relative concord has two elements. These are:
(a) The relative formative **a-**
(b) An agreement element identical with the subject concord of the noun described.

Two phonological processes take place when these elements are combined to form the relative concord. If the agreement element is a vowel (in the case of weak nouns), it coalesces with the relative formative. When the agreement element has a CV-structure (in the case of strong nouns), vowel raising takes place, except in the case of Classes 2 and 2(a).

Complete the following table as in the first seven lines. For your examples, use the stems given in brackets:

Class prefix	Relative form	Agreement el.	Concord	Example
um-	a-	u-	o-	okrwada
u-	a-	u-	o-	ontsundu
aba-	a-	ba-	aba-	abakrwada
oo-	a-	ba-	aba-	abantsundu
um-	a-	u-	o-	obomvu
imi-	a-	i-	e-	ebomvu
ili-	a-	li-	eli-	elingwevu
ama-	---	---	----	(mdaka)
isi-	---	---	----	(lubhelu)
izi-	---	---	----	(mxinwa)
in-, i-	---	---	----	(banzi)
izin-, ii-	---	---	----	(mhlophe)
ulu-	---	---	----	(lushica)
ubu-	---	---	----	(goso)
uku-	---	---	----	(mnandi)

Colour terms and numbers above six (6) are all relatives.

6.5 ESIKOLWENI SOOSAMMANTHA

Nasi isikolo sikaSammantha. Sisikolo samabanga aphantsi, yiprayimari. Siqala kwibanga labaqalayo u-A; siphele kwibanga lesihlanu, ku-5. Igama lesikolo sikaSammantha yiSandile Primary School. ISandile Primary School ise-Orsmond Road, eRosebank. Kukho ootitshala abaninzi nabantwana abaninzi. Inqununu yesikolo sikaSammantha nguMnumzana uMoegsen Ruiters. Isekelanqununu nguMnumzana uBantu Sigcawu.

Isikolo sikaSammantha singena ngo- 8.00, kodwa intsimbi ikhala ngo – 7.55. Abantwana baya **emigceni**. Bayacula, bathandaze. Ngo – 8.10 baya eziklasini. Izifundo zona ziqala ngo- 8.15. Isifundo ngasinye sithatha imizuzu engamashumi amathathu.

Abanye abantwana baphatha ukutya esikolweni, abanye abakuphathi. Baphatha imali, kuba ikhefana yabafundi apha esikolweni ithengisa izinto ngezinto – amagwinya, izonka, iipayi, iziselo ezibandayo, iziqhamo, neetshokolethi, njalo njalo.

Ngo – 9.45 abantwana bayaphuma eziklasini baye phandle, baphumle imizuzu elishumi elinesihlanu, baye emagumbini angasese, badlale. Intsimbi iyakhala kwakhona ngo-10.00. Ngo- 12 bayaphuma kwakhona baye phandle, iyure enye. Lixesha lokuthenga, nokutya nokuphumla. Ikhefana yabafundi iyavula. Ngo- 1.00 intsimbi iyabetha kwakhona. Isikolo siphuma ngo – 2.00. Abantwana nootitshala bayagoduka. Abanye abafundi bahamba ngeenyawo, abanye ngeebhayisikile, abanye ngebhasi, abanye ngeemoto. Abanye abazali bayabalanda abantwana babo ngeemoto. USammantha yena ugoduka ngekhombi. Iyunifomu yesikolo soSammantha intle. Amantombazana anxiba iziketi ezimnyama, nehempe eluhlaza; izihlangu ezimnyama neekawusi ezimhlophe. Amakhwenkwe wona afaka iibhulukhwe ezingwevu ezimfutshane neehempe ezimhlophe, neqhina eliluhlaza elinemigca emhlophe. Anxiba izihlangu ezimnyama neekawusi ezingwevu. Ebusika bonke abantwana banxiba iibleyizala ezimnyama.

Vocabulary
amabanga aphantsi - lower standards (classes)
isekela-nqununu - deputy-principal
intsimbi - the bell
ukukhala - to ring
imigca - lines (i.e. assembly)
ukulanda - to fetch

EXERCISE:
1. Translate the above passage into English.

2. Complete each of the following sentences by filling in the correct form of the word in brackets.
   (a) Emigceni abantwana bayacula.....(thandaza).
   (b) Abantwana baphatha ukutya....(isikolo).
   (c) Intsimbi ....(khala) ngo – 7.55.
   (d) Bathenga izinto ....(izinto).
   (e) Kukho amagwinya ....(ezinye) izinto.
   (f) Isikolo ...... (uSammantha) sikhulu.
   (g) Kukho ootitshala ...... (ninzi).
   (h) Isifundo ngasinye sithatha imizuzu.......(amashumi amathathu).
   (i) Abantwana baya.......(amagumbi) angasese.

3. Write 15-20 sentences on:
   Isikolo sam
      or
   Ootitshala besikolo sam

6.6 UKUVULWA KWEZIKOLO
Kuseklasini. Utitshalakazi uyangena. Abantwana bayaphakama. Ubahlalisa phantsi. Utitshalakazi ukhupha irejista entsha ekhabhathini kuba ufuna ukubhalisa abantwana. Uphakamisa umntwana ngamnye ambuze imibuzo.

UTITSHALAKAZI: Molweni, bantwana bam.
ABANTWANA: Ewe, molo titshalakazi.
UTITSHALAKAZI: Kulungile, hlalani phantsi. Mamelani kakuhle. Ndifuna ukubhala amagama enu. Niyeva?
ABANTWANA: Ewe, titshalakazi.
UTITSHALAKAZI: Thulani ke, musani ukungxola. Yiza, wena. Sondela. Ngubani igama lakho?
UMNTWANA: Igama lam nguSammantha.
UTITSHALAKAZI: Ngubani ifani yakho?
USAMMANTHA: Ifani yam, nguSimpson.
UTITSHALAKAZI: Uhlala phi?
USAMMANTHA Ndihlala apha eRosebank.
UTITSHALAKAZI: Ithini i-adresi yakho?
USAMMANTHA Ithi: P O Box 106, Rosebank.
UTITSHALAKAZI: Hayi ndifuna isitrato nenambala
USAMMANTHA Ithi: 7 Neptune Avenue, Rosebank.
UTITSHALAKAZI: Ikhona ifowuni?

USAMMANTHA	Ewe, ikhona, titshalakazi.
UTITSHALAKAZI:	Ithini?
USAMMANTHA	Ngu- 6856713, titshalakazi.
UTITSHALAKAZI:	Wazalwa nini?
USAMMANTHA	Ndazalwa ngo-1982, titshalakazi.
UTITSHALAKAZI:	Ndifuna umhla nenyanga nonyaka.
USAMMANTHA	Ndazalwa nge-12 Oktobha 1982, titshalakazi.
UTITSHALAKAZI:	Wazalelwa phi?
USAMMANTHA	Ndazalelwa eRhini, titshalalazi.
UTITSHALAKAZI:	Ngubani igama likatata wakho?
USAMMANTHA	Igama likatata nguStephen.
UTITSHALAKAZI:	Ngubani umama yena?
USAMMANTHA	NguGail.
UTITSHALAKAZI:	Wenza ntoni utata wakho?
USAMMANTHA	Ngugqirha.
UTITSHALAKAZI:	Umama yena?
USAMMANTHA	Umama ngutitshalakazi.
UTITSHALAKAZI:	Kulungile ke, enkosi. Hlala phantsi. Omnye.

EXERCISES:

Role playing
Pair yourselves and one of each pair assumes the role of a teacher and the other that of a pupil, and then act the above dialogue between Sammantha and her teacher. At the end of the dialogue change roles.

6.7 THE CAUSATIVE EXTENSION
The stem of a verb can be extended by means of a suffix, thereby adding to it a new shade of meaning. Thus a verb stem may either be underived or derived. Among these verbal extensions are the **causative** and the **passive** extensions.

Normally a verb is changed to the causative by suffixing **-is(a)-** (**-a** is the verb's normal final vowel) to its root as follows:
tya > tyisa e.g. Umama utyisa usana.
funda > fundisa e.g. Utitshala ufundisa abafundi.

The causative extension, as the term suggests, expresses "cause to do something". Thus, "tyisa" and "fundisa" in the above examples, respectively mean "cause to eat" and "cause to learn".
 A verb in the causative extension may take two objects, one being the object of the derived (extended) stem and the other being that of the underived stem. e.g. Utitshala ufundisa abafundi imidlalo.

In this example **abafundi** is the object of the derived verb stem and is referred to as the **indirect object; imidlalo** is the object of the underived verb stem and is referred to as the **direct object**. The indirect object normally comes before the direct object, unless the causative verb is used with the object concord of the indirect object, as in:-
Ootitshala ba**ba**fundisa imidlalo abantwana.

Exceptions – A few verbs are changed into the causative by means of final syllable replacement, as in the following examples:
(a) vuka > vusa: Amapolisa **avusa** abantu ezinzulwini zobusuku
(b) goduka > godusa: . . .
(c) suka > susa: . . .
(d) khumbula > khumbuza: . . .
(e) phumla > phumza: . . .
(f) sela > seza: . . .

(Use each of examples (b) – (f) in a sentence as in example (a).)
As can be seen in examples (a) – (c), with some verb stem whose final syllable is **-ka** the causative is formed by replacing the **-ka** with **-sa**. With some verb stems whose final syllable is **-la**, as in examples (d) – (f), the causative is formed by replacing the **-la** with **-za**.

6.8 IMIDLALWANA NEZICENGCELEZO

Ngamanye amaxesha ootitshala babantwana abancinane bayayeka ukubafundisa abantwana. Babenzisa imidlalwana emnandi. Babenzisa phandle okanye ngaphakathi eklasini. Ootitshala babadlalisa imidlalo ngemidlalo abantwana. Inqununu, uMnumzana uRhosha uyathanda ukubonisa abantwana ngokubaluleka kwemidlalo. Ngezinye iimini ootitshala benzisa abantwana izicengcelezo. Utitshalakazi wooSammantha wenzisa iklasi yakhe esi sicengcelezo:-

IKETILE

Mna ndiyiketile.
Esi sisiciko.
Lo ngumqheba.
Lo ngumphambo.
Phoko, phoko, ndiphokoze.
Phoko, phoko, ndiphokoze.

Nasi esinye isicengcelezo sooSammantha:

INQWELO IXINGILE

Aphi na amadoda?
Aphi na amadoda ale ndawo?
Uwafuna ngani na?
Inqwelo iyatshona!
Yinqwelo kabani na?
Yinqwelo yesizwe sonke.
Ifuna amadoda na?
Ewe ifuna amadoda
Ifuna amadoda anjani na?
Ifuna amadoda amoya mnye.
Hlaba ikhwelo ke!
Ndihlabe ndithini na?
Hlaba ngamandla uthi:
Ze-e-e-emk' iinkomo, magwalandini!

Utitshalakazi wooSamantha, uNkosazana Ntshontsho uyathanda ukubenzisa imidlalo abantwana beklasi yakhe. Ngezinye iimini ubacengcelezisa izicengcelezo eklasini ngezinye ubadlalisa imidlalwana phandle okanye eklasini. Nantsi eminye imidlalwana yooSammantha:

INGCUKA

Bantwana bam!
Mama!
Yizani kum!
Siyoyika.
Noyika ntoni?
Soyika ingcuka
Iphi?
Nantsiya!
Yenzani?
Iyatya.
Itya ntoni?
Itya isonka.
Ilumela ngantoni?
Ilumela ngegazi.
Balekani nize kum.

(N.B. When playing this game, pupils are divided as follows: One pupil is the mother; another is the wolf and the rest are children. The mother calls to the children and the dialogue between mother and the children continues up to where the mother says: "Run to me". As the children run to their "mother", the wolf tries to intercept them. Those that have been caught by the wolf become members of the wolf's family and assist the wolf to catch more children in the subsequent rounds of the game. The last child to escape being caught by the wolves, is declared a winner).

Nanku omnye umdlalwana:
Kulo mdlalo ikati ithetha nempuku:

IMPUKU NEKATI

Ikati:	Mpuku, mpuku, phuma endlwin' am
Impuku:	Andiphumi
Ikati:	Ndiza kukutya
Impuku:	Akucingi
Ikati:	Ndithi ndiza kukutya
Impuku:	Kulungile, yenza sibone.

(When two kids are playing this game, the rest of the class should stand in a circle, with hands held together. After "yenza sibone," the kid playing the cat starts chasing the one playing the mouse and they wind through the circle until the cat catches the mouse; the one caught becomes the cat and another one from the rest volunteers to be the mouse and the game starts from the beginning).

Nanku omnye umdlalo:

IZIGEBENGA NOOHILI
One group: Izigebenga zingaka (with arms stretched up)
Second group: Oohili bangaka (crouching very low)

Ngezinye iimini utitshalakazi uphumza iingqondo zabantwana ngamaqhina. Abantwana bawathanda kakhulu amaqhina kuba amanye ayahlekisa. Amanye anzima kodwa ayayisebenzisa ingqondo. Ayabasokolisa abanye abantwana. Onke amaqhina ayonwabisa. Afundisa ukucinga msinya. Nanga amanye amaqhina:

Iqhina	**Isisombululo**
Rayi, rayi, jikelele ngqu.	Yinja
Rayi, rayi, tyhini phi?	Yintakumba
Rayi, rayi, jikelele tywa-a.	Yinyoka
Ndinahashe lam aliphali lingenamsila.	Yinaliti
Ndinamfo wam utya ekrokra.	Yihagu
Ndinabafo bam bawela nokuba umlambo uzele.	Ngamehlo
Ndinabafo bam bayaphikisana omnye uthi: "Ndim phambili", Nomnye uthi: "Ndim phanbili".	Ziinyawo xa ndihamba
Ndinamntu wam ulala evule amehlo.	Ngumvundla
Ndinangubo yam yambathwa ngumntu wonke.	Lilanga
Ndinamfo wam unemilenze emithathu, kodwa uhamba ngomlenze omnye.	Yikiliva

EXERCISE:
Rewrite each of the following sentence and give the causative form of the verb in brackets.
1. Utitshalakazi (wenza) abantwana umsebenzi.
2. Intsomi katitshalakazi (iyabahleka) abantwana.
3. Intsomi kaSammantha (iyaboyika) abanye abantwana.
4. Inqununu (ibona) abazali umsebenzi wabantwana.
5. UMnu. Rhosha (udlala) amakhwenkwe isoka.
6. Abantwana (baphumla) ingqondo ngemidlalo.
7. UNkosikazi Goqweni (ucula) ikwayala yesikolo.
8. UNkosikazi Simpson (uvuka) uSammantha ngo-7.00. kusasa.
9. Ootitshala (babhala) abantwana uvavanyo kabini ngenyanga.
10. Abanye abazali (beza) abantwana esikolweni ngeemoto.

6.9 THE PASSIVE EXTENSION
The passive extension is formed by suffixing to the root of the verb stem, **-w(a)**, or **-iw(a)**. The passive extension, as the passive in English and Afrikaans, expresses the idea of "being acted upon by something/someone else – agent). This is a construction in which the subject (actual doer of action) of the verb is realised as the agent, and the actual object is realised as the subject of the passive verb.

Examples:

Underived		Derived (Passive)
(a) thenga	-	thengwa
(b) bamba	-	banjwa
(c) tya	-	tyiwa
(d) enza	-	enziwa
(e) oyika	-	oyikwa

(Use each of the above examples in a sentence.)

The agent (i.e. the noun acting upon the other) has the structure of an impersonal identifying copulative – see paragraph 2.3.1.

The passive extension suffix is determined by the number of syllables of the underived verb stem.
Polysyllabic (two or more syllables) stems suffix **-w(a)** as in examples (a) and (b).
Monosyllabic stems (including those with a latent -(i)-)suffix **-iw(a)** as in (c).
Vowel-commencing verb stems suffix **-iw(a)** if they have two syllables, as in (d), and **-w(a)** if they have more than two syllables, as in (e).

If a syllable that is not in the initial position, has a labial sound, such a labial sound changes to a palatal sound when the passive extension suffix is added, as in example (b) where the labial sound **mb** has changed to become the palatal sound **nj**. (i.e. palatalization takes place). Here is an example of palatalization that is not on the final syllable:
dubula > dutyulwa: Ubhuti udubula intaka > Intaka idutyulwa ngubhuti.

This is how other labials change:-
m > ny: thuma > . . .
bh > j: dyobha > . . .
ph > tsh: khupha> . . .
mp > ntsh: mpompa> . . .

(**N.B.** The final vowel **-a** does not change into **-i** in the negative as is the case with the underived verb stems.)

The verb stem **-tsho** takes **-iwo** as its passive extension suffix. In the passive, -tsho can only be used with the indefinite subject concord **ku-**.
e.g. **Kutshiwo** ngabantu ukuba izinto ngathi ziza kulunga noko.

6.10 IZINCOKO ZOMLOMO
Utitshalakazi wenzisa abantwana izincoko zomlomo. Uthanda kakhulu ukubanika ezi zilandelayo athi:
Nanzi iintloko. Khethani.
1. Ndenzela abazali iti/ikofu
2. Yipati yokubhafa kwam ngeCawe
3. Kukho ibrayi ekhaya
4. Iyadi yesikolo sethu
5. Inja yam

6. Ikati yam
7. Kumnandi epikinikini
8. Abazali bam
9. Abantwana basekhaya
10. Abahlobo bam

Ngamanye amaxesha utitshalakazi ubenzisa incoko. Uyabahlula abamise ngababini athi:
"Ncokolani nobabini nina. Nantsi intloko:
'Umntwana wasedolophini uncokola nomntwana wasefama'".

Incoko phakathi kukaSammantha noGert
USAMMANTHA: Gert, uthi ukhetha ukuhlala efama?
UGERT: Ewe, nditsho.
USAMMANTHA: Utsho ngoba?
UGERT: Nditsho kuba kumnandi efama. Akufani nasedolophini. Kubi edolophini.
USAMMANTHA: Kubi edolophini, Gert? Ke ngoku ufuna ntoni esikolweni sasedolophini?
UGERT: Ndifuna imfundo
USAMMANTHA: Khangela ke! Efama akukho zikolo. **Akufundwa** efama; **kuyasentyenzwa** qha. Abantwana **abanikwa** mfundo **banikwa** umhlakulo nepeki.
UGERT: Asiyonyaniso leyo, Sammy. Efama **kuyafundwa**. Zikhona izikolo kwiifama ezininzi. Abantwana **bayayinikwa** imfundo ngabazali.
USAMMANTHA: Abantu abatyi kakuhle efama. Batya umngqusho yonke imihla. Inyama **ityiwa** ngeKrisimesi qha; isonka sona **sityiwa** ngeCawe qha.
UGERT: Hayi, uyaphazama. Mamela apha, ndikuxelele. Efama **akusokolwa** njengasedolophini. Inyama **ityiwa** nanini na. Kunjalo nje **ayithengwa**. Kukho iinkomo, iigusha neebhokhwe. **Ziyaxhelwa kufunyanwe** inyama. Iimazi zeenkomo **ziyasengwa kufunyanwe** ubisi. Ubisi **luyajijwa**. Nebhotolo **iyenziwa** efama; **ayithengwa**. Uthi **kutyiwa** kakubi efama?
USAMMANTHA: Nditsho nangoku.
UGERT: Kodwa abantu basedolophini bakufumana phi ukutya, iziqhamo, inyama; ndibala ntoni na? Imifuno neziqhamo **zilinywa** efama. Suka apha, Sammy! Akwazi nto wena. Abantu basedolophini **bondliwa** ngabantu basefama.
USAMMANTHA: Kodwa ke kubi efama kuba akukho zinto zolonwabo – ibhayaskophu, iipati iikonsathi. Kumnyama phandle ebusuku akukho zibane. Akukho nezitrato.
UGERT: Edolophini kukho izibane phandle; kumhlophe phandle ebusuku, kodwa umntu **uyahlatywa** ngootsotsi nabaphangi. Kukho izitrato ezihle, ezinetha kodwa abantu **bayatshayiswa** ziimoto. Iimoto **ziyebiwa**; izindlu **ziyaqhekezwa**. Efama azikho zonke ezi zinto.
USAMMANTHA: Unyanisile, Gert?
UGERT: Ndinyanisile, Sammy. Intlalo yasefama **iyoyikwa** ngabantu basedolophini kodwa kupholile efama

USAMMANTHA: **Kutshiwo** phofu ngabantu abadala; **kuthiwa** ukuba ufuna ukuphumza ingqondo yiya efama. Nam ndiyafuna ukuya efama ngenye imini. Indaba yotyelo ayikholi.
UGERT: Kulungile, ngenye iholide ndiza kuya nawe ekhaya, efama. Kumnandi kakhulu ngoSeptemba, kuba akubandi, akushushu. Ngaphandle kuhle kakhulu kuba izityalo. ezininzi ziyadubula.

EXERCISES:

1. Rewrite the following passage using the correct form of each verb in brackets:
Ubomi basefama (buyoyika) ngabantu basedolophini. Abanye bathi abayithandi intlalo yasefama kuba (kutya) kakubi; (kuyasokola) ngabantu. Abanye bathi (kusebenza) kakhulu yonke imihla; (akuphumli). (Kuthi) abantu basefama abafundi. Kodwa iziqhamo nemifuno (ziyathanda) ngabantu basedolophini; (zithenga) yonke imihla. Ezi zinto (zilima) ngabantu basefama. Inyama (itya) kakhulu ngabantu basedolophini. Iinkomo neegusha (zifuya) ngabantu basefama. Abantu basedolophini abayifuni intlalo yasefama, kodwa (banceda) kakhulu ngabantu basefama ngezinto ezinjengeziqhamo, imifuno, inyama, ubisi. Edolophini (kutya) kamnandi, kodwa konke oku kutya kuvela efama kuba ezi zinto (zilima) efama – umbona, ingqolowa, amazimba, ihabile, ujongilanga, njalo njalo.

Ubomi basedolophini (abuthandi) ngabantu basefama. Bathi zininzi iingozi edolophini: abantu (bayahlaba) ngootsotsi; izindlu (ziyaqhekeza) ngamasela; abantwana (bayatshayisa) ziimoto; iimoto (ziyeba) ngamasela eemoto; abantu (bayadubula) ngabaphangi; amabhinqa (ayadlwengula) zizidlwengu. Abantu basefama bacinga ukuba (kufa) kakhulu ngabantu basedolophini.

2. From the list of topics above, choose one and prepare 6-10 sentences for an oral composition for the next class meeting. You will not be allowed to read your sentences, and you should be prepared to answer questions from the other members of the class or the teacher.

3. Write ten to fifteen lines on the following topic:
Kule holide izayo

6.11 THE QUANTITATIVES - -ONKE AND -ODWA

These are sometimes treated as pronouns (qualificative pronouns), and sometimes as qualificatives, depending on how they have been used in a sentence. Doke (1986:93) explains the function of quantitatives as follows: "These . . . signify (1) all, (2) only . . . and may be used in apposition to the nouns expressed, or they may stand alone."

It is this question of use that has caused controversy among grammarians. Some say these are qualificatives only when they are used after the noun, and that they are pronouns if they are used before or without the nouns. Others say these are always qualificatives irrespective of their position in relation to the noun and whether they have been used without the nouns. This controversy, which applies to all qualificatives, is of no significance for the acquisition of communication skills in the language.

The quantitative is formed by prefixing an agreement element to the stem.

The agreement element is identical with the subject concord of the noun to which it refers. The agreement elements **i-** and **u-** change to **y-** and **w-** respectively. If the agreement element is **a-**, it is deleted. The vowel of a CV-agreement element is always deleted.

Person/Class prefix	Agreement el.	-ONKE	-ODWA
First person singular	ndi-	ndonke	ndodwa/ndedwa
First person plural	si-	sonke	sodwa
Second person singular	u-	wonke	wedwa*
Second person plural	ni-	nonke	nodwa
um-	u-	wonke	yedwa**
u-	u-	wonke	yedwa**
aba-	---	-----	------
oo-	---	-----	------
um-	---	-----	------
imi-	---	-----	------
ili-	---	-----	------
ama-	---	-----	------
isi-	---	-----	------
izi-	---	-----	------
in-, i-	---	-----	------
izin-, ii-	---	-----	------
ulu-	---	-----	------
ubu-	---	-----	------
uku-	---	-----	------

* The vowel element of the quantitative is **e-** instead of **o-**.
** The agreement element is **y-** and not **w-**, although the subject concord for this class is **u-**.
Complete the above table as in the first six lines.

6.12 UZOLA UBHALELA UNDILEKA
Ndileka
Namhlanje ndiza kukuxelela ngeyunivesiti yethu, i-Yunivesiti yaseKapa. I-U.C.T. iseRondebosch. Iphantsi kwentaba. Intle kakhulu; inkulu. Ineehostele ezininzi, ezinkulu. Ezinye ziseRosebank, ezinye ziseMowbray. Mna ndihlala eFuller Hall. IFuller Hall ikufutshane eziklasini. Ecaleni kweFuller kukho ihostele yamadoda, iSmuts Hall. Iihostele zinamagumbi amaninzi. Egumbini lomfundi ngamnye kukho idesika, iwodrophu nebhedi. Ehostele kukho iholo yokutyela, iholo yokuphumla nebhari. Eholweni yokuphumla kukho i-T.V. namaphephandaba. Emva kwesopholo ndiya eholweni yokuphumla yonke imihla, ndimamele iindaba. Emva kweendaba ndiya egumbini lam ndifunde okanye ndibhale umsebenzi.

Ngamanye amaxesha ndiya elayibri, ndiye kuboleka iincwadi okanye ndifundele **khona**. Ezinye iincwadi aziphumi elayibri. Ilayibri ivula imini yonke ivale ngo-10 ebusuku phakathi evekini, kodwa ngoMgqibelo ivala ngo-12 emini; ayivuli ngeCawe. Bonke abafundi banamakhadi. Ikhadi lomfundi linefoto yakhe. Abafundi bayafota bafumane amakhadi ekuqaleni konyaka. Elayibri ukhupha ikhadi lakho ukuba ufuna ukuboleka incwadi, uphume nayo. Zininzi iilayibri apha; zinkulu. Zonke zineencwadi ezininzi. Abasebenzi baselayibri babanceda kakhulu abafundi, ngakumbi ukuba umfundi usafika. Zonke iilayibri zinoomatshini bokukopa. Aba matshini basebenza ngemali. Yi-10c iphepha. Kumnandi ukuhlala eFuller Hall kuba ikufutshane kuzo zonke iilayibri.

Ecaleni kwelayibri kukho iholo enkulu kakhulu. Igama layo yiJameson Hall, kodwa bonke abantu bathi yiJammie. Onke amatheko amakhulu eyunivesiti angena eJameson Hall: uthweso-zidanga, iintlanganiso ezinkulu zabafundi nabasebenzi nabahlohli okanye zabafundi bodwa; zonke iikonsathi ezinkulu zeemvumi ngeemvumi namaqela ngamaqela, neekwayala ngeekwayala. I-U.C.T. inekwayala enkulu. Ndiyawathanda onke amaculo ekwayala yase-U.C.T. NgoDisemba iza kukhenketha eNatala inyanga yonke. Le kwayala icula kuwo onke amatheko othweso-zidanga. Icula **uGaudeamus**, iculo lesiLatini elimnandi kakhulu. Kulo nyaka uzayo ndiza kungena ekwayaleni.

Kulungile ke, Ndileka. Bulisa bonke. Xelela uJama ndiza kumbhalela ngomso okanye kule veki izayo. Ngoku ndisafuna ukuphumla nje kancinci. Xelela umama ukuba ndifuna iwotshi. Ndiyasokola kuba apha yonke into ihamba ngexesha.

Udade wenu
Zola

Vocabulary

Itheko	-	occasion/function/ceremony
Uthweso-zidanga	-	graduation ceremony
intlanganiso	-	meeting
ukusokola	-	to struggle

Exercises
1. Change each of the following sentences into negative by giving the negative form of the words written in bold print:
(a) Namhlanje **ndiza kukuxelela** ngeyunivesiti yethu.
(b) Iihostele **zinamagumbi** amaninzi.
(c) Emva kwesopholo **ndiya** eholweni yokuphumla.
(d) Elayibri **ukhupha** ikhadi lakho.
(e) **Zininzi** iilayibri apha; **zinkulu**.
(f) Abasebenzi baselayibri **bayabanceda** abafundi
(g) Aba matshini **basebenza** ngemali.
(h) **Ndiyawathanda** onke amaculo ekwayala yase-U.C.T.
(i) NgoDisemba **iza kukhenketha** eNatala inyanga yonke.
(j) Ecaleni kwelayibri **kukho** iholo enkulu.

2. Write 10-15 sentences on one of the following topics:
(a) Eyunivesiti
(b) Iqela lomculo endilithandayo
(c) Imvumi endiyithandayo

3. Translate the last 2 paragraphs of Zola's letter into English

6.13 LOCATIVE PHRASES
The following locatives are always followed by a possessive:
emva	-	behind, after
phambi	-	in front of, before

phezu	-	on
phantsi	-	under
ecaleni	-	near, next to
phakathi	-	between
phesheya	-	across
phonoshono	-	this side of (a river)
ezantsi	-	below
entla	-	above, on the northern side of/north of
nganeno	-	this side of
ngaphaya	-	that side of, beyond

The possessive after these locatives takes **kwa-** (of class 17) as its concord.
e.g. emva kwa + indlu > emva kwendlu

Rewrite the following sentences and give the correct form of the noun/pronoun in brackets:
(a) Abafundi bayathanda ukuhlala phambi (iJameson Hall) bancokole.
(b) Iyunivesiti yethu iphantsi (intaba) ende.
(c) Phezu (le) ntaba kukho ihlathi elikhulu.
(d) Utitshala wooSammantha uza kuya phesheya (ulwandle) kule nyanga.
(e) Ezantsi (idolophu) kukho umlambo.
(f) Ngaphaya (umlambo) kukho amabala emidlalo.
(g) Ihotele katata isecaleni (la) mabala emidlalo.
(h) Phakathi (ihotele) katata namabala emidlalo kukho igaraji nekhefi.
(i) Emva (imidlalo) abantu abaninzi beza kule hotele katata bathenge utywala basele
(j) Entla (umzi) wam kukho ikliniki.

6.14 UZOLA UBHALELA EKHAYA
Tata nomama
Ndibulela kakhulu ngemali. Ndiyavuya ukuva ukuba nonke ekhaya nisaphila kakuhle. Ndinikhumbula kakhulu kodwa sendiza kubuya kuba sesiza kuvala. Kule nyanga izayo ngomhla wesihlanu siza kuyeka ukungena eziklasini. Siza kufumana iintsuku ezisixhenxe zokulungiselela iimvavanyo zikaJuni. Iimvavanyo zona ziza kuqala ngomhla weshumi elinesithathu, kodwa asizi kubhala ngomhla weshumi elinesithandathu kuba yiholideyi apha ngomhla weshumi elinesithandathu kaJuni yonke iminyaka. Kaloku ngalo mhla abafundi bakhumbula imini elusizi yaseSoweto. Abanye abafundi abambalwa baza kubhala iimviwo zokugqibela. Mna ndiza kubhala kabini ngemini, yonke imihla. Ngeso sizathu ke ndiza kugqiba ngeentsuku ezine. Ndiza kubhala kasibhozo kuba ndenza izifundo ezine. Isifundo esinye sinamaphepha amabini.

    Baza kuzithumela apho ekhaya iziphumo ngeholideyi. Ndiyathemba ndiza kuziphumelela zonke iimvavanyo zam. Ndiyathemba abazi kusibuza imibuzo enzima kakhulu. Kaloku thina bafundi sifuna ukufumana imibuzo elula.

    Mama, xelela uNdileka ukuba ndineendaba ezimnandi. UDebby, umhlobo wam, uthi ufuna ukuchitha iintsuku ezilishumi apho ekhaya; ufuna ukubona iMonti. Ndiza kuza naye. Siza kukhwela inqwelomoya ngomhla wamashumi amabini anesine kuJuni, ngeCawe. IYunivesiti yona ivala ngoLwesihlanu. NgoMgqibelo, umhla wamashumi amabini anesithathu kukho uthweso-zidanga. Uthweso-zidanga lukho kabini ngonyaka apha, ngoJuni nangoDisemba. Siza kulinda uthweso-zidanga kuba umhlobo wethu, uJabu, uza kufumana isidanga sobunjineli. Ngaloo mini oonjingalwazi nabahlohli banxiba izidanga ezinemibala ngemibala – ezibomvu, eziluhlaza, ezimthubi. Ndibala ntoni na? INqununu yeYunivesiti iza kubakho namaSekela ayo. Isithethi sembeko kulo nyaka nguMnumzana uNdodomzi Mandlakapheli, uNobhala-jikelele weNkongolo yeMibutho yaBasebenzi boMzantsi Afrika. IYunivesiti iza kumwonga ngesidanga sobuGqirhalwazi kwezoMthetho. Iintatheli zamaphepha neze-TV ziza kuza nazo.

Uza kuthweswa nguTshayintsila weYunivesiti.

Emva kothweso-zidanga bonke abantu – abazali, oonjingalwazi, abahlohli, abaphathi beYunivesiti nabafundi nabahlobo babo – baza kuya kwisidlo sasemini esikhulu eBaxter Hall. Kwesi sidlo uJabu uza kubulela abazali, abahlohli nabaphathi beYunivesiti egameni labafundi.

Kulungile ke, ndiza kunibona ngeholideyi.

Intombi yenu eniyithandayo

Zola

Vocabulary

ukubulela	-	to thank
ukulungiselela	-	to prepare
iimvavanyo (uvavanyo)	-	tests (test)
-lusizi	-	sad
iimviwo zokugqibela	-	final examinations
ngeso sizathu	-	for that reason
ukuthumela	-	to send
iziphumo	-	results
ukuthemba	-	to hope
ukuphumelela	-	to pass/succeed
-nzima	-	difficult
-lula	-	easy
ukuchitha	-	to spend
isidanga	-	degree
unjingalwazi	-	professor
uTshayintsila	-	Chancellor
iNqununu	-	Principal
amaSekela	-	Deputies
isithethi sembeko	-	guest-speaker
uNobhala-jikelele	-	Secretary-General
iNkongolo	-	Congress
ukuwonga	-	to honour
isidanga sobuGqirhalwazi	-	Doctoral degree
egameni	-	in the name of/on behalf of

EXERCISES:

1. Comprehension questions
   (a) Abafundi baza kuyeka nini ukungena eziklasini?
   (b) Baza kufumana iintsuku ezingaphi zokulungiselela iimvavanyo zikaJuni?
   (c) Ziqala nini iimvavanyo zikaJuni?
   (d) UZola uza kubhala iimvavanyo iintsuku ezingaphi?

(e) UZola uza kubhala kangaphi ngemini?
(f) Abafundi baza kuzifumana nini iziphumo zeemvavanyo?
(g) Abafundi bafuna ukufumana imibuzo enjani?
(h) Zithini iindaba ezimnandi zikaZola?
(i) UDebby ufuna ukuhlala ixesha elingakanani eMonti?
(j) UDebby uza kuya njani eMonti?
(k) UZola uza kuya nini eMonti?
(l) Lunini uthweso-zidanga e-U.C.T ngoJuni?
(m) Lukho kangaphi uthweso-zidanga e-U.C.T ngonyaka?
(n) UJabu uza kwenza ntoni kwisidlo sasemini eBaxter Hall?
(o) UJabu yena ufundela ntoni?

2. Translate the second paragraph of Zola's letter into English (i.e. from Mama, xelela uNdileka.... to... nezeTV nazo ziza kuza.
3. Write 10-15 sentences on:
Uthweso-zidanga eyunivesiti

6.15 MORE ASPECTS
In paragraph 5.4 we learnt about the use of **-nga-** in the formation of the potential aspect of the verb. There are a number of other aspect formatives that may be prefixed to the verb. The following are some of them:

(a) The progressive aspect
This is formed by means of the formative **-sa-** which comes between the subject concord and the verb stem. It is expressed by the use of "still".
e.g. Ndisaphila, enkosi.

In the negative it expresses "no longer".
e.g. Utata akasaphili. Ubhubhe ngo-1985.

(b) The temporal aspect
— This is formed by prefixing **aku-** to the verb stem. It comes after the subject concord. Note that as the temporal aspect formative commences with a vowel, there will be some speech sound changes in the subject concords. To see what these changes are like, use **aku-** with subject concords from all the classes. The formative **aku-** is used with adverbial clauses of time, that is, to express the time of the occurrance of an action in another clause.
e.g. **Yakufika impela-veki** sihamba kakhulu.

The adverbial clause of time may precede or follow the verb it modifies.
e.g. Sihamba kakhulu **yakufika impela-veki**.

The negative of the temporal aspect is formed as follows:-
Subject conc. + Aspect form. + Neg. prefix + verb stem

e.g. ndi- +   -aku- +   -nga- +   fiki   > **ndakungafiki** as in:
Umama uyakhalaza **ndakungafiki** ngeholideyi.
(Note that the final vowel changes to -i.)

(c) The exclusive aspect
The exclusive aspect formative is **se-**. It comes before the subject concord and it is used to express "already". Although **se-** is normally treated as a formative, it is

esssentially a contracted form of the auxiliary verb **sele** which is followed by a verb in the participial mood. In this mood the third person (classes 1 and 1a) subject concord **u-** and class 6 subject concord **a-**, change to **e-** and classes 2 and 2a subject concord **ba-** changes to **be-**.
e.g. Umfazi sele ethetha > Umfazi sethetha.
Ubhuti sele elala > Ubhuti selala.
Abantwana sele belala > Abantwana sebelala.
Oomama sele bephunga > Oomama sebephunga.

The other feature of the participial mood is that after the subject concord, a glide is used before monosyllabic and vowel-commencing verb verb stems. It is -**si-** before monosyllabic verb stems and **-s-** before vowel-commencing verb stems. Verbs used with the exclusive aspect formative have all these features, which must be proof that **se-** is indeed a contracted form of **sele-**.
e.g. Mama sendisitya ngoku.
   UDebby sesenza iti ngoku.

Subject concords that have a V-structure change in the exclusive aspect as a result of the vowel element of **se-**.
e.g. Imithi seyidubula. (se + idubula)
Umvundla sewugoduka. (se + ugoduka)
N.B. It is quite common in every day speech to find the use of **sowu-** as in: **Umvundla sowugoduka** and **Wena sowugoduka**. These forms are non-standard. In the negative the exclusive aspect formative is **-ka-**. Unlike **se-**, **-ka-** comes after the subject concord. This formative expresses "not yet".
e.g. Andi**ka**gqibi.
Abantwana aba**ka**tyi.

6.16 UZOLA UBHALELA UJAMA EFORT HARE
Jama
Ndicela uxolo ngokukubhalela kade. Sisebenza kakhulu apha. Kunjani apho eFort Hare? Unjani umsebenzi? Umsebenzi eyunivesiti mninzi kunasesikolweni, kodwa ke ndiyazama njengabafundi bonke. Kambe ke kumnandi apha, ngaphandle kwezifundo qha. Zona, hayi bo! Sendifuna ukuya eholideyini mna ngoku, kodwa ke sesiza kuvala. Sendicinga ngokugoduka. Ngamanye amaxesha ndikhumbula ekhaya ndilile phantsi kweengubo ebusuku oku komntwana omncinci. Ndiyakukhumbula nawe, kodwa ke sesiza kudibana
   Banjani abafundi apho eFort Hare? Baninzi? Ndiyacinga ukuba abafundi apha baninzi kunaseFort Hare, kuba le yunivesiti inkulu kuneFort Hare; ingangeWits. Mininzi imibutho yabafundi apha. Nam sendililungu lemibutho emine. Kukho isakhiwo semibutho yabafundi esikhulu. Igama laso yiStudents Union. Sinee-ofisi zemibutho ngemibutho. Yonke le mibutho iphantsi koMbutho wabaMeli baBafundi, i-S.R.C. Lo mbutho ulikhonkco phakathi kwabafundi neziphathamandla zeYunivesiti. Uquqluzelela izinto ezininzi – njengeentlanganiso, njengamatheko okwamkela abafundi abatsha njalo njalo. Uthatha izikhalazo zabafundi uzise kwiziphathamandla. Abafundi abaninzi bafumana uncedo kulo mbutho, kodwa mna andikayi ezi-ofisini ze-S.R.C. kuba okwangoku andikafumani zingxaki zinkulu.
   Apha kukho nabameli beeklasi. Zakuqala izifundo abafundi beklasi nganye bakhetha ummeli. Lo mmeli likhonkco phakathi kwabafundi nabahlohli beklasi

yakhe. Mna ndingummeli weklasi yesiXhosa kodwa andikakuqheli **ukuba ngumlomo** wabafundi ezintlanganisweni zabafundi nabahlohli. Phofu ke ndizama kangangoko ukuzigqithisa zonke izikhalazo nezindululo zabafundi. Abameli beeklasi ngeeklasi banombutho wabo, kodwa ke okwangoku andikayi entlanganisweni yawo. Nasehostele abafundi banekomiti yehostele. Iikomiti zeehostele zingamakhonkco phakathi kwabaphathi beehostele nabafundi. Ikomiti yehostele ijonga izinto ezininzi ehostele – njengempatho yabafundi, njengengxolo, njengezikhalazo zabafundi, njengamatheko, njengomgangatho wokutya njalo njalo. Yakuphela ikota yesithathu siza kunyula amalungu ekomiti yalo nyaka uzayo.

Jama, ndonwabile apha. Sendinabahlobo abaninzi. Yakufika impela-veki sihamba kakhulu. Sesivela kwaLanga naseGugulethu, kodwa asikayi eKhayelitsha. Yakuvala iYunivesiti ndiza kuza noDebby, omnye umhlobo wam. Uthi ufuna ukuhamba nam kuba akakayiboni iMonti.

Kulungile, Jama. Bulisa bonke abahlobo bakho nokuba andikabazi, ndiza kubazi ngenye imini.
Usisi wakho
Zola

Vocabulary

ukukhumbula	-	to miss/to remember
ukucinga	-	to think
ikhonkco	-	link (lit. buckle)
iziphathamandla	-	administrators/ authorities/ management
ukukhetha	-	to elect/choose
ummeli	-	representative
ukuba ngumlomo	-	to be the mouth-piece/spokesperson
ukugqithisa	-	to pass
izikhalazo	-	complaints/grievances
izindululo	-	suggestions
okwangoku	-	as of now
impatho	-	treatment
ingxolo	-	noise
umgangatho	-	quality
ukunyula	-	to elect

EXERCISES:

1. Write a letter of 10-15 lines to your friend and tell him/her about your university/school.

2. Write a dialogue in Xhosa between Zola and Debby based on the following:

Debby and Zola are at Debby's home in Mowbray. Debby wants to go and spend the first two weeks of vacation at Zola's home in E.L However, she does not want to fly because she's scared of flying. Zola wants to fly because she is desperate to reach home as quickly as possible. Debby also would like to see the towns and the scenery on the way. Zola argues that there's nothing to see on the way to E.L in winter. Debby feels there must be something interesting to see. Zola reminds her, however, that all buses to E.L travel by night and there's no train service. Debby eventually agrees to go by plane.

3. Translate into to Xhosa.
(a) Is Zola already used to being a spokesperson? No, Zola is not yet used to being a spokesman for other students.
(b) However, she tries as much as possible to pass all the grievances of the students.
(c) Debby has not yet been to East London.
(d) Zola is already thinking about going home but she has not yet finished even two months in Cape Town.
(e) However, universities are already about to close. Zola and Debby are going to go to Zola's home in East London. They do not know yet how they are going to travel.

6.17 THE COMPARATIVES – NJENGA-, NGANGA- AND KUNA-

These prefixal formatives are used with nouns, pronouns, locatives and conjunctions in the formation of comparative adverbs of manner. Respectively they express: "like/such as/just as", "the size of/as much as" and "than".

Examples:
1. Ubantu uhamba **njengotata** (njenga + utata) wakhe.
2. I-U.C.T. **ingangeWits** (inganga + iWits).
3. Ndisela amanzi **angangelitha** (anganga + ilitha) ngemini.
4. UZiyanda mkhulu **kunoNana** (kuna + uNana), kodwa uNana mde **kunaye** (kuna + yena).
   (**ku-** may be used instead of **kuna-** when the comparison is in respect of either age or size as in 5 below.)
5. UMavu mdala **kwaba** (ku + aba) bantwana bonke, kodwa mfutshane **kubo** (ku + bona) bonke.
6. EKapa kumnandi **kunaseRhawutini** (kuna + eRhawutini).
7. ERhawutini kubi **njengaseMdantsane** (njenga + eMdantsane).
8. Ndikhetha ukubanjwa **kunokuba** (kuna + ukuba) ndiye emkhosini.

From these examples try and explain the formation of the comparative adverbs of manner by means of **njenga-, nganga and kuna-**

N.B. When **njenga-** is prefixed to the conjunction **ukuba** to express **as** or **since**, in comparative clauses, the verb that follows is put in the participial.
e.g. njenga + ukuba = **njengokuba** as in:
    Njengokuba nisazi, amaxabiso aphezulu.

7. AT THE FARM

In this theme you will learn most of the vocabulary related to farming, the names of some wild animals found at the zoo, as well as names of some birds. You will also learn about the following aspects of grammar: the **perfect tense** (simple and continuous) and the **past subjunctive**.

7.1 THE PERFECT TENSE
This past tense is sometimes referred to as the **recent past** tense to distinguish it from another past tense, the remote past tense.
   Like the present tense, the perfect tense has two forms, a long and a short form, in the positive.

The long form
The long form of the perfect tense is formed by suffixing **-ile** to the root of the verb.
   e.g. Abantwana baty**ile**.
         Nditheth**ile**.
   The short form
   The perfect tense suffix in the short form is **-e**. (Note, the tone of this suffix is falling i.e. **-ê**). A verb in this form cannot stand on its own without any word (adverb, noun, pronoun, conjunction or another verb) following it.

125

e.g. cf. Ndihambile
* Ndihambe
Ndihambe kakuhle.

A number of verbs, however, whose final syllable is **-la** are used only in the short form of the perfect tense. The following are some of the more common ones in this group:

mamela > mamele:	Kwisifundo sam izolo bonke abafundi **bamamele**. **Bamamele** ngomdla.
sabele > sabele:	USizwe yena **usabele**. **Usabele** msinyane.
phendula > phendule:	Bonke abafundi **baphendule**. **Baphendule** kakuhle.
thula > thule:	Akufika utitshala abantwana **bathule**. **Bathule** cwaka.
sekela > sekele:	Izithethi ezininzi **zindisekele**. **Zindisekele** ngeentliziyo zazo zonke.

The negative form
The negative perfect tense is formed by means of the negative formative which comes before the subject concord and the negative suffix **-anga** which is added to the root of the verb, as follows:
Andihambanga kakuhle
(**N.B.** Changes in the form of the subject concords after the negative prefix **a-** are as in the present tense.)

7.1.1 The perfect tense in the passive extension
In the passive extension the perfect tense of polosyllabic vowel-commencing and monosyllabic verb stems is formed by means of **-iwe** irrespective of whether it is at the end of the sentence or not.
e.g. 1. Ikofu **yenziwe**.
　　 2. Isonka **sityiwe**.
　　 3. Ikofu **yenziwe nguSandile**.
　　 4. Isonka **sityiwe nguSibahle**.

The difference between the verbs in 1 and 2 on the one hand and those in 3 and 4 on the other, is tonal. The final syllables of verbs 1 and 2 have a low tone while the final syllables in verbs 3 and 4 have a falling tone.

Polysyllabic verb stems and vowel-commencing verb stems with more than two syllables take **-iwe** in the long form and **-we** in the short form as the perfect tense suffix.
e.g. 1. UThemba ubeth**iwe**.
　　 2. ULizo woyis**iwe**.
　　 3. UThemba ubeth**we** entloko.
　　 4. ULizo woyis**we** nguMvuzo.

7.1.2 Irregular forms of the perfect
There are a few verb stems whose perfect tense forms are irregular. Here are some of them:

fudumala-fudumele:	Ndihlambe ngo-9 kuba amanzi **afudumele** kade.
libala-libele:	Kusasa **ndilibele** ukuya eklasini yesiNgesi.
hlala-hleli:	Izolo **ndihleli** imini yonke elayibri.
fumana-fumene:	Kule veki iphelileyo **ndifumene** imali eninzi.

zala-zele:	Kulo nyaka iinkomo zam **zizele** amathokazi odwa.
bulala-bulele:	Izolo amakhwenkwe **abulele** inyoka esikolweni.
phalala-phalele:	Ubisi **luphalele** lonke.
phatha-phethe:	USarhili **uphethe** emva kwemfazwe yesithandathu.
ambatha-ambethe:	Izolo bonke abantu **bambethe** iingubo ngenxa yengqele.
enzakala-enzakele:	USipho **wenzakele** ebaleni izolo.
tsho-tshilo:	**Nditshilo** ke kuye akundibuza.

With the exception of **-tsho**, the negative of these verbs is formed in one of two ways, viz.:
(a) By replacing the final vowel of the irregular form (**-e**) by the negative suffix **-anga**
e.g. Andihle**langa** imini yonke.
    Andimfumen**anga** mali ininzi.
(b) By treating them as having a regular perfect tense form in the positive and suffixing **-anga** to the root.
e.g. Andihlal**anga** imini yonke.
    Andifuman**anga** mali ininzi.

(Rewrite each of the above examples (except **-tsho**) in the two alternative negative forms.)

The negative suffix of **-tsho is -ongo**.
e.g. **Anditshongo** ke mna kuye akundibuza

7.1.3 The stative form
Some verbs have a perfect tense form (**-ile** and **-e**), but they have a present tense meaning. These verbs usually depict the state in which the subject is. Hence the term **stative**.
Here are some of them:
-bhitya > bhityile:Iinkomo zam zibhityile kuba kusebusika.
-fa > file:Inja yam ifile.

-tyeba	- ....:	....
-lamba	- ....:	....
-nqaba	- ....:	....
-phila	- ....:	....
-dumba	- ....:	....
-dinwa	- ....:	....
-nxanwa	- ....:	....
-qumba	- ....:	....
-thamba	- ....:	....
-qina	- ....:	....
-lumka	- ....:	....
-zola	- ....:	....
-ma	- ....:	....
-nxila	- ....:	....
-thoba	- ....:	....
-goba	- ....:	....
-onwaba	- ....:	....

-caca   - ....:   ....
-guga   - ....:   ....
-ngcola   - ....:   ....
-jiya   - ....:   ....
-bola   - ....:   ....
-phola   - ....:   ....
-xakeka   - ....:   ....
-khululeka   - ....:   ....
-othuka   - ....:   ....
-baluleka   - ....:   ....

(Look up the meanings of these verbs and then complete the above table and use each verb in a sentence as in the first two verbs.)

7.2 VISIT TO A FARM
Read the following passage paying attention to the verbs written in bold print:

Kule holide iphelileyo

Kule holide iphelileyo uSammantha **uye** efama noGert. Ifama yabazali bakaGert iseKhobonqaba, eMpuma-Koloni. UGert yena uhlala eMowbray kwamalume wakhe. Ufunda eRosebank. UGert **ucele** ebazalini bakhe imvume yokuza noSammantha. Abazali **bavumile**, kodwa kuqala **babuze** abazali bakaSammantha ukuba bayavuma na bona. **Bathethe** nabo ngefowuni. Abazali bakaSammantha nabo **bavumile**. USammantha **ucele** utata wakhe ukuba abase ngemoto, kodwa utata kaSammantha **akavumanga**. **Uthe** kubhetele bakhwele inqwelomoya. **Uthe** akathandi ukuthatha uhambo olude ukuvalwa kwezikolo kuba zininzi iimoto ezindleleni ngelo xesha. Loo nto ke yenza iingozi zeemoto ezininzi, kuba ezinye ziqhutywa ngesantya esiphezulu, kakhulu. UGert noSammantha nabo **bayiqondile** le nto.

Izikolo **zivalwe** ngoLwesihlanu. OoGert **bahambe** kusasa ngoMgqibelo. Esikhululweni senqwelomoya **basiwe** ngumama kaSammantha nomalumekazi kaGert ngemoto. **Bafike** esikhululweni senqwelomoya, eD.F. Malan, ngo-6.40. **Bakhwele** ngo-7.00. Inqwelomoya yona **iphume** ngo- 7.20. **Bahambe** kamnandi kakhulu kuba nezulu **aliyihambisanga** kakubi inqwelomoya. Utata kaGert **ubalindele** kwisikhululo senqwelomoya saseMonti, iBen Schoeman Airport. EMonti **bafike** ngo-8.50 kuba inqwelomoya **ayimanga** eBhayi. Utata kaGert **uvuye** kakhulu ukubabona, ngakumbi uSammantha. **Baye** ngebhaki yakuloGert eKhobonqaba, kodwa kuqala **baye** kwaGrosvenor Ford phakathi edolophini eMonti. Apho utata kaGert **uthenge** amatayala amatsha amathathu. EMonti **baphume** ngo- 10.30

EXERCISES:

1. Rewrite the above passage under the title:
"Kule holide izayo",
and make appropriate tense changes to the underlined verbs

2. (a.) In about 15-20 sentences write the conversation which you think took

place in Gert's father's car when he, Gert and Sammantha were travelling from East London to Adelaide.

(b) In about 15-20 sentences continue the story told in the above passage, starting as follows;
"Bafike kuloGert eKhobonqaba ngo-11.50. Umama kaGert uvuye kakhulu ukubabona ngakumbi uSammantha. Ubamkele ngobubele obukhulu. Usisi kaGert uSalome,.........

3. (a) Rewrite each of the following sentences and fill in, in each case, the correct form of the verb in brackets.
(1) Izolo abantwana ....(bona) inyoka eyadini.
(2) Kule veki iphelileyo amasela ....(qhekeza) ebhankini eMowbray.
(3) Izolo elinye isela ....(dutyulwa) emlenzeni.
(4) Izolo elinye amapolisa ....(gibisela) abafundi ngesintywizisi.
(5) Kule nyanga iphelileyo ijaji ....(gweba) amapolisa amabini.

(b) Rewrite each of the following sentences and give the negative of the verb written in bold print:
(1) Ugqirha **umxilongile** uThemba izolo.
(2) Isikolo sethu **siphumelele** emdlalweni wombhoxo ngoMgqibelo.
(3) Inqunu yesikolo sooMatthew **iye** eQonce ngoLwesithathu kule veki iphelileyo.
(4) **Ndisifumene** isipaji sakho, sithandwa.
(5) **Ityiwe** ndim inyama yakho, tata.
(6) Ababulali bomhlobo wethu **babanjiwe**.
(7) Ingonyama **yoyikwe** ngumntu wonke.
(8) Ibhaki katata kaGert **ithengwe** eMonti.
(9) **Bakhwele ngo**-7.00.
(10) Utitshalakazi **ubabuze** imibuzo enzima abafundi.

7.3 VEHICLES, IMPLEMENTS AND ANIMALS

Jongani kulo mfanekiso. Yifama yakulo Gert le. Inkulu; intle. Indlu yasefama inkulu. Kukho nezindlu zabasebenzi.

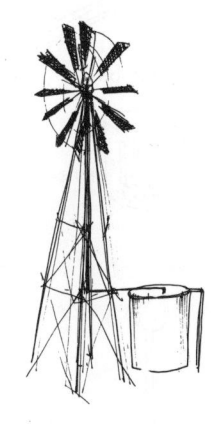

Efama isetyenziswa kakhulu itrektala. Kulinywa ngayo. Itsala ikhuba. Ngamanye amaxesha ifakwa itreyila, kuthuthwe ngayo izinto ezininzi. Itrektala ihamba ngedizile.
Kukho iphiko lamanzi.. Iphiko litsala amanzi phantsi komhlaba liwase etankini. Asuka apho ngemibhobho (ngoophayiphu) aye ezitepini. Eminye imibhobho iya emasimini. Kunkcenkce-shelwa ngayo amasimi ebusika. Nasehlotyeni amasimi ayankcenkceshelwa ukuba akukho mvula.

efama kukho:

itrekta itrektala/itele-tele

Nantsi itrektala

itreyila

Nantsi itreyila

ishedi

Nantsi ishedi

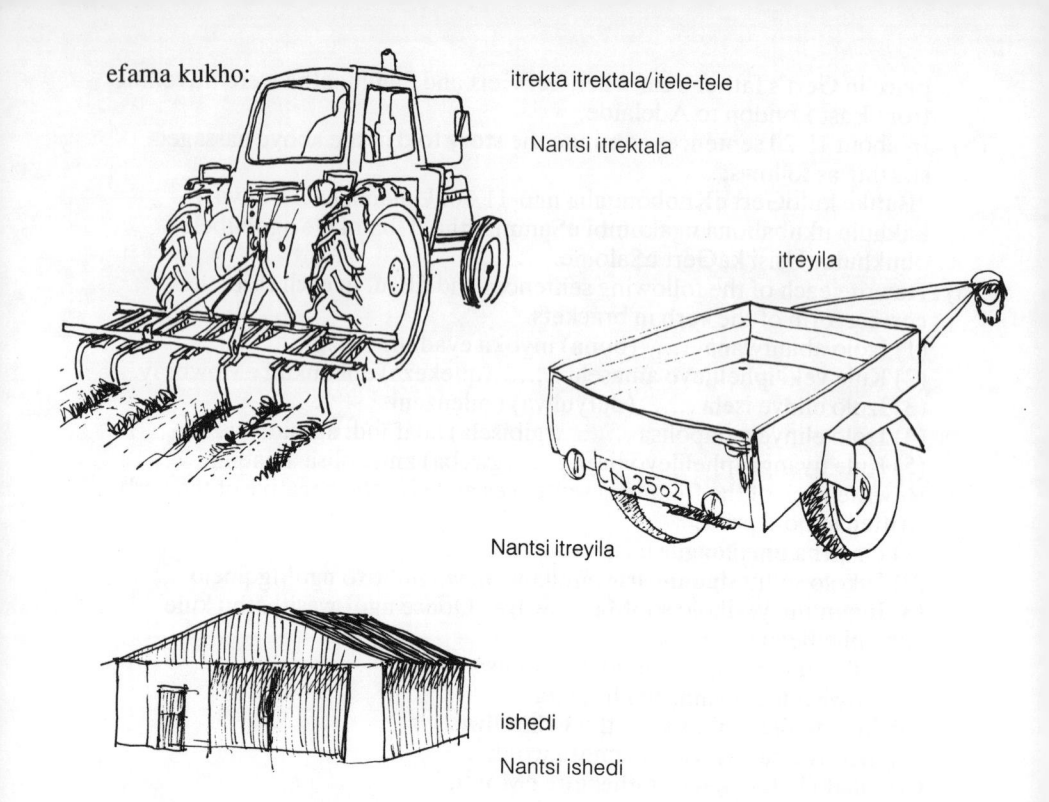

Nantsi ishedi. Eshedini kukho izinto ezininzi. Umfama ugcina izinto zokusebenza eshedini ezinjengezi:

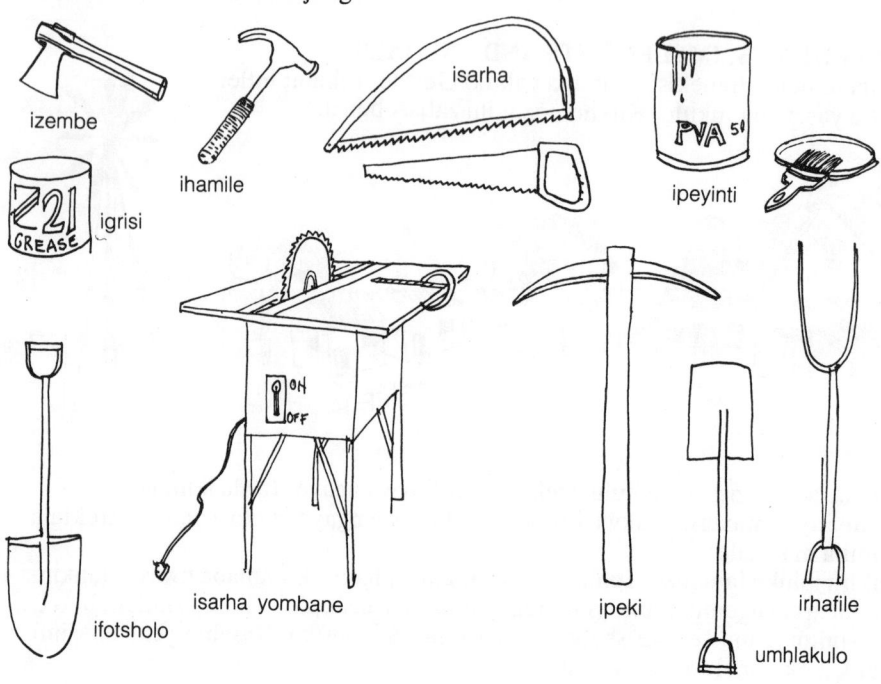

izembe

ihamile

isarha

ipeyinti

igrisi

ifotsholo

isarha yombane

ipeki

umhlakulo

irhafile

130

Eshedini kukho neengxowa zamalahle neenkuni namabhali elusini nokunye ukutya kweenkomo namahashe.
Kukho ne-erhe. I-erhe itsalwa ziinkomo okanye yitrektala. Kuqhekezwa ngayo amagada.

ideri

Abasebenzi basenga iinkomo ederi. Bavuka ekuseni ngenj' ixukuxa, basenge lide liphume ilanga kuba iimazi zininzi. Abasengi ngezandla, basenga ngoomatshini bokusenga. Olunye ubisi lugalelwa ezikalini lusiwe edolophini ngelori: olunye luyajijwa kwenziwe ibhotolo ngalo: olunye lunikwa abasebenzi. Ixibhiya (umjijwa) inikwa izinja neehagu.

Nanzi iimazi zenkomo namathole azo. Amathole ayakhethwa koonina emini nasebusuku. Kukho neenkunzi zeenkomo.

inkunzi yenkomo

Amahashe akuloGert mabini. Elinye nguRanti elinye nguThotshi. URanti yimerikazi emhlophe.

ihashe

Efameni yakuloGert kukho nezilwanyana zasendle. Kukho imivundla, iincanda, amaqaqa, amagala, oonomatse. Utata kaGert uneenciniba ezimbini, inkunzi nemazi. Kukho neepikoko ezimbini, inkunzi nemazi. Iinkuku namakalikuni zininzi. Amaqanda adlala abantwana. Kukho namadada. Izindlu zamadada zikufutshane edameni. Wona ayathanda ukudada namantshontsho edameni.

Kukho iigusha zoboya kunye neeseyibhokhwe. Ziyachetywa qho ngoSeptemba. Uboya buthunyelwa emalrikeni yoboya eMonti.

iigusha

iqaqa

umvundla

iibhokhwe

Kukho uzikhelele. Uzikhelele kulayishwa ngaye umhlaba elorini okanye etreyileni. Uzikhelele naye uhamba ngedizile.

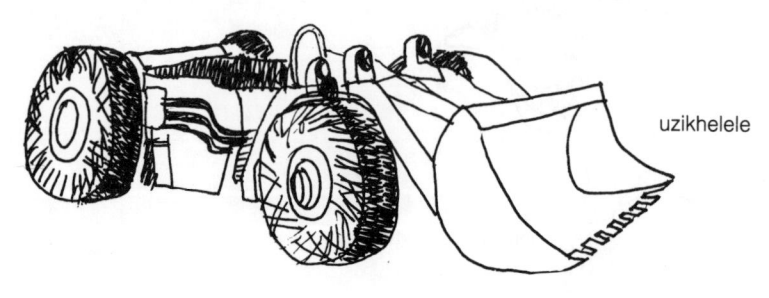

uzikhelele

uselane

Kukho noselane. Uselane usetyenziswa ekwenzeni indlela nasekuyilungiseni. Ngamanye amaxesha usetyenziswa ekuwiseni imithi emikhulu.

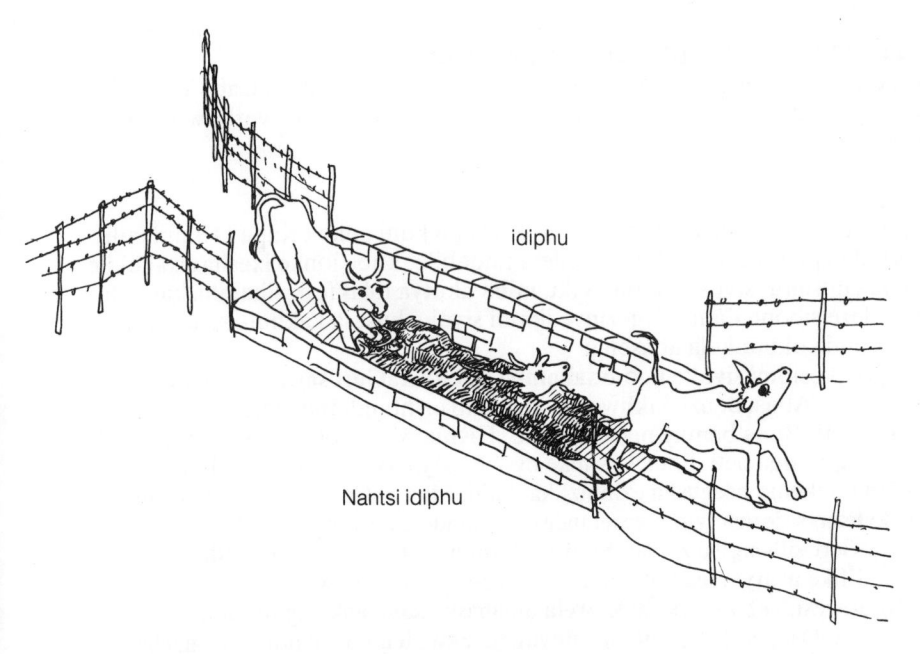

idiphu

Nantsi idiphu

Ediphini kuditshwa iinkomo kanye ngenyanga. Idiphu ibulala iintwala namakhalane.

EXERCISE:

1. Write a dialogue in Xhosa between a farmer and a curious visitor from the city. They are talking about a typical day in a farmer's life.

7.4 USAMMANTHA UBHALELA EKHAYA

Read the following letter from Sammantha to her parents in Cape Town. She is writing from Gert's home at Adelaide. Pay attention to the verbs written in bold print:

Mama notata
Siphilile sonke apha eKhobonqaba. Kunjani kuni apho eKapa? Kumnandi kakhulu apha. Ixesha lokubhala ileta linqabile, kuba lonke ixesha sixakekile. Silala ebusuku, sivuke emini. Sakugqiba ukutya iblakfesi, sihamba kakhulu, sijikeleze sibone ifama. Ngezinye iimini sivuka kusasa kakhulu siye ederi. Ndithanda ukubukela abasengi.

NgoLwesibini sivuke ngo-6 **sahamba** notata kaGert **saya** efandesini eRhini ngebhaki. Abasebenzi bakhwelise iinkomo ezintandathu elorini **baya** nazo efandesini. Bona bemke ngo-5 kusasa. ERhini siqale ehotele **sathenga** ibrakfesi **satya saphunga** neti. Ehotele simke ngo-10 **saya** kwindawo yefandesi. Apho sifike **sabona** iinkomo neegusha ezininzi kakhulu. Mna noGert sihle nje ebhakini **sajikeleza, sajonga** izinto zasefandesini. Ifandesi iqale ngo-10.30. Iinkomo zakuloGert zithengwe zonke. Simke eRhini ngo-4.00 malanga, **safika** apha ngo-5.45. Sifike **asatya, asabukela** ne-T.V. ngenxa yokudinwa.

NgoLwesithathu sivuke **sakhwela** amahashe **saya** enkampini. Sihambe nezinja, uRover noDanger. Izinja zibone umvundla **zawuleqa**. UGert uzileqe ngehashe **wazinqanda, zawuyeka**. UGert uthi utata wakhe akafuni izinja zakhe ziqhele ukubulala imivundla, kuba ziya kubulala amatakane ngenye imini. Sibone nendlu yomkhwetha, **wathi** uGert ufuna siye andibonise ngaphakathi kodwa **andafuna** mna. Ndiyamoyika umkhwetha. Umkhetha usibonile **wasibiza, wathi** akazi kusitya; uza kusiyaleza. UGert uyile emkhwetheni, kodwa mna ndoyikile **andavuma** ukusondela. UGert uhlile ehasheni **wancokola** nomkhwetha ixesha elide. Mna andisondelanga tu; andihlanga ehasheni tu. Ndime kude **ndabajonga ndamamela** kodwa **andeva** nokuba bancokola ngantoni na, ngenxa yokoyika umkhwetha. Bancokole **bagqiba**, uGert **wakhwela** ihashe **weza** kum, **sahamba**.
w Emva koko sijikeleze kakhulu enkampini, **sabona** izinto ezininzi. Ndiwathande kakhulu amagala, kodwa incanda yona ndiyoyikile. Ngo-12.00 sibuyile, **safika sathula** amahashe iisalị **sawakhulula** nemikhala, **sawapha** ilusini kodwa **akayitya**. Siwanike amanzi, **awasela**. Thina siye endlwini **satya** idinala, **saphumla** okwethutyana.

134

Kulungile ke, ndiza kuphinda ndinibhalele ndinixelele ezinye izinto ezininzi. Ndiyanikhumbula, kodwa andikafuni kubuya. Ndifuna ukubuya ukuvulwa kwezikolo.

Vocabulary
ukujikeleza	-	to move around
ifandesi	-	stock auction sale
ukukhwelisa	-	to load
ukuhla	-	to disembark/get off
ukuleqa	-	to chase
isali	-	saddle
umkhala	-	bridle

7.5 THE PAST SUBJUNCTIVE
The verbs written in bold print in Sammantha's letter are all in the subjunctive mood. They all depict consecutive actions. Each of them comes after a verb that is in the past tense (perfect tense). i.e. the initial action in the series of actions took place in the past. They are therefore in the **past subjunctive**. As in the case of the present subjunctive, a verb in the past subjunctive may either be in the positive or negative form. The structure of a past subjunctive verb is as follows:

Positive
Subject Concord + Past Subjunctive Formative + Verb Stem
▼ ▼ ▼
e.g. ndi- + -a- + -hamba > ndahamba
as in – Ndithathe imali **ndahamba**.

N.B. To see what sound changes take place in a past subjunctive verb. (i.e. when the subject concord is combined with the past subjunctive formative, and when the past subjunctive formative is joined to the verb), use it with the subject concords off all the different classes and with all the different types of verb stems.

Negative
Neg. Form. + Subj. Conc. + Past Subjunct. Form. + Verb Stem
▼ ▼ ▼ ▼
e.g. a + ndi + a + hlamba > **andahlamba**

as in: Ndivuke andahlamba.

(There is another form of the negative which is regarded as non-standard, but which is used quite frequently by mother tongue speakers of Xhosa in informal speech. The structure of this non-standard form is:

Subj. Conc. + Past Subjunct. Form. + Neg. Form. + Verb Stem (ending in i)
e.g. ndi + a + nga + hlambi
ndangahlambi
as in: Ndivuke **ndangahlambi**.

EXERCISES:

1. Phendula le mibuzo ilandelayo:
   (a) Utata kaGert uthengise iinkomo ezingaphi efandesini eRhini?
   (b) Abasebenzi bemke nini ngelori eKhobonqaba ukuya eRhini?
   (c) OoGert baye ngantoni efandesini?
   (d) OoGert basuke nini eKhobonqaba?
   (e) Bayitye phi ibrakfesi?
   (f) Ifandesi iqale nini?
   (g) OoGert bathathe ixesha elingakanani ukuya eKhobonqaba emva kwefandesi?
   (h) Ngoobani amagama ezinja zakuloGert?
   (i) Gqibezela esi sivakalisi:
   Utata kaGert akafuni izinja zakhe ziqhele ukubulala imivundla kuba
   ....
   (j) Umkhwetha ubabizele ntoni uGert noSammantha?

2. Translate into Xhosa:
   At the airport we came at about 7.55 in the morning and went to the cafe. There we bought some coffee and sat at the tables and drank (the coffee) and conversed. My father bought a newspaper, the *Cape Times* and sat at another table and read. We waited for thirty minutes. My mother took my ticket out of her purse and gave it to me and said: "Here is your ticket. Go well. We shall see you when the schools reopen." My father took out ten rands from his pocket and gave it to me and said: "I know your mother did give you some money yesterday. Not so?" I took it and put it in my pocket and thanked him. At that moment my mother hugged me and kissed me twice on my forehead. My father took out a cigarette but he did not light it.

3. Rewrite the following passage and fill in the gaps with suitable verbs. Choose from the following:
   -phunga, -vula, -thi, -fumana, -enza, -ya, -hlamba, -nxiba, -thambisa, -bulela, -thatha, -hamba, -buza, -jonga, -cela.
   Izolo ndivuke kusasa ——————— ebhafrum ——————— umzimba. Ukugqiba kwam ndibuyele egumbini lokulala ———————, ———————. Emva koko ndiye ekhitshini ——————— ikofu ———————. Andityanga kuba andithandi ukutya kusasa. Ngesithuba sika-7.30 ndiye egumbini lokulala labazali bam ——————— i-R10 kutata. Utata uthe isipaji sakhe sisemotweni. Uboleke kumama. Umama ukhuphe isipaji sakhe edroweni ———————, ——————— i-R20 edibeneyo. Undinikile ———————: "Ndiyayifuna loo tshintshi." Utata yena uthe: "Akayibuyisi itshintshi lo." Ndincume nje ——————— imali ——————— kumama. Utata undibizile ——————— ukuba ndiza kwenza ntoni na nge-R10. Ndithe ndiza kuya ebhayaskophu noZameka. Undijongile, ——————— kumama, wanikina intloko. Ndiphumile mna ndabashiya. Ndivile ukuba bayathetha kodwa andimamelanga.

7.6 THE CONTINUOUS PERFECT TENSE
Read the following dialogue and pay attention to the verbs written in bold print:

OoSammantha babuyile eholideyini
Mamela le ncoko ilandelayo. USammantha uncokola nabazali bakhe ngeholide yasefama.

UTATA KASAM:	Khawutsho ke, ntombi. **Benisenza** ntoni eKhobonqaba?
USAMMANTHA:	Besisenza izinto ezininzi.
UTATA:	Ziintoni?
USAMMANTHA:	Yhu-u, tata! Uthi ndingazibala ndizigqibe zonke?
UTATA:	Andithi zibale zonke.
USAMMANTHA:	**Bendinixelele** nje eleteni. Aniyifumananga ileta yam ngeholideyi?
UMAMA:	Ewe, siyifumene ileta yakho, kodwa ngoku sifuna ukuva kuwe. Khawubalise torho. **Benilala** nini? **Benivuka** nini? **Benisenza** ntoni ebusuku? **Benisitya** njani? **Benisiya** kangaphi edolophini? **Bebefika** abantu bezinye iifama? UGert **ebe**...?
USAMMANTHA:	Who-o! Thiza! Imibuzo engaka! Zonke ezi zinto **bendincokole** ngazo eleteni yam. **Beningathi** na niyifumene ileta?
UTATA:	O-o! Akufuni ukusibalisela ngeKhobonqaba kodwa **besikuphe** imali yokuhamba neyokuthenga? Oomama **bebenise** esikhululweni senqwelomoya. Mna **bendiye** kunilanda. Kulungile. **Bendiza kuya** nawe esekhasini ngoMgqibelo. Andizi kuya nawe ukuba akusibaliseli.
UMAMA:	Heke! Yhu-u! USammy akazi kuyibona isekhasi!
USAMMANTHA:	Ndiyadlala, torho. Ndiza kunixelela. Nifuna ndiqale phi? **Besisenza** ntoni kanene efama? Niyafuna ndinixelele?
UMAMA:	Ewe, siyafuna.
USAMMANTHA:	Kuqala **besivuka** ngo-7.30 ngezinye iimini, kodwa ngezinye **besingavuki** phambi kuka-9. Abazali bakaGert bona **bebevuka** ngo-6 yonke imihla.
UMAMA:	Thiza! Yonke imihla? **Bebevuka** benze ntoni?
USAMMANTHA:	Utata kaGert yena **ebevuka** aye ederi. Umama kaGert yena **ebevuka** asebenze ekhitshini, alungise ibrakfesi.
UTATA:	**Ebepheka** ntoni ngebrakfesi? Ndiyacinga **benisitya** kamnandi. Akunjalo?
USAMMANTHA:	Ewe, **besisitya** kamnandi kakhulu. Ngebrakfesi **besiphiwa** ipapa yamazimba nobisi, amaqanda nesonka esinebhotolo. Ngamanye amaxesha **besiphunga** ikoko sakugqiba ukutya; ngamanye **besisela** nje ubisi. Ukutya kwebrakfesi **bekutshintsha-tshintsha.**
UTATA:	Ngubani ixesha ngoku?
USAMMANTHA:	Ngu-5.55.
UTATA:	Kulungile ke, Sammy. Uza kuphinda usibalisele ngeKhobonqaba. Khawuvulele iT.V. sive iindaba zika-6.

7.6.1 Formation of the continuous perfect tense
Each of the two past tenses (the recent and the remote) can sometimes be used with an auxiliary verb. When thus used, they are said to be either continuous or

compound past tenses. In the above dialogue the verbs written in bold print are all in the continuous perfect tense.

The continuous perfect tense is formed by using the auxiliary **-be-** before the (finite) verb. The verb after **-be-** is in the participial mood. The auxiliary verb is used in one of the following two ways:
(a) It may take its own subject concord.
e.g. **Nibe** nisenza ntoni?
This is the full form of the continuous perfect tense. It is very rarely used in everyday speech.
(b) It may be prefixed to the complementary verb (the finite verb that it is used with). This is the short form of the continuous perfect tense. When this is done the subject concord of the auxiliary is deleted, if it has a CV-structure. Thus:-
Nibe nisenza ntoni? > Benisenza ntoni?
Babe bevuka nini? > Bebevuka nini?

If, however, its subject concord is a vowel, it is not deleted; instead its final vowel **-e** is deleted before the subject concord of the complementary verb.
Thus:-
Indoda ibe isitya. > Indoda ibisitya.
Wena ube uthetha. > Wena ubuthetha.

N.B. Classes 1 and 3 subject concords **u-** and **a-** respectively, change to **e-** when the auxiliary is prefixed to the verb.
e.g. Umama kaGert ube evuka ngo-6. > Umama kaGert ebevuka ngo-6.
(**ubevuka** is also acceptable, though very rare in everyday speech.)
Amadoda abe evuna umbona. > Amadoda ebevuna umbona.

The short form of the continuous perfect tense is the more commonly used form in everyday speech.

The negative of the continuous perfect tense is formed by means of the participal negative prefix **-nga-** which is placed between the subject concord and the stem of the complementary verb, and by changing the final vowel of the stem to **-i**.
e.g. Bendisitya kakhulu > Bendingatyi kakhulu.
Ubufuna ukulala.> Ubungafuni kulala.

The auxiliary **be-** is used before stative verbs to give them a past tense meaning.
e.g. Ndilambile > Bendilambile izolo.
Andilambanga ngoku.> Bendingalambanga izolo.

7.6.2 Consecutive actions after the continuous perfect tense
If the initial verb in a series of verbs depicting consecutive actions is in the continuous perfect tense, all the subsequent verbs are put in the present subjunctive.
e.g. Besivuka **siye** ekhitshini, **sibilise** amanzi **senze** ikofu, **sihlale** phantsi **siphunge**, **sincokole**.

EXERCISES:

1. Rewrite the following paragraph and, in each sentence, change the initial verb to the continuous tense. Make the necessary changes in all the subsequent verbs, where there are any:

   UGert noSammantha bavuke baya enkampini. Enkampini umkhwetha ubabonile wababiza. UGert uyile emkhwetheni wafika wancokola naye kamnandi. USammantha yena woyikile ukusondela emkhwetheni. Ume kude wabajonga. Akafunanga ukusondela. Emva koko babuyele endlwini bafika bahlala, babukela iT.V. Ngezinye iimini bavuke baya efandesini eRhini. ERhini baqale ehotele bathenga ukutya batya.

2. Give the correct form of the verb in brackets:
   (a) UMankqoyi (ubhityile) kulo nyaka uphelileyo.
   (b) Izolo umama (uqumbile) kuba utata ubengamnikanga imali.
   (c) Izolo (kuzolile) kodwa namhlanje imvula iyana.
   (d) Ngo-1988 amakhwenkwe (avuka) ngo-6 aye ederi, asenge iinkomo.
   (e) Kanene wena (ufunda) phi kulo nyaka uphelileyo?
   (f) Izolo le bhotolo (ithambile) kamnandi, kodwa namhlanje iqinile.
   (g) Abasebenzi (baye) edolophini ngempela-veki, bathenge utywala.
   (h) Kulo Januwari uphelileyo (inqabile) kakhulu imali.
   (i) NgoLwesihlanu wale veki iphelileyo ubuso bukaBantu (budumbile).
   (j) Andiyibonanga yonke loo nto, kodwa (andinxilanga) izolo.

3. Utata kaSammantha ugqibile ukumamela iindaba. Usafuna ukuva iindaba zeholideyi kuSammantha. Qhuba laa ncoko yabo.

4. Jonga kule mifanekiso ilandelayo, uze ke wenze isincoko ngale ntloko:

   OoSammantha batyelele umzi wezilwanyana eMonti

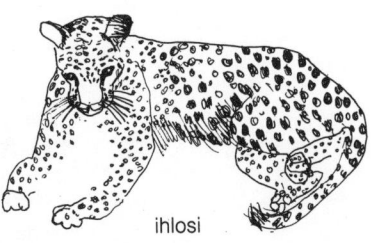

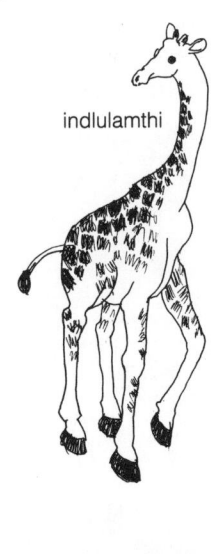

   ingonyama

   indlulamthi

   ihlosi

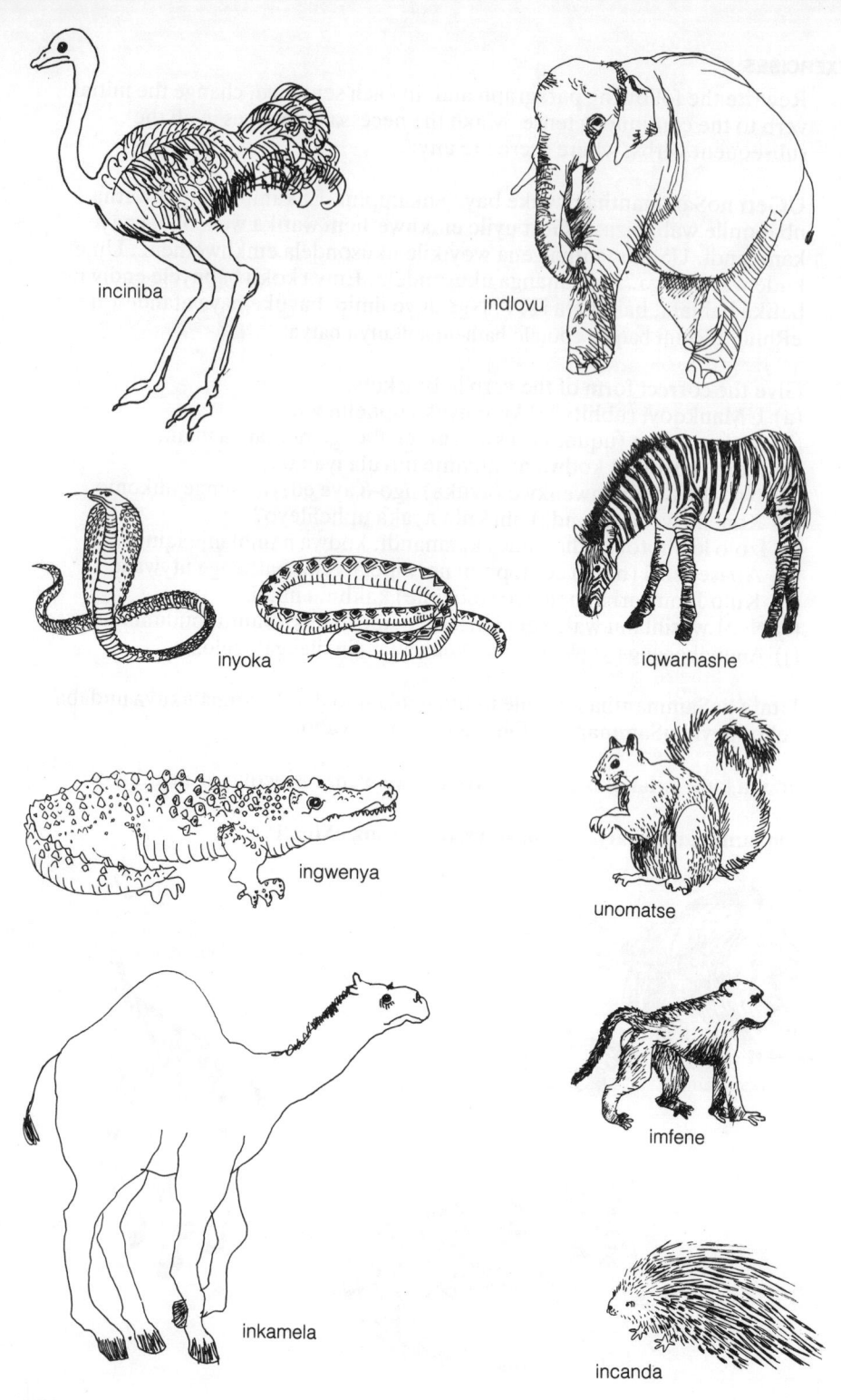

- inciniba
- indlovu
- inyoka
- iqwarhashe
- ingwenya
- unomatse
- imfene
- inkamela
- incanda

8. HEALTH AND HEALTH SERVICES

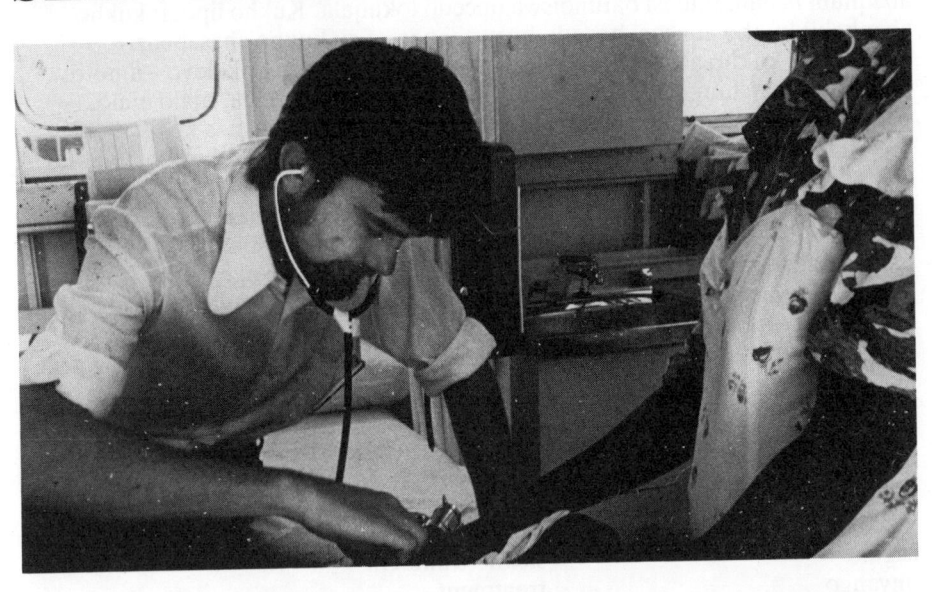

In this theme you will learn most of the vocabulary that relates to health, health services and health-related degrees and careers. You will also learn about the following aspects of Xhosa grammar: the **applied extension, manner adverb with ka-, and the participial mood**.

8.1 HOSPITAL PERSONNEL AND DEPARTMENTS

Abafundi bebanga leshumi bagqibile ukubhala. Ngoku balindele iziphumo. Abanye baphumile baya kutyelela izihlobo zabo kwezinye iindawo. Abanye bayasebenza; bafumene imisebenzi yeholideyi. UMatthew noJohn bafumene isingxungxo esibhedlele, eGroote Schuur.

Nantsi iGroote Schuur. Sisibhedlele esikhulu kakhulu. SiseObservatory, eKapa. Sisibhedlele esifundisayo. Abafundi base-U.C.T. abafundela izidanga zonyango bafundiselwa apha eGroote Schuur.

UMatthew usebenza kwi-ofisi yolwamkelo (reception). Ungumabhalana. Babhalisa abantu abafikayo esibhedlele babenzele iifayile namakhadi. Bathatha yonke inkcukacha ngomntu ngamnye bayifake kwikhomputha. Umntu ngamnye bamenzela inambala yasesibhedlele. Le nambala ibhalwa ekhadini lakhe nasefayileni yakhe. Umntu ugoduka nalo ikhadi lakhe, kodwa ifayile isala esibhedlele igcinwe e-ofisini yeefayile. UJohn yena usebenza e-ofisini yeefayile. Abanye oomabhalana bamnika amakhadi eziguiane akhuphe ngawo iifayile zabo. Bakugqiba oogqirha ukusebenza ngeefayile ziyabuyiswa kwakhona, uJohn azibeke ezindaweni zazo kakuhle. Oogqirha babhala yonke into ngezigulane kwezi fayile – izigulo, unyango, (amayeza, iipilisi, inaliti njalo-

141

njalo) imihla yokuza esibhedlele, iimihla yokulaliswa nemihla yokukhutshwa.

Baninzi abantu abasebenza esibhedlele. Intloko yesibhedlele yiNtsumpa. INtsumpa ngugqirha. Kukho oogqirha; kukho abongikazi (oonesi). Intloko yoonesi nguMeyitroni. Kukho abaqhubi beenqwelo zezigulane (be-ambulensi); abaqhubi beeambulensi bafundiswa uncedo lokuqala. Kukho iipota; kukho abapheki; kukho abacoci beyadi, beewadi nee-ofisi; kukho abasebenzi baselondri; kukho abasebenzi abalungisa zonke izinto ezonakeleyo – iimoto, iibhedi, oomatshini, izibane, izitulo zabangakwazi ukuhamba, njalo njalo. Kukho oomantshingilane emini nasebusuku; kukho abasebenzi kwi-switch-board, bamkele iifowuni ezingenayo neziphumayo, emini nasebusuku. Kukho abasebenza egesini (kwi-X-Ray); kukho nabasebenza emayezeni. Abanye basebenza kwindlu yokugcina izidumbu, emkhenkceni. Abasebenzi abaninzi esibhedlele basebenza iitshifu – abanye emini, abanye ebusuku.

Isibhedlele sinamacandelo ngamacandelo ngokwezigulo ngezigulo. Kukho icandelo leengxwelerha, labantwana, lezigulo zengqondo, icandelo lokubelekisa nezigulo zezibeleko, eloqhaqho, nelezigulo eziqhelekileyo, elesifo sephepha, njalo njalo. Kukho oogqirha abaziingcali kwezi zifo zonke, kuthiwa ngoogqirha abakhulu.

Vocabulary

ukutyelela	-	to visit
isingxungxo	-	temporary job
inkcukacha	-	details
isigulo	-	sickness/ailment
unyango	-	treatment
isidumbu	-	corpse
umkhenkce	-	ice (emkhenkceni – mortuary)
amacandelo	-	sections
iingcali	-	experts/specialists
isifo	-	disease
icandelo lokubelekisa	-	maternity section
izigulo zezibeleko	-	gynaecological ailments
icandelo leengxwelerha	-	trauma unit/section
icandelo labantwana	-	paediatric section
izigulo zengqondo	-	neurological ailments
icandelo lamathambo	-	orthopaedic section
icandelo lomhlaza	-	cancer section
icandelo legesi	-	X-Ray section
icandelo loqhaqho	-	theatre (operating section)
icandelo lesifo sephepha	-	TB section

ORAL EXERCISES:

A. Phendula le mibuzo:
1. UMatthew noJohn bawufumene phi umsebenzi weholideyi?
2. Yintoni umsebenzi kaMatthew kule ndawo?
3. Yintoni umsebenzi kaJohn kule ndawo?
4. IGroote Schuur sisibhedlele esingakanani?
5. Abanye abafundi bebanga leshumi balindele ntoni?
6. Ngoobani abafundiselwa eGroote Schuur?
7. Oogqirha babhala ntoni ezifayileni zezigulane?

8. Kuthiwa yintoni umongikazi oyintloko esibhedlele?
9. Yintoni umsebenzi woomantshingilane?
10. Bafundiswa ntoni abaqhubi bee-ambulensi?
11. Ukuba ufuna ukusebenza emayezeni kufuneka wenze esiphi isidanga?

B. Vala izikhewu ngamagama afanelekileyo
Oomabhalane ———— abantu abafikayo esibhedlele babenzele ——— nama ———. Bathatha yonke ——— ngomntu ngamnye bayifake kwikhomputha. Umntu u——— nalo ikhadi kodwa uyayi ——— ifayile yona. Kukho nabantu aba——— iinqwelo zezigulane. Aba baqhubi bee-ambulensi bafundiswa ——— lokuqala. I——— yesibhedlele ibhalwa ekhadini nasefayileni. Umsebenzi wabantu baselondri kuku——— noku-a———iimpahla, iingubo namashiti. Umsebenzi wabantu base-switchboard kukw——— iifowuni ezingenayo nezi———. Basebenza iit———; abanye e———, abanye ebusuku.

C. Kufike abakhenkethi kwisibhedlele osebenza kuso. Bajikelezise, ubabonise isibhedlele ubachazele ngaso.

Vocabulary
ukujikelezisa - to take someone around
abakhenkethi - tourists

8.2 THE PARTS OF THE BODY
E-ofisini yooMatthew kukho imifanekiso emininzi. Ijinga eludongeni. Kukho nomfanekiso omkhulu womntu. Lo mfanekiso ubonisa onke amalungu omzimba womntu. UMatthew uyathanda ukuwujonga lo mfanekiso. Uthi umkhumbuza esikolweni. Umkhumbuza izifundo zakhe. Nanku lo mfanekiso:

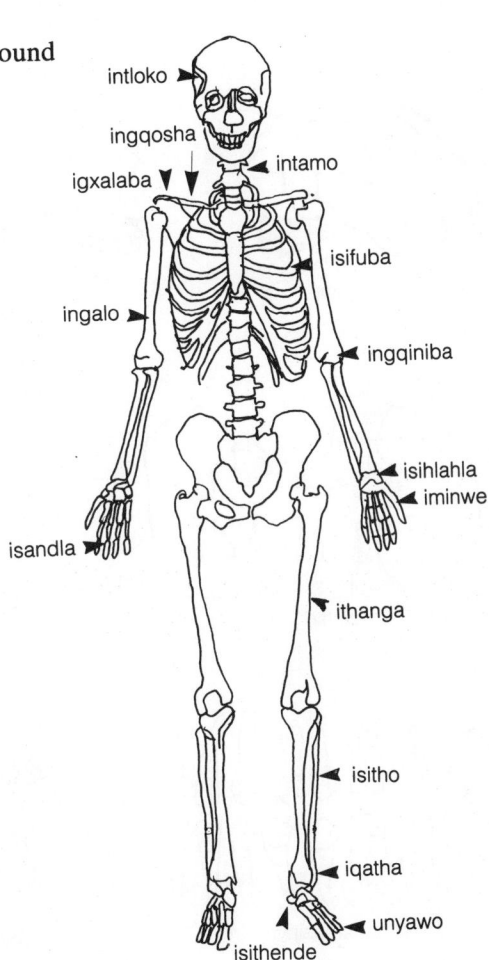

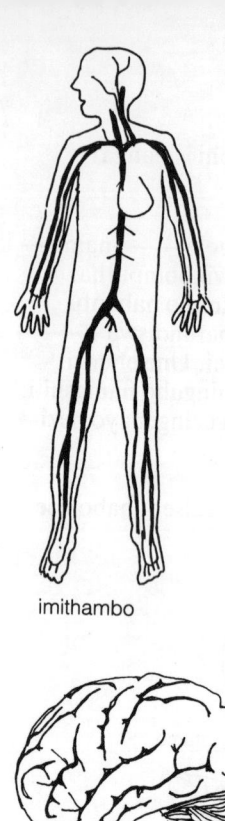

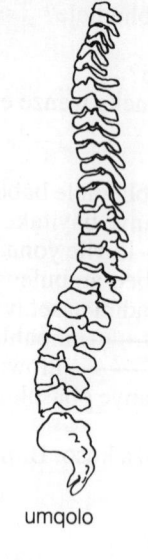

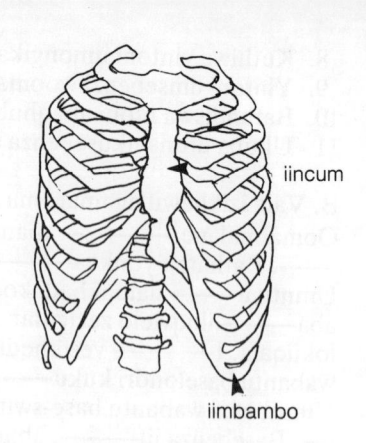

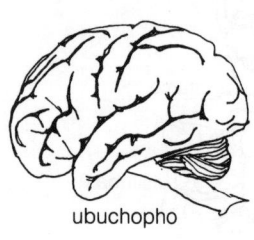

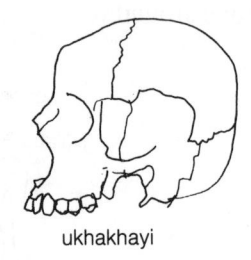

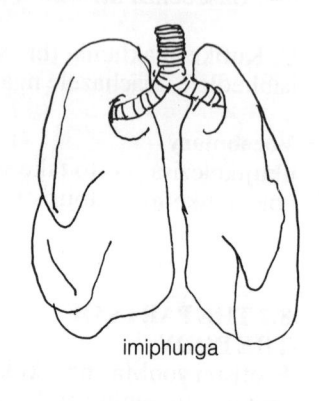

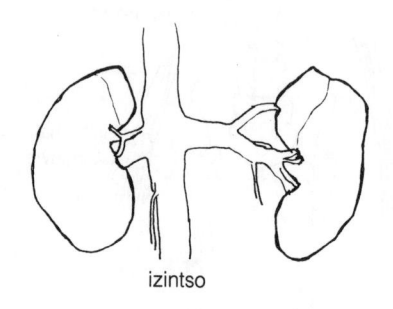

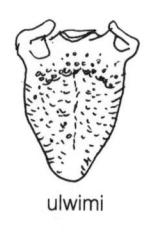

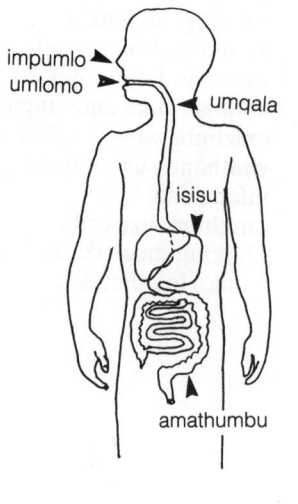

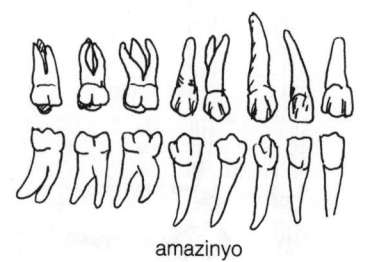

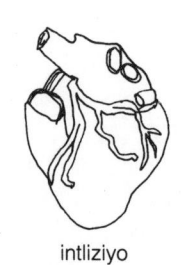

- imithambo
- umqolo
- iincum
- iimbambo
- ubuchopho
- ukhakhayi
- imiphunga
- izintso
- ulwimi
- impumlo
- umlomo
- umqala
- isisu
- amathumbu
- amazinyo
- intliziyo

8.3 Parts of the body in some idiomatic expressions

Part of the body	Expression	Meaning	Example in a sentence
Intloko	Ukungabi nantloko (not to have a head)	to be arrogant	USipho andimthandi kuba akanantloko.
	Ukuba nentloko ethambileyo (have a soft head)	to be very intelligent	UThemba unentlako ethambileyo.
	Ukudumba intloko (to have a swollen head)	to be madly in love with someone	ULizo udumbe intloko nguThembeka.
	Ukubetha entloko (to hit on the head)	to finish off a drink (usually liquor)	Ndithathe ibhiye ndayibetha entloko ndalala.
Indlebe	Indlebe lisela (an ear is a thief)	it is impossible not to over-hear those within a hearing distance	Bebengathethi nam, kodwa ndivile kuba indlebe lisela.
	Ukulumana iindlebe (to bite each other's ears)	to have a private discussion	Ndifuna ukulumana iindlebe nomfazi malunga nokuthenga imoto entsha.
	Ukuboleka iindlebe (to borrow ears)	to ask for attention	Manene namanenekazi, ndiboleka iindlebe.
	Ukubeka iindlebe (to put an ear)	to play it by ear or listen carefully	Madoda, bekani iindlebe, inkosi iyathetha.
	Ukutya kweendlebe (food for the ears)	something interesting to listen to e.g. good news, music, speech	Mfondini, uvela eLondon. Siphe ukutya kweendlebe.

Part of the body	Expression	Meaning	Example in a sentence
Iliso/amehlo	Ukubeka iliso (to put an eye)	to keep an eye on someone/something	Uze uncede ubeke iliso ebantwaneni bam kuba baza kusala bodwa ngomso.
	Ukuphosa amehlo/iliso (to throw eyes/an eye)	to glance	Ndithe ndakuphosa iliso, ndabona iqela lamadoda.
	Amehlo akaphakelani (eyes do not dish out for each other)	beauty is in beholder's eyes	Inene amehlo akaphakelani, kuba abanye bathi mhle, abanye bathi mbi.
	Aliphandlwa kabini (the eyes is not poked twice)	once bitten, twice shy	Ndigodole kakhulu izolo ngenxa yokulibala idyasi ekhaya, kodwa ke aliphandlwa kabini.
	Ukuba namehlo ekati (to have the eyes of a cat)	said of people who walk easily in the dark	Uya kuthanda ukuhamba ebusuku kuba unamehlo ekati. Akalahleki.
Impumlo	Ukunyusa impumlo (to raise the nose)	to sulk or to be conceited	Andimthandi umntu osoloko enyuse impumlo.
	Ukubanda okwempumlo yenja (to be as cold as the nose of a dog)	to be ice cold	Izandla zam zibanda okwempumlo yenja.
Ubuso	Ubuso bendoda ziinkomo (the beauty of a man is cattle)	it is not how one looks, but how rich one is that counts in marriage	UThemba mbi, iintombi zimthanda kakhulu kuba ubuhle bendoda ziinkomo.

Part of the body	Expression	Meaning	Example in a sentence
	Ubuso ngobuso (face by face)	face to face	Ndifuna ukudibana naye ubuso ngobuso
	Ukuza ngobuso elizweni (to come by the face to the world)	to be at the prime of one's life	Lo mfana ubhubhe Eseze ngobuso elizweni.
Umlomo	Ukuba nomlomo (to have a mouth)	to be too talkative	Inomlomo laa ndoda kodwa iyanqena.
	Ukuba ngumlomo (to be a mouth)	to be the spokesperson or delegate	UMatthew ngumlomo weklasi yethu.
	Umlomo awubekwa siziba (the mouth is not to be put a patch on)	it is not possible not to talk when there is a need for doing so	Ndiza kuthetha nokuba urhulumente uthini na, kuba umlomo awubekwa siziba.
	Ukubetha emlonyeni (to hit on the mouth)	to take the words out of someone's mouth or to cut someone short when speaking	Yima kancinci. Musa ukundibetha emlonyeni.
	Ukuswela imilomo (to lack mouths)	so grateful that one becomes speechless	Ndiyabulela bazali bam ngemfundo enindiphe yona. Ndiswele imilomo.
	Ukubamba ongezantsi (to hold the bottom one (i.e. the lower lip)	to be dumbfounded/very surprised	Ndisuke ndabamba ongezantsi ndakuva ukuba uJaji yimbacu namhlanje kuba wayengumntu obhabha emafini kweliya lizwe.
Izinyo	Umhlobo wezinyo (a friend of a tooth)	an acquaintance	USipho ngumhlobo wam wezinyo.

Part of the body	Expression	Meaning	Example in a sentence
	Izinyo lenkuku (the tooth of a flow)	someone/something very scarce	UThabo unqabe okwe zinyo lenkuku.
Ulwimi	Ukuba nolwimi (to have a tongue)	to be fond of gossip	Le ndoda inolwimi ngathi ngumfazi.
Amagxa	Ukuba namagxa (to have shoulders)	to be a jealous lover	Lo mfazi ugula ngamagxa.
Umqolo	Ukungabi namqolo (to have no back)	not to have backbone	Andimthembi uBonga kuba akanamqolo.
	Umqolo uphandle (the back is outside)	the trick is exposed	Uthi uyasiqhatha kodwa umqolo uphandle.
Isifuba	Ukungabi nasifuba (to have no chest)	to be unable to keep secrets	Musa ukumhlebela nto lowo kuba akasifuba.
Intliziyo	Ukuba neentliziyo ezimbini (to have two hearts)	to be undecided	Iintliziyo zam zimbini kulo mcimbi. Enye ithi mandiye eThekwini, enye ithi mandingayi.
Isibindi	Ukuba nesibindi (to have a liver)	to be brave	UBantu wayeyindoda enesibindi kuba wafa esilwa.
Isisu	Isisu segazi (a stomach of blood)	unending problem	Umlo eNatala awupheli; sisisu segazi.
inyongo	Ukuba nenyongo (to have bile)	to be very stubborn	Ootitshala abamthandi umfundi onenyongo.
isinqe	Ukumbela isinqe (to dig a hole for the waist)	to run away very fast (i.e. to show a clean pair of heels)	Athi akuvela amapolisa ndasimbela isinqe kuba andiwagqibi ncam.

Part of the body	Expression	Meaning	Example in a sentence
Iminwe	ukuba neminwe emide (to have long fingers)	to be a thief	Mlukeleni lo mfo kuba uneminwe emide. Angaziba izipaji zenu.
	ukuba neminwe (to have fingers)	to be good at handwork	Utata akayithengi ifenitshala; uyazenzela kuba uneminwe.
Isandla	isandla sihlamba esinye (one hand washes the other)	people are interdependent	Ndiyabulela, mfo kabawo. Le nto ibonisa ukuba isandla sihlamba esinye.
Uzipho	phakathi kwenyama nozipho (between the flesh and the nail)	between the devil and the deep blue sea	Ukuba yintloko yesikolo kule mihla kufana nokuba phakathi kwenyama nozipho.
Idolo	umtha wedolo (the ray of the knee)	to lack motivation for undertaking a task	Lo msebenzi uya kuqalwa kudala kuba bonke abantu banomtha wedolo.
	ukuba nedolo (to have a knee)	to practise partiality	Akafuneki urhulumente onedolo.
Izithende	ukutya umntu izithende (to eat someone's heels)	to stab someone's back	Abanye abantu basejele namhlanje kuba izihlobo zabo zabatya izithende.
Unyawo	unyawo alunampumlo. (the foot does not have a nose)	treat strangers with kindness; you may need help from them one day	Musa ukugezela abantu ongabaziyo kuba ngenye imini uya kuze ufune uncedo kubo. Unyawo alunampumlo.

Part of the body	Expression	Meaning	Example in a sentence
Ithambo	ukuba nethambo (to have a bone)	to be tall (of a person only)	Ivolley ball ifuna abadlali abanethambo.
Umzimba	ukuba nomzimba (to have a body)	to have a big body	UXanti ngumfo onomzimba kakhulu kodwa uyakwazi ukubaleka kakhulu.

EXERCISES:

1. Substitute an idiomatic expression for the phrases written in bold print:
   (a) USisa **uyathanda ukuba izinto zabanye abantu**.
   (b) Umalume uyazilungisela irediyo xa yonakele kuba **ungumntu okwaziyo ukuzenzela izinto**.
   (c) Uxolo, manene namanenekazi, **khanimamele**.
   (d) UEugene **uthetha kakhulu** nje, akukho nto ayaziyo.
   (e) Umfazi wam uyandithanda nokuba ndimbi, kuba **ubuhle abubalulekanga endodeni**.
   (f) Andinakumxelela ihlebo uNomsa kuba **akakwazi ukugcina amahlebo**.
   (g) Laa novenkile akabahlawuli ngokulinganayo abasebenzi; **uyakhetha**.
   (h) Inqununu imgxothile unyana wam esikolweni ngenxa **yokungafuni ukuthobela imithetho**.
   (i) Ucinga ukuba asazi ukuba uyatshaya, akaqondi **ukuba uyabonwa** kuba ivumba lecuba siyaliva.
   (j) ULawrence ngumfo **omde**.

2. Use any five of the following idiomatic expressions in sentences to show that you know their meanings:
   indlebe lisela
   unyawo alunampumlo
   ukutya izithende
   ukuba nentloko ethambileyo
   ukuba nomzimba
   ukumbela isinqe
   ukuba namagxa
   umhlobo wezinyo
   ukungabi namqolo
   ukubamba ongezantsi

3. Give idiomatic expressions that have the following words:
   iliso
   impumlo
   umlomo
   izinyo
   isisu

8.4 THE APPLIED EXTENSION
In Chapter 6 two verbal extensions were treated, namely, the causative and the passive extensions. There are other extensions of the verb, one of which is the applied extension.
  The applied extension is formed by means of the suffix **-el(a)** which is added to the root of the verb.
  e.g. ukwenza > ukwenzela
     ukupheka > ukuphekela

The basic function of the applied extension is to express an action that is done "for or on behalf of."
  e.g. Esibhedlele ooMatthew **benzela** abantu iifayile namakhadi. (At the hospital Matthew and others make files and cards for the people, i.e. They open files and issue out cards to the people.)

  Kusasa **ndenzela** abazali bam ikofu.
  (In the morning I make coffee for my parents.)

  Kwitheko lothweso-zidanga uJabu **uza kuthethela** abafundi. (At the graduation ceremony Jabu is going to speak on behalf of the students.)

With the addition of the applied extension suffix, an itransitive verb becomes transitive, and a transitive verb becomes doubly transitive.
  e.g. ncuma (intrasitive): Ugqirha uncumela **isigulane**.
     funa (transitive): Unesi ufunela **uNongxokozelo indawo** ewodini.

The applied extension has a number of other uses. Some of these are:
1. to express purpose as in:
   Ndifundela ukuba ngugqirha/Ndifundela ubugqirha.
   Bamgcinela ukumjonga.
2. to express locality of action, i.e. where something is done, as in:
   Ngamanye amaxesha oogqirha baxilongela ebhedini, ngamanye baxilongela esitulweni.
   Izigulane zityela ewodini.
3. to express "by oneself" if the verb has a reflexive morpheme as in:
   USammantha uyaziyela esikolweni.
   Uchachile noko ngoku, kuba uyakwazi ukuzityela.

8.5 AT THE HOSPITAL RECEPTION OFFICE.
UMatthew nabanye oomabhalana bamkela abantu abafikayo, babenzela iifayile namakhadi. Bababuza zonke iinkcukacha bazifake kwikhomputha. Mamela le ncoko phakathi kukaMatthew nomntu oze esibhedlele:

UMNTU:	Molweni, bhuti.
UMATTHEW:	Ewe molo sisi. Ndingakunceda, sisi?
UMNTU:	Ewe. Ndizise le leta apha?
UMATTHEW:	Ivela phi? Yithi ndibone.
UMNTU:	Nantsi.
UMATTHEW:	(Ufunda ileta, agqibe) Nguwe uNongxokozelo Xozumthi, sisi?
UNONGXOKOZELO:	Ewe ndim, bhuti.

UMATTHEW:	Kulungile ke, sisi. Ndicela sizalise ifomu kuqala. Ndiza kukubuza imibuzwana embalwa. Siyevana ke? Emva koko ndiza kukwenzela ikhadi, ndikunike nenambala yesibhedlele yakho. Akukho nto ufuna ukuyibuza kuqala?
UNONGXOKOZELO:	Ewe ikhona. Ndicela ukuqonda ukuba ndiza kumbona namhlanje na ugqirha. Ndivela kude, bantu.
UMATTHEW:	Hayi, musa ukuxhala; uza kudibana nogqirha. Ugqirha ukwenzele idinga. Ithini i-adresi yakho?
UNONGXOKOZELO:	Ithi "I" 137 Khayelitsha.
UMATTHEW:	Wazalwa nini?
UNONGXOKOZELO:	Nge-28 kaSeptember ngo-1949.
UMATTHEW:	Utshatile?
UNONGXOKOZELO:	Ewe, nditshatile.
UMATTHEW:	Ngubani igama lomyeni wakho.
UNONGXOKOZELO:	NguNtwinjani. Ifani ke andiyibizi*, kodwa nantso kuloo leta.
UMATTHEW:	Wenza ntoni uNtwinjani?
UNONGXOKOZELO:	Akasebenzi, usawufuna?
UMATTHEW:	Wena uyasebenza?
UNONGXOKOZELO:	Ndingatsho, kuba ndiyathengisa: ulusu, neenkuku ngempela-veki, amagwinya neveji phakathi evekini. Kodwa ke andinalayisensi. Ndiyathemba andizibizeli intolongo ngokukuxelela inyaniso.
UMATTHEW:	Hayi, musa ukuxhala. Asibambi bantu apha; siyabanyanga qha. Ninayo iMedical Aid?
UNONGXOKOZELO:	Intoni?
UMATTHEW:	Aninayo ikhadi yeMedical Aid?
UNONGXOKOZELO:	Hayi andiyazi mna loo nto. Asinayo.
UMATTHEW:	Ninayo ifowuni?
UNONGXOKOZELO:	Hayi, asinayo.
UMATTHEW:	Ninabantwana?
UNONGXOKOZELO:	Ewe, sinabo.
UMATTHEW:	Bangaphi?
UNONGXOKOZELO:	Bane?
UMATTHEW:	Bangaphi abasebenzayo?
UNONGXOKOZELO:	Basafunda bonke.
UMATTHEW:	Hayi, ke sisi, sigqibile ngoku. Thatha nantsi ifayile yakho nekhadi lakho. Ngena kulaa mnyango uzinike unesi. Yena uza kukudibanisa nogqirha. Enkosi kakhulu.
UNONGXOKOZELO:	Enkosi, bhuti.

* Traditionally a married woman may not mention her husband's surname or any word that has some resemblance to it in terms of its sounds or syllables. This is called **ukuhlonipha**.

Vocabulary:
ukuxhala	-	to be apprehensive
musa ukuxhala	-	do not worry

yithi ndibone - let me see
idinga - appointment

EXERCISES:
1. Guqulela esiXhoseni

Our hospital
Our hospital is very big. It is beautiful. It is (situated) at the foot of a mountain.[1]
It is at Observatory and it is a teaching hospital. Below it is the main road (big street) from Simonstown. Below the main road is the railway line (that goes) to town. If you want to visit our hospital you can go either by train, bus or by taxi. The road from the railway station and main road is steep (it goes up), but some people walk to the hospital from the railway station. However, there are buses and taxis which go as far as the hospital. It is better to go by taxi or by bus, but it is healthy to go on foot.
In the morning, at about 7 o'clock, people who go to our hospital come from all directions. You see nurses, workers, doctors and out-patients. They are all walking fast. Some nurses and doctors are coming out. They are from the night shift. They too are walking fast; they are rushing for [4] taxis or buses or trains. It is nice to watch people who work at the hospital in the morning; it is like watching ants that are working.

1. Translate as: "under the mountain"
2. Translate as: "which reach the hospital"
3. Translate as: "it is health"
4. Translate as: "they are chasing"

Vocabulary
Ants - iimbovane

2. Bhala isincoko ngale ntloko ilandelayo.
Isibhedlele ngotshayile

8.6 THE MANNER ADVERB FORMATIVE KA-
The prefixal morpheme **ka-** can be added to the stem of an adjective or relative to express manner as does the English adverbial suffixal morpheme **-ly**.
e.g. -khulu > kakhulu
-ninzi > kaninzi
-buhlungu > kabuhlungu
-mnandi > kamnandi

When **ka-** is prefixed to adjectival or relative stems that refer to numerals, the adverb expresses frequency of an action, i.e. how often something happens.
e.g. Isigulane sisela iyeza kathathu ngemini emva kokutya.

In the case of **amashumi, amakhulu and amawaka ama.../a...**, the copulative formative **nga-**is added between **ka-** and the numeral.

153

e.g. amashumi amabini > kangamashumi amabini
amashumi amahlanu anesihlanu > kangamashumi amahlanu anesihlanu
amawaka amabini > kangamawaka amabini
amakhulu amane > kangamakhulu amane

In the case of the adjectival stems **-bi** and **-hle**, the copulative formative **-ku-** is added between **ka-** and the adjectival stem.
e.g. -bi > kakubi: Oogqirha abaninzi babhala **kakubi**.
-hle > kakuhle:Oonesi bona babhala **kakuhle**.

Some relative stems may be used with or without the manner adverb formative **ka-**.
e.g. INtsumpa yesibhedlele ithethe **lusizi** ngemeko yezindlu eOld Crossroads.
INtsumpa yesibhedlele ithethe **kalusizi** ngemeko yezindlu eOld Crossroads.

Others do not take the **ka-**: only the stem is used to express manner.
e.g. Akulunganga ukuthetha **krwada** nabantu.
Inqwelo yezigulane inesibane esilayita **bomvu** apha ngaphezulu.
Isibane seveni yamapolisa silayita **luhlaza**.
Abafundi eyunivesiti basebenza **nzima**.

8.7 UNONGXOKOZELO UDIBANA NOGQIRHA
(a) Unesi ungenisa uNongxokozelo kugqirha egumbini lokuxilongela.
UGQIRHA: Molo, sisi. NdinguGqirha Thembisa Mzimba mna. Chopha nasi isitulo. UnguNongxokozelo Xozumthi?
UNONGXOKOZELO: Ewe, ndinguye, gqirha.
UGQIRHA: Kulungile ke; ukhala ngantoni?
UNONGXOKOZELO: Ndikhala ngesifuba, gqirha.
UGQIRHA: Sitheni?
UNONGXOKOZELO: Sibuhlungu, sinamahlaba.
UGQIRHA: Sibuhlungu ndawoni kanye? Khawundibonise, kubuhlungu ndawoni? Kweli cala okanye kweli?
UNONGXOKOZELO: Sibuhlungu macala.
UGQIRHA: Siqale nini?
UNONGXOKOZELO: Kudala. Mhlawumbi yiveki yesine le.
UGQIRHA: Uyakhohlela?
UNONGXOKOZELO: Ewe, ndiyakhohlela.
UGQIRHA: Lunjani ukhohlo-khohlo lwakho? Lomile okanye lunezikhohlela?
UNONGXOKOZELO: Lunezikhohlela, gqirha.
UGQIRHA: Izikhohlela zinjani, azinagazi?
UNONGXOKOZELO: Hayi, azinagazi.
UGQIRHA: Xa ukhohlela kuba buhlungu?
UNONGXOKOZELO: Ngamanye amaxesha kuba buhlungu, ngamanye andiva nto.
UGQIRHA: Heke, ebusuku uyabila xa ulele?
UNONGXOKOZELO: Ndibila kakhulu.
UGQIRHA: Ukutya kunjani? Ukucacele?

UNONGXOKOZELO:	Tu, gqirha. Andikucacelanga ukutya, kodwa ke ndiyatya. Ndithi chafu, chafu nje, ndiyeke.
UGQIRHA:	Uva ntoni enye, ngaphandle kwesifuba?
UNONGXOKOZELO:	Andiva nto yimbi, gqirha, ngaphandle nje kokuziva ndidiniwe lonke ixesha, ngathi bendisebenza nzima okanye bendibaleka.
UGQIRHA:	Ubusebenzisa ntoni?
UNONGXOKOZELO:	Kuqala bendisebenzisa amayeza asekhemesti – izinto zokurabha namayeza okukhohlela. Ndiye izolo kwagqirha, ndanikwa ileta yokuza apha.
UGQIRHA:	Kulungile ke. Khawukhulule apha ngentla qha, ukhwele phaya ebhedini. Ungazikhulula nezihlangu ezi. Uyagodola?
UNONGXOKOZELO:	Kancinci.
UGQIRHA:	Kuqala ndifuna ukubona ipresha yegazi, Heke, xa ndikucinezela nje, uva buhlungu?
UNONGXOKOZELO:	Ewe, kubuhlungu.
UGQIRHA:	Ndiza kukuxilonga isifuba ke ngoku. Ndifuna uphefumle nje kakuhle, njengesiqhelo. Heke, phefumla, phefumla. Kulungile ke, hlala ngeempundu ke ngoku. Phefumla, phefumla nje kakuhle wena. Kulungile, khamisa. Khamisa kakhulu. Khupha ulwimi ngaphandle. Uyatshaya?
UNONGXOKOZELO:	Ewe, ndiyatshaya, gqirha.
UGQIRHA:	Usatshaya nangoku ugulayo?
UNONGXOKOZELO:	Kunzima ukuyeka, ndiyafuna ukuyeka kodwa kunzima.
UGQIRHA:	Uyasela?
UNONGXOKOZELO:	Ewe, ndiyasela.
UGQIRHA:	Mamela ke. Ndiza kukutsala intwana yegazi. Emva koko ndiza kukuthumela egesini. Unganxiba ke ngoku. Unesi Ndlebe uza kukubonisa egesini. Xa ugqibile egesini buyela apha, uze kunye neefoto zasegesini apha. Akunambuzo?
UNONGXOKOZELO:	Ewe, ndinawo. Ndicela ukuqonda ukuba ngaba ndinantoni na kanye.
UGQIRHA:	Iifoto zasegesini kunye neziphumo zegazi ziza kusixelela. Ungahamba ke ngoku, ndiza kukuchazela kakuhle xa uvela egesini.
UNONGXOKOZELO:	Kulungile, gqirha.
UGQIRHA:	Kusalungile ke okwangoku. Ndiza kukubona ukubuya kwakho.

Vocabulary and new expressions

ukuchopha	-	to sit on something
ukhala ngantoni	-	what's your problem? (lit, you are crying about what?)
amahlaba (ihlaba)	-	sharp pains (chest or back only)
macala	-	on both sides
ukukhohlela	-	to cough
ukhohlo-khohlo	-	cough (noun)

isikhohlela	-	phlegm/sputum
igazi	-	blood (i.e. blood stains)
andiva nto	-	I don't feel anything
ukubila	-	to sweat
ukucacela ukutya	-	to have a good appetite (lit. to have interest in food)
chafu, chafu	-	(ideophone) eating just a little bit and not finish
ukuziva udiniwe	-	to feel tired (lit. to feel yourself being tired)
amayeza	-	medicines
ukucinezela	-	to press
ukuphefumla	-	to breathe
njengesiqhelo	-	normally
ukukhamisa	-	to open your mouth
ukutshaya	-	to smoke
iifoto	-	X-Ray plates/photographs

EXERCISES:

1. Phendula le mibuzo ilandelayo:
   (a) Ngubani ifani kaNongxokozelo?
   (b) Ngubani ugqirha kaNongxokozelo?
   (c) Yinyaniso okanye asiyonyaniso ukuthi:
   "UNongxokozelo uqale izolo ukugula?"
   (d) Nika isizathu sempendulo yakho ku-(c).
   (e) Yinyaniso okanye asiyonyaniso ukuthi:
   "UNongxokozelo uyalicaphukela icuba?"
   (f) Nika isizathu sempendulo yakho ku-(e).
   (g) Ugula yintoni uNongxokozelo?
   (h) Unexesha elingakanani egula uNongxokozelo?
   (i) Lunjani ukhohlo-khohlo lukaNongxokozelo?
   (j) UNongxokozelo uva ntoni enye ngaphandle kwesifuba?

2. Vala izikhewu kulo mhlathi:
   Unesi u . . . uNongxokozelo egumbini lika . . . lokuxilongela. Ugqirha u . . . uNongxokozelo athi: "Molo, sisi. Unga . . . nasi isitulo. NguNongxokozelo . . . lakho?" UNongxokozelo uyavuma athi: "Ewe, kunjalo gqirha." Ugqirha ubuza uNongxokozelo ukuba u . . . ngantoni na. UNongxokozelo uyamxelela ukuba . . . sibuhlungu. Ugqirha u . . . ukuba si . . . nini na. UNongxokozelo uthi uneeveki ezi . . . egula. Ubesebenzisa a . . . asekhemesti kunye nento yokurhaba. I . . . uye kugqirha, wanikwa i . . . yokuza esibhedlele. Ugqirha uthi: "Khawu . . . apha ngentla qha, u . . . phaya ebhedini."

3. Guqulela lo mhlathi ubuwuvala izikhewu ku-2 esiNgesini.

4. Role playing
   You and a class-mate, prepare for play-acting in class Dr Mzimba's consultation with Nongxokozelo, using your own or other names. Each should prepare both roles, as the instructor may ask you to swop roles. Your consultation should include questions and information pertaining to home and family of patient (such as Nongxokozelo was asked by the clerk at the reception - in paragraph 8.5.)

8.8 THE PARTICIPIAL MOOD
A verb that denotes an action that takes place simultaneously with the one expressed by the preceding verb in the same sentence is put in the participial mood (sometimes referred to as the situative form). The two verbs are not joined by any conjunction as is the case in English where the conjunction "while" is sometimes used, as in:
He sings while he is working.

Another English parallel of the participial mood is the use of the participle -ng, as in:
He works singing.

A verb in the participial mood is always in a subordinate clause.

The participial mood can be used in the present, past and future tenses. It is formed as follows:
(a) **The present tense**
In polysyllabic verb stems the participial mood consists of the subject concord and the verb stem.
e.g. Sisebenza sincokola.

The subject concords **u-** of classes 1 and 1a, **ba-** of classes 2 and 2a and **a-** of class 6, are **e-** and **be-** and **e-** respectively in the participial.
e.g. Umama ufunda **ephunga**.
Abantwana batya **bencokola**.
Amadoda asebenza **ekhalaza**.

In monosyllabic and latent **-i-** verb stems **-si-** is inserted between the verb stem and the subject concord.
e.g. Ndibabona **besiya** egumbini loqhaqho.
Esibhedlele abantu banyuka **besihla**.

In vowel-commencing verb stems **-s-** is inserted between the verb stem and the subject concord.
e.g. Ethiyeta abantu baya **besoyika**.

N.B. The **-si-** and the **-s-** are not inserted if the verb has an object concord, as in: Ndibabona **beyakha** indlu. (cf Ndibabona **besakha** indlu.)

The negative of the present participial is formed by means of the negative formative **-nga-**, which comes between the verb stem and the subject concord. The final vowel changes to **-i**.
e.g. Ndithetha **ndingoyiki**.
Sitya **singancokoli**.
Sibabona **bengatyi**.

In the negative **-si-** and **-s-** are not used with the monosyllabic, latent **-i-** stems and vowel-commencing stems.

(b) The future tense
The positive form of the future participial is similar to its indicative counterpart, except in those cases in which subject concords are different, (see (a) above).
e.g. Ndibanqanda **beza kulwa**.
   Sipho mfondini, ufika **ndiza kwenza** iti.
The future participial expresses "being about to do something".
The negative is formed by means of the negative formative **-nga-** which comes between the subject concord and the auxiliary stem **-za**. The final vowel (of the auxiliary) changes to **-i**.
e.g. Ndifike **bengazi** kuhamba.

(c) The perfect and the stative
The perfect and the stative have the same form, that is:
Subject concord + Verb root + Suffix -ile(e-)
▼   ▼   ▼
   e.g. u- + -hamba- + -ile(-e): Bafike **uhambile**.
Except in those cases where the subject concords are different, the participial perfect and stative are the same as their indicative counterparts in the positive. The difference is in tone.

The negative is formed by means of the prefixal negative formative **-nga-** which comes between the verb stem and the subject concord. The negative suffix **-anga** takes the place of **-ile**.
e.g. Bafike **bengalambanga**.
   Ndihambe **ndingatyanga**.

The participial mood can be found also in other syntactic environments where it does not denote simultaneity. Here are some of these environments:
1. After some conjunctions
   e.g. **Xa ndisitya** andifuni kuphazanyiswa.
      Njengokuba ndisoyika izinja nje ndiza kuhamba nabani?
      Abamncomi **nangona esenza** izinto ezintle.
2. After some auxiliaries
   e.g. UNongxokozelo **umana esiya** esibhedlele.
      Oogqirha **basoloko benxibe** iimpahla ezimhlophe.
      Ngendisiya esibhedlele ukuba bendinemali.
      UNongxokozelo **sele efuna** ukugoduka ngoku.
3. After the interrogative **kutheni?**
   e.g. **Kutheni** abantwana **besifa** kangaka nje eKhayelitsha?
      Kutheni ungayi kwagqirha nje?

8.9 ADMISSION INTO HOSPITAL
A. UNongxokozelo ubuyile egesini neefoto. Usegumbini lokuxilongela noGqirha Mzimba kwakhona.

UGQIRHA: O-o, sowubuyile? Yithi ke sibone. Ungachopha lo mzuzu. Ndisajonga ezi foto. Akulahlekanga?
UNONGXO: Hayi, andilahlekanga.
UGQIRHA: Akukho kude egesini. Mamela ke sisi. Ndifuna umamele kakuhle.
UNONGXO: Kulungile, gqirha. Ndimamele.

UGQIRHA:	Ngokwezi foto unechaphaza emiphungeni. Neziphumo zegazi ziyangqina. Ngethamsanqa belisaqala. Oku kubila ebusuku, oku kungacaceli kutya, oku kukhohlela noku kudinwa, zonke ezi zinto ziimpawu zechaphaza.
UNONGXO:	Thiza!
UGQIRHA:	Ke ndiza kukulalisa. Ndiza kufowunela ewodini kwicandelo lesifo sephepha, ndibacele bakulungisele ibhedi.
UNONGXO:	Owu, thiza, gqirha! Abantwana bam baza kusala nabani?
UGQIRHA:	Musa ukuzikhathaza ngabo okwangoku. Ukhona unontlalontle wesibhedlele. Ndiza kumnika yonke ingxelo. Uza kudibana nomyeni wakho kwanamhlanje. Yonke into iza kulunga. Into ebalulekileyo yimpilo yakho.
UNONGXO:	Ucinga ukuba ndiza kuhlala ixesha elingakanani apha esibhedlele?
UGQIRHA:	Who-o! Andinakukwazi ukukuxelela ngoku. Yonke into iza kuxhomekeka kwinkqubo yakho. Ayinakuba lixesha elide noko, kuba belisaqala.
UNONGXO:	Thiza, bantu! Andinakugoduka ke namhlanje, ndibuye ngomso?
UGQIRHA:	Akukho mfuneko yaloo nto. Mamela ke, ndiza kukufaka inaliti ndikunike nezi pilisi zimbini. Zisele ngoku zona; nanga amanzi.
UNONGXO:	O-o, iyeza alibulelwa, gqirha.
UGQIRHA:	Khawuphakame ke, unyuse ilokhwe le kancinci. Ndifuna le ntsula yasekunene. Heke, sigqibile. Injani?
UNONGXO:	Ayikho buhlungu kakhulu, gqirha.
UGQIRHA:	Kulungile ke, sisi. Unesi uza kukusa ewodini. Mna ndiza kukubona kusasa ngomso. Siza kubazisa ekhaya, ungaxhali.
UNONGXO:	Kulungile, gqirha.

B. UNongxokozelo ewodini.
UGqirha Mzimba wenza imijikelo yakhe eziwodini zesifo sephepha. Ufika ebhedini kaNongxokozelo.

UGQIRHA:	Molo, sisi Nongxokozelo.
UNONGXO:	Ewe, molo gqirha.
UGQIRHA:	Ulele njani kodwa?
UNONGXO:	Ndilele kakuhle noko, gqirha.
UGQIRHA:	Bekunjani ukukhohlela?
UNONGXO:	Ndikhohlele.
UGQIRHA:	Amahlaba wona anjani?
UNONGXO:	Hayi ke wona abhetele kakhulu.
UGQIRHA:	Inene? Hayi, ndiyavuya ukuyiva loo nto. Ukubila kunjani? Usabila ebusuku?
UNONGXO:	Andibili kakhulu, kodwa ndisabila. Ngamanye amaxesha ndiba nesifuthu-futhu.
UGQIRHA:	Utya njani noko ngoku?
UNONGXO:	O-o hayi, ndiyatya nje kakuhle kwezi ntsuku.

UGQIRHA: Hayi ke, kubhetele. Ndiyavuya ukuyiva loo nto. Uyahamba-hamba phofu? Kufuneka ungalali ebhedini lonke ixesha. Kufuneka uphakame ngamanye amaxesha, uhamba-hambe, wolule imilenze. Umzimba uyayifuna loo nto.
UNONGXO: Andilali lonke ixesha. Ndiyehla ebhedini ngamanye amaxesha ndihamba-hambe, ndincokole nabanye abantu.
UGQIRHA: Hayi noko, sowuza kugoduka. Akusentsuku zatywala ugoduke.
UNONGXO: Ndingavuya, kuba ndikhumbula ekhaya.
UGQIRHA: Abantwana bayeza?
UNONGXO: Ewe, beza qho, kodwa ndingxamele ukuphuma apha?
UGQIRHA: Ndiyayiqonda loo nto. Kulungile ke, ndiza kuphinda ndikubone ngomso.
UNONGXO: Kulungile, gqirha.

Vocabulary and new expressions

unechaphaza emiphungeni	-	(lit. you have a spot on your lungs) This is a euphemistic way of saying: "You have tuberculosis." It is normally used if the TB is in its very early stages.
iimpawu	-	symptoms (lit. ear-marks)
ingxelo	-	report
inkqubo	-	progress
akukho mfuneko	-	there is no need/it is not necessary
iyeza alibulelwa	-	(lit. medicine is not thanked for) According to Xhosa culture, one may not say: "Thank you," for medicine or treatment. This expression is a way of thanking someone for medicine or treatment; it amounts to saying: "I'm thankful, but as you know, I may not say it."
ukunyusa	-	to lift up
akusentsuku zatywala	-	there are not many days left (idiom)

EXERCISES:

1. Vala izikhewu kule ncoko:
   UGQIRHA: . . .?
   UTIM: NdinguTim.
   UGQIRHA: . . .?
   UTIM: NdinguTim King.
   UGQIRHA: . . .?
   UTIM: Ndihlala eNewlands, kwa-25 Newlands Avenue.
   UGQIRHA: . . .?
   UTIM: Ewe, ndiyaqala, gqirha.
   UGQIRHA: . . .?
   UTIM: Ndikhala ngesisu, gqirha. Siyaluma.
   UGQIRHA: . . .?
   UTIM: Siqale izolo ebusuku.

UGQIRHA: Siyahambisa?
UTIM: Hayi gqirha, asihambisi; siqhinile.
UGQIRHA: . . ..?
UTIM: Ndigqibele phezolo ngesopholo.
UGQIRHA: . . .?
UTIM: Benditye inyama, irayisi neveji.
UGQIRHA: . . .?
UTIM: Emva koko ndiphunge iti, njengesiqhelo.
UGQIRHA: . . . kwesisu?
UTIM: Hayi, andiva nto yimbi.
UGQIRHA: Intliziyo ayihlambi?
UTIM: Hayi, andihlanjelwa yintliziyo.
UGQIRHA: Kusaksa nje utye ntoni?
UTIM: . . .?
UGQIRHA: Tu? Akuselanga nto nokusela?
UTIM: Ndisele iglasi yobisi qha.
UGQIRHA: Alukhange lubuye?
UTIM: Hayi, . . .
UGQIRHA: . . . ke. . . . apha ngentla qha, ukhwele phaya ebhedini. U . . . nezihlangu ezi.

2. Guqulela esiXhoseni:
O.K. now, Tim. Listen carefully. I want you to listen very carefully. I am going to give you these two medicines. This one, you must take (drink) three times daily after meals. You must take just one tablespoon. Do you understand? It is very bitter; but it's good. This one, you must take with water daily twice a day – once in the morning before meals and once in the evening before you go to bed (you sleep). Take one teaspoon of the medicine and mix it with about four teaspoons of water in a cup or glass. This will loosen your stomach. I want you to take (eat) soft food, like porridge or soup for three days. You may also take dry porridge with milk or sour milk. What day is it today? Monday. O.K. then, if it (the stomach) is still painful on Wednesday, you must please come back. But I'm sure it will be O.K. (it will heal). Those medicines help. Do you want me to give you a medical certificate (do you want me to make a doctor's paper for you)? O.K. here it is. I have given you three days.

Vocabulary
loosen - ukukhulula (lit. to untie)
dry porridge - umphokoqo
sour milk - amasi

3. Izigulane ezibini zincokola ewodini ngezigulo zazo, ngoogqirha, ngoonesi nangamakhaya azo.
Yenza le ncoko nomhlobo wakho.

4. Funda le mihlathi ilandelayo, uze ke uphendule imibuzo elandelayo:
UMatthew usesibhedlele. Yiveki yesithathu le elele esibhedlele. Uthi uthe ugqirha wakhe angaphuma kule veki izayo ngoLwesihlanu. UMatthew uthi angavuya kakhulu ukuba unokukhululwa kuba kule veki ingaphaya kwale izayo iMedical School yase-U.C.T. iyavula. Uza kuqala izifundo zobugqirha

161

khona kulo nyaka. Iziphumo zebanga leshumi zifike zisithi uphumelele emagqabini. Ufuna ntoni uMattehw esibhedlele? Kwenzeke ntoni? Masive kuye.

"Ngenye imini ekuqaleni kwale nyanga ndahamba nomhlobo wam, uJohn, saya ebholeni eHartleyvale. KwakungoMgqibelo, malanga, ngezithuba zika-2. Xa siwela iLower Main Road ezirobhothini ndagilwa yimoto. Iirobhothi zazibomvu, kodwa le moto zange imise. Thina sasicinga ukuba iza kumisa. UJohn wabaleka wawela; mna ndakhe ndathingaza umzuzwana ndicinga ukubuya umva, kodwa kanye ngaloo mzuzwana yafika. Yandibetha kulo mlenze wasekhohlo ndabhabha. Ndaya kuwela epheyivumenteni. Ndabetheka ngesibunzi zacima izibane okwexeshana.

"Ndakuqabuka ndabona abantu abaninzi bendingqongile. Ndandilele tywaa. Ndandigcuma ziintlungu – umlenze, intloko, ingalo, ngakumbi isihlahla. Ingalo yam yayisopha. Ndandixhaxha kukugodola okuxube nokothuka. UJohn wandambathisa ngebhatyi yakhe. Emzuzwini i-ambulensi yafika. Abantu be-ambulensi bandibeka esitretsheni bandikhwelisa e-ambulensini. Ngeli xesha umzimba wam wawuqaqamba wonke. Kwakukho into ethi mandikhale.

"Esibhedlele safikela kwicandelo leengxwelerha. Ingalo yam yasekunene yayigruzuke kakhulu apha engqinibeni; isihlahla sona sasidumbile. Apha phezu kweliso lasekunene kwakukho ingongoma enkulu. Yayichiza kancinci. Ndanikwa inaliti kuqala. Ndanikwa neepilisi. Iintlungu zadamba emva koko. Oonesi bayihlamba ingalo bayiqaba iyeza bayibopha. Emva koko ndasiwa egesini. Kwafumaniseka ukuba ndaphuke isitho apha entla kweqatha. Isihlahla sona sasikrunekile nje; sasingaphukanga. Ukudumba kwatsama msinya. Ndafakwa isamente, umlenze waxhonywa iveki yonke. Umilile noko ngoku; ndiyakwazi nokuhamba-hamba, kodwa ndihamba ngeentonga. Ndiziva bhetele kakhulu ngoku ngaphandle nje kwesizunguzane ngamanye amaxesha. Ugqirha wam nguGqirha Lungile Ngalo. Uthi uGqirha Ngalo ndiza kudibana noGqirha Ntloko kule veki. UGqirha Ntloko ngugqirha wezigulo zemithambo yengqondo. Uza kundifaka koomatshini bokuxilonga ingqondo nemithambo yengqondo."

Vocabulary and new expressions

iziphumo	-	results
ukuphumelela emagqabini	-	to pass with flying colours (first class)
masive kuye	-	let us hear from him
ebholeni	-	to the ball game
ukuwela	-	to cross
ukugila	-	to knock down
ukuthingaza	-	to be undecided for a moment (about what action to take)
zacima izibane	-	to be unconscious for a short while (lit. the lights went off)
ukuqabuka	-	to regain consciousness
ukungqonga	-	to stand around someone/surround
ukugcuma	-	to writhe from pain (pain from injury only – not from natural ailments)
ukuxhaxha	-	to shiver
emzuzwini	-	after a short while

ukuqaqamba	-	to ache/be painful (more intense than in buhlungu)
ingongoma	-	swelling
kukho into ethi mandikhale	-	I feel like crying (lit. there is something that says I should weep)
ukuchiza	-	to ooze (of blood from an abrasion, scratch or old wound)
ukudamba	-	to get better
ukukruneka	-	to have a dislocation
ukutsama	-	to subside
ukumila	-	to heal (of a fracture)
iintonga	-	crutches (lit. sticks)
isizunguzane	-	dizziness

Nantsi ke imibuzo:
(a) Nika eli balana intloko efanelekileyo (amagama amathathu okanye ngaphantsi)
(b) Wenzakala njani uMatthew?
(c) Wayesiya phi uMatthew ukwenzakala kwakhe?
(d) Wayehamba nabani?
(e) Yenzeka phi le ngozi?
(f) Waya njani esibhedlele?
(g) Chaza iingozi awazifumanayo apha emzimbeni.
(h) UMatthew uza kudibana nogqirha wengqondo nemithambo yengqondo. Kutheni?
(i) Esibhedlele wafikela kweliphi icandelo?
(j) Umlenze kaMatthew waxhonywa ixesha elingakanani?

5. Matthew is being discharged from hospital. He is given a letter of instructions which is given to all patients discharged from the Orthopaedic Department. Translate the following instructions into Xhosa:

NAME:....................................
HOSPITAL NUMBER:........................
DATE DISCHARGED:........................
DOCTOR:................................

Come back to the hospital or phone 4044403 Ext. 241 between 8h00 a.m. and 5.00 p.m. After 5.00 p.m. phone Ext. 244 if:
(a) the fingers or toes become very swollen
(b) the fingers or toes become blue or very pale or very cold
(c) the fingers or toes become painful or develop a tingling sensation (pins and needles)
(d) there is any pain under the plaster
(e) the plaster becomes soft or cracked.

REMEMBER
1. Do not put any object inside the plaster cast
2. Never dry plaster in front of fires or heaters
3. Your plaster takes 2 days to dry
4. While it is wet do not rest your plaster on a hard surface – rest it on a pillow

5. Do not walk on your plaster unless your doctor has allowed you to do so
6. Only walk on your "walking heel" 2 days after it has been applied
7. Never cut holes in the plaster
8. Do not remove padding

8.10 KWICANDELO LABANTWANA

UNodoli Ntamo uzise umntwana wakhe, uSolomzi, esibhedlele. Udibana noGqirha Thembinkosi Siswana.

 UGQIRHA: Molo, sisi. NdinguGqirha Thembinkosi Siswana. Wena ungubani?
 UNODOLI: NdinguNodoli Ntamo, gqirha.
 UGQIRHA: Phi?
 UNODOLI: NdikwaLanga.
 UGQIRHA: Ithini i-adresi?
 UNODOLI: NdiseZone 11 kwa-38.
 UGQIRHA: Heke! Ukhala ngantoni ke, sisi Nodoli?
 UNODOLI: Ndizise lo mntwana, gqirha.
 UGQIRHA: Utheni?
 UNODOLI: Hayi gqirha, andiyazi eyona-yona nto iqhubekayo kulo mntwana. Uqale ngokungafuni ukutya, wangenwa bubushushu nokungalali ebusuku. Uyakhala ubusuku obu. Asilali kwezi ntsuku. Ngoku ungenwe sisisu. Sitsho ngentla nangezantsi. Simenze watyhafa.
 UGQIRHA: Ndiyabona. Tyhini madoda, umntu omhle kangaka, angathini ukugula? Ngumntu mni?
 UNODOLI: Yinkwenkwe.
 UGQIRHA: Ngubani igama lakhe?
 UNODOLI: NguSolomzi.
 UGQIRHA: Uneenyanga ezingaphi ngoku?
 UNODOLI: Uneenyanga ezisibhozo ngoku. Uphethe eyethoba.
 UGQIRHA: Iqale nini yonke le nto?
 UNODOLI: Izolo elinye.
 UGQIRHA: Kutheni ikukhona umzisayo nje?
 UNODOLI: Bendisazama amanye amacebo, kuba bendicinga ukuba yinto nje encinci.
 UGQIRHA: Ngawaphi loo macebo?
 UNODOLI: Bendimpha i*Panado Syrup* ne*Junior Aspirin*.
 UGQIRHA: Kufuneka ukhawuleze ukumsa kugqirha umntwana xa engekho mnandi. Bunjani ubunzima bakhe? Abuhlanga?
 UNODOLI: Buhle kakhulu, ngokukhawuleza. Ubethekile kakhulu. Ngumfo omkhulu lo.
 UGQIRHA: Kulungile ke, khawumkhulule nje wonke. Ubumsa phofu ezitofini zakhe zonke?
 UNODOLI: Ewe, gqirha. Nali ikhadi lakhe lasekliniki. Phofu akakazigqibi zonke.
 UGQIRHA: Uyancanca?
 UNODOLI: Hayi gqirha, akancanci. Ndimlumle kule nyanga. Utya ibhotile.
 UGQIRHA: Linjani ithafa lakhe? Alinagazi?

UNODOLI:		Hayi, alinagazi.
UGQIRHA:		Akukhange kuphume ntshulube?
UNODOLI:		Hayi, asikaboni ntshulube.
UGQIRHA:		Kulungile ke, khawumlalise ngesisu apha phezu kwakho. Ndifuna ukujonga ubushushu. Jonga, ufuna ukukhala.
UNODOLI:		Ucinga ukuba uza kuhlatywa.
UGQIRHA:		Wo-o, mna andizange ndiyibone indoda eyoyika inaliti. Kulungile ke, khawumphethule, ndifuna ukufumana isifutyana esi. Heke, khawumbeke apha esikalini; ndifuna ukubona ubunzima bakhe. Akakhange axhuzule?
UNODOLI:		Hayi gqirha, akakhange axhuzule.

Vocabulary and new expressions

eyona- yona nto iqhubekayo	-	what exactly is wrong (happening)
ubushushu	-	high temperature (lit. heat)
ukutsho ngentla nangezantsi	-	to vomit and have a running stomach
ukutyhafa	-	to be weak/dull
ngumntu mni	-	is it a boy or a girl? (lit. what kind of person is it? – used when inquiring about the sex of a baby)
ukubetheka	-	to be run down (said of a person who has lost weight because of either illness or some other form of misery – emotional or physical)
isitofu	-	immunisation (lit. injection)
ukuncanca	-	to suckle
ukulumla	-	to wean
ithafa	-	stool
intshulube	-	worm
ukuphethula	-	to turn (someone/something) around
ukunqamla	-	to stop a running stomach (lit. to cut short) also for stopping bleeding

EXERCISE:

UnguGqirha Thembinkosi Siswana. Umhlobo wakho nguNodoli. Mchazele ukuba kuqhubeka ntoni na kuSolomzi. Mfake inaliti uSolomzi, unike uNodoli amayeza akhe (kaSolomzi), umchazele ukuba atyiwa njani na. Makubekho iyeza lokunqamla ukuhambisa, elokuphelisa ukukhupha, elokunyusa umdla ekutyeni, njalo njalo. Mxelele ukuba aphinde abuye nini na.

8.11 KWICANDELO LABANYANGWA BENGAPHANDLE
UThimlile Mpumlwana usegumbini lokuxilongela noGqirha Magxakaxhali Ngqeleni.

UGQIRHA:		Molo, mhlekazi. Chopha nasi isitulo. NdinguGqirha Magxakaxhali Ngqeleni ke mna. Wena ungubani igama?
UTHIMLILE:		NdinguThimlile, gqirha.
UGQIRHA:		Ngubani ifani?

UTHIMLILE: NdinguThimlile Mpumlwana.
UGQIRHA: Ndicela i-adresi.
UTHIMLILE: Ndihlala kwanamba-5 eMathatha Street, eKhayelitsha.
UGQIRHA: Uyaqala ukuza apha?
UTHIMLILE: Ewe ndiyaqala, gqirha.
UGQIRHA: Khawutsho ke; ukhala ngantoni?
UTHIMLILE: Hayi gqirha, ndisuswa yifiva. Iimpumlo zam zimfuxene. Ziyavuza. Ndinengqele. Kodwa ngelinye ixesha ndisuka ndibe nesifuthu-futhu, ndibile, ndiphinde ndigodole.
UGQIRHA: Yintoni enye oyivayo?
UTHIMLILE: Ngumqala. Njengokuba usiva, ilizwi lam litshile. Umqala wam uyarhwexa. Ndichwechwelwa lukhohlo-khohlo. Amalungu atyhafile; umzimba wam uwile.
UGQIRHA: Uqale nini ukuyiva yonke le nto?
UTHIMLILE: Izolo emini emsebenzini. Ndifike nzima ekhaya ukusuka esitishini. Ndiqale ngokuthimla nangokurhawuzelelwa ngamathatha.
UGQIRHA: Uyathandwa yifiva kakade?
UTHIMLILE: Ndingatsho, gqirha, kuba qho ngeli xesha enyakeni ndiba nefiva minyaka le; kodwa le yalo nyaka ithe kratya.
UGQIRHA: Kulungile ke, khawukhulule apha ngentla, ukhwele phaya ebhedini. Ungazikhulula nezihlangu ezi ukuba uyathanda. Heke. Khamisa; ndifuna ukubona umqala. Yithi a-a-a! Kwakhona. Kwakhona. Kubuhlungu xa uginya?

Vocabulary and new expressions

ukumfuxana	-	to have blocked nose
ukuvuza	-	to run (lit. to leak)
ndinengqele	-	I have a cold
ukutsha ilizwi	-	to lose one's voice
ukurhwexa	-	to be hoarse
ukuwa umzimba	-	to feel weak (lit. the body has fallen down)
ukuthimla	-	to sneeze
ukurhawuzela	-	to itch
amathatha	-	nasal passage
ukuthi kratya	-	to be worse (or more) than before
ukuginya	-	to swallow

EXERCISE:

Qhuba le ncoko kaGqirha Magxakaxhali Ngqeleni noThimlile Mpumlwana, iye kuphela ngokunikwa kukaThimlile amayeza nephepha lakwagqirha.

8.12 MORE HEALTH-RELATED TERMS AND EXPRESSIONS

Learn the following terms and expressions and then try and use them in sentences to see if you remember their meanings. (If you hand in your sentences to your instructor, he/she will be happy to check them for you, but try and do at least five.)

iqhakuva (amaqhakuva)	-	pimple(s)
ishimnca	-	rash
irhashalala (imasisi)	-	measles
uqwilikana	-	mumps
ingqakaqa	-	small-pox
ukuba nomoya	-	to have wind
unkonkonko (inkenkusi)	-	whooping cough
isisu segazi	-	gastro-entiritis
ukugonya	-	to immunise
ukugulela oogqirha nezicaka	-	to be seriously ill
ukugulela ukuhamba	-	to be very seriously ill
ukulala ngendlu	-	to be sick in bed
ukulala ngandletyana nye	-	to be sick in bed
ukufa isiqaqa	-	to lose consciousness for a while (from an injury)
ukuqhwalela	-	to walk with a limp
ukujingxela	-	to walk on one leg
ukulimala	-	to be injured
umsipha	-	ligament
ukuthoba	-	to soak a swelling in hot water (usually mixed with some medicine)
ukufa icala	-	to be paralysed on one side
ukufa amazantsi	-	to be paralysed from the waist down
amahlwili	-	blood clots
ububovu	-	puss
umkrwelo	-	a scratch
iinduma (uduma)	-	head wounds (wound)
ukhoko	-	crust (of a healing wound or sore)
ukuxobula	-	to remove crust from a healing wound/sore
umnqonqo	-	spinal cord
ilungu	-	a joint
irhorho (usikrotyana)	-	hip or hip joint
umongo	-	bone marrow
ubuchopho	-	brain
ukophela ngaphakathi	-	to have internal bleeding
ukuncwina	-	to groan
ukunyamezela	-	to be able to bear pain
ukunyamezeleka	-	to be bearable
isinyi	-	bladder
izintso (intso)	-	kidneys (kidney)
amatye ezintsweni	-	kidney stones
amathe	-	saliva
ukurharhaza	-	to gurgle
ukuxukuxa	-	to rinse mouth
ukuxuba	-	to mix
umxube	-	mixture

167

ukuhlukuhla	-	to shake
ndindisholo	-	numb
idlala (amadlala)	-	gland(s)
ithwabe	-	continous hiccupping
ukukhutywa	-	to have hiccups
isitshisa	-	heartburn
isifo sokuwa	-	epilepsy
ukuwa	-	to have epileptic fits
igqida	-	a lump
intsumpa	-	wart
ithumba (amathumba)	-	sore(s)
idyunga-dyungu (amadyungu-ndyungu)	-	blister
isisende	-	prostate gland
ukutswina	-	to squeak
ukuqhomfa	-	abort
imfambilini	-	still-born baby
ukongula inwebu	-	to remove cataract
ufele	-	skin
inwebu	-	outer thin layer of the skin or eye
ijwabu	-	fore-skin
izinza	-	pubic hair
isinene	-	pubis
ukulunywa	-	to have stomach pains
amasu	-	pregnancies
isifo seswekile	-	diabetes
ukuphuthelwa	-	to be sleepless
amazantsi esisu	-	abdomen

8.13 EUPHEMISMS

It is important for a learner of Xhosa who is in the medical or health care profession always to be aware of the euphemisms that are normally used in talking about some illnesses; sex and sex organs; the workings of the digestive and the urinary systems; child birth and death. Here are some of them:

1. Illnesses

intsumpa enkulu		
isilonda esikhulu	-	cancer
umqala omhlophe		
umqala omkhulu	-	cancer of the oesophagus
ibele	-	breast cancer
isifo samakhwenkwe	-	venereal disease
ihashe elimhlophe	-	syphylis
isifuba esikhulu	-	tuberculosis
ukuhambisa	-	to have a running stomach
ukugula ngengqondo	-	to be mentally deranged

2. Sex and sex organs

ngaphantsi	-	on the sex organ (male or female) as in: kubuhlungu ngaphantsi > I have a pain on my sex organ. (lit. underneath)
umphantsi		
isibeleko	-	female sex organ
amaphambili	-	male sex organ
incanca		
intonga		
inqawa	-	penis
amatapile		
amatyhalara	-	testicles
amakhwenkwe	-	sperms
ukuvukelwa	-	to have an erection
ukuchama	-	to reach an orgasm
ukulala/ukudibana nomntu obhinqileyo	-	to have sex with a woman
ukulala/ukudibana nendoda	-	to have sex with a man
ukuqumza iqanda	-	to break virginity
ukuhlamba		
ukuya engceni	-	to menstruate

3. Digestive and urinary systems

ukuya endle		
ukuya ethoyilethi		
ukuzithuma	-	to relieve oneself
ithafa	-	stool
ukuntsontsa	-	to urinate
umntsontso	-	urine
ukubetha amanzi	-	to urinate (idiomatic)

4. Child-birth

ukuma		
ukuthatha	-	to conceive
ukuba nzima	-	to be pregnant
ukuphathwa yinimba	-	to feel labour pains
ukubeleka	-	to give birth
isizamva	-	placenta

5. Death and burial

ukubhubha		
ukusweleka	-	to die (pass away)
ukufihla	-	to bury
umfihlo	-	funeral
ifihlo	-	grave
emafihlweni	-	at the cemetery
umzimba	-	corpse

8.15 MORE EXERCISES
1. Guqulela esiXhoseni:

DOCTOR: Good morning, Sis' Nodoli. How are you today, and how is Solomzi?
NODOLI: Good morning, doctor, I'm fine, thank you. Solomzi is better now.
DOCTOR: O, really! That's good. Is his stomach still running?
NODOLI: No, doctor. His stomach has stopped running.
DOCTOR: What about the vomiting? Is he still vomiting?
NODOLI: The day before yesterday and yesterday he did not vomit, but this morning he vomited.
DOCTOR: Did he vomit after eating?
NODOLI: Yes, doctor.
DOCTOR: I see. What did you give him?
NODOLI: I gave him his bottle of nestum.
DOCTOR: Did you feed him again afterwards – after he had vomited?
NODOLI: Yes, I did, after an hour, I think.
DOCTOR: And did he vomit again?
NODOLI: No, he didn't vomit again.
DOCTOR: What else did you notice?
NODOLI: I did not notice anything else.
DOCTOR: Have you been giving him the medicines I gave you?
NODOLI: Yes, doctor.
DOCTOR: Regularly? (i.e. all the time?)
NODOLI: Yes, all the time.
DOCTOR: O.K. now, just take his top clothes off. He still has his medicines, not so?
NODOLI: Yes, he has not yet finished them.

2. Guqulela esiNgesini:

UGQIRHA: Heke, kulungile. Ngoku ke, tata ndifuna ukukubuza imibuzo embalwa malunga nomsebenzi wakho nefemeli yakho.
UFIKILE: Kulungile, gqirha.
UGQIRHA: Kuqala, wenza ntoni ngentsebenzo?
UFIKILE: Ndingumantshingilane e-Epping.
UGQIRHA: Usebenza emini okanye ebusuku?
UFIKILE: Ndingumantshingilane wasebusuku.
UGQIRHA: Ebusuku qha? Akutshintshi?
UFIKILE: Hayi, anditshintshi; ndisebenza ebusuku qha.
UGQIRHA: Waqala nini kulo msebenzi?
UFIKILE: Ndiqale kulo nyaka ungaphaya kwalo uphelileyo, ukuba andiphazami.
UGQIRHA: Phaya emsebenzini unendlwana ohlala kuyo okanye uhlala nje phandle?
UFIKILE: Hayi gqirha, akukho ndlu yoomantshingilane. Sihlala phandle.
UGQIRHA: Ukuba imvula iyana?

UFIKILE:	Nokuba kuyabanda, nokuba kuyana, nokuba kusehlotyeni, nokuba kusebusika. Ukubasa akuvumelekanga. Kodwa ke ukuba kuyana ndihlala emnyango ukuze ndingafunyanwa yimvula.
UGQIRHA:	Abazali bakho basaphila bobabini?
UFIKILE:	Hayi; utata wasweleka ngo-1985. Umama yena usaphila, kodwa ugugile ngoku.
UGQIRHA:	Utata wakho wasweleka njani?
UFIKILE:	Ndiza kuthi akazange agule, kuba ke wabhubha elele, kanti walala ephile qete. Oogqirha bathi umelwe yi-ntliziyo.
UGQIRHA:	Oodade wenu nabantankwenu bona basaphila bonke?
UFIKILE:	Sibabini qha ekhaya. Ndim nomkhuluwa wam. Usaphila; kunjalo nje uyasebenza.
UGQIRHA:	Wawusebenza phi ngaphambili?
UFIKILE:	Ndandisebenza ederi eMamasbheri. Ndandihambisa ubisi ngebhayisikile. Ndiyakholwa ndaligqiba ishumi leminyaka ndingunoderi.
UGQIRHA:	Kulungile ke, khawukhulule apha ngentla qha.

3. Guqulela esiXhoseni:
    (a) Now I want you to breath normally. Breathe. O.K., you may put on your clothes.
    (b) Where exactly does you chest hurt? Can you show me?
    (c) Let us do it this way: I'm going to press with my hand; please tell me when it hurts.
    (d) Is there anything that makes the chest (pain) better? When does it get better? (It gets better when you have done what?)
    (e) When last did you sleep with a woman?
    (f) Does it itch when you pass water (urinate)? Does the urine take long to come out?
    (g) Has your back ever bothered you before? When was that, do you remember? Did you go to a doctor? O, you went to a hospital? Which one? (i.e. you went to which one?)
    (h) I want you to bend down and try and touch your toes. Don't bend your knees.
    (i) Is his/her stomach running or constipated?
    (j) Have you been working long hours lately (in these days)? Were you taking anything to keep you awake? What were you taking?

4. Interview and then examine the following patients. (Prepare and practise the interview and examination with a classmate for presentation in class. Always change roles, as your instructor may ask you to do so when you present in class.) Do not forget to introduce yourself to the patient:
    (a) Mr Joe Clarke is 25 years old. He lives at 25 Neptune Street, Southfield, Cape Town. He is not married; he still lives with his parents. He is a student at the University of Cape Town where he is registered as a full-time M.A. student in African History. He is presently working long hours on his thesis. He is anxious to beat the deadline for submitting it. However, in the last few days his work has been slowed down by persistent head-aches and spells of dizziness. This morning, before he

was brought to you, he collapsed on his way to university. It is clear that he overworks and starves himself. He has to take a break from books for ten days. He requires a medical certificate for the university to give him an extension of time for the submission of the thesis. His father is on a medical aid scheme.

(b) George Bolton is a retired school teacher, He is 68 years old. He lives with his wife, also retired, at Flat No. 3, Dream Heights, Main Street, Montague. He has problems with urinating. The problem started two weeks ago, when he started experiencing burning when he urinates. It got worse and now it takes him quite a long time to start his stream. He has to go to the bathroom quite frequently, but only a few drops come out. He has to be admitted into hospital.

5. Match the utterances in A with the pictures in B:
A. 1. Ukhathazwa yintoni lo mntwana?
    2. Le ngozi yenzeka eLower Main Road, eObservatory.
    3. Oogqirha bathi uza kuphuma nini?
    4. Ungahlala nasi isitulo, bhuti.
    5. Ndizise le leta.
    6. Uza kuqala ukufumana umntwana?
    7. Phefumla, phefumla nje njengesiqhelo.
    8. Yithi: A-a-a. Kwakhona.
    9. Nakuya egesini. Yihla ngqo.
    10. Khawuthobe ibhulukhwe le; ndifuna le ntsula yasekunene.

B.

(i)

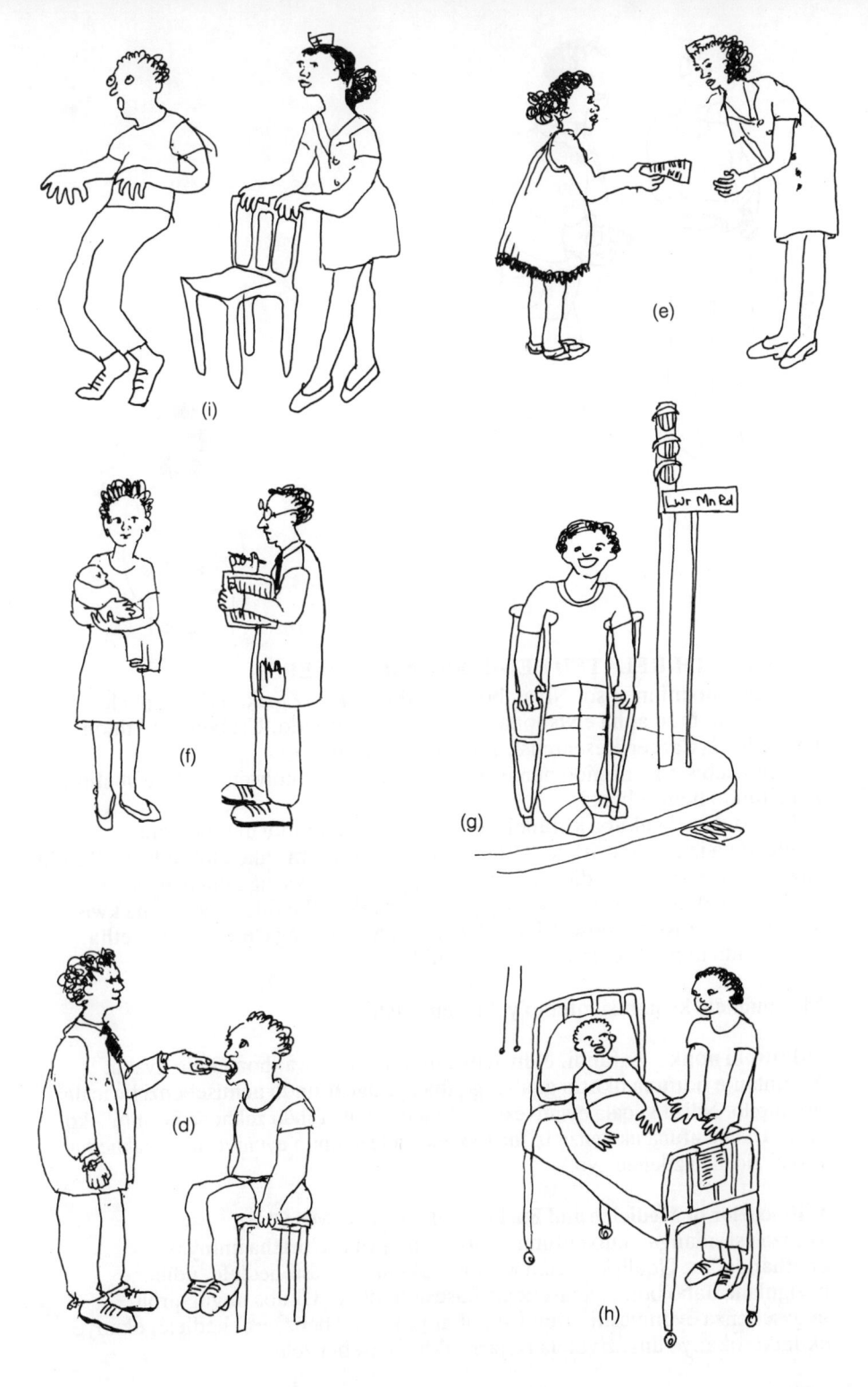

(e)

(f)

(g)

(d)

(h)

173

(j)

8.16 HEALTH-RELATED DEGREES AND CAREERS
Jongani kulo mfanekiso. Niyayibona le ndoda? NguZinakile Zengaphi lo. Waziwa kakhulu apha eNtshona Koloni kwezemfundo. Usebenza eAthlone kwa-CRIC (Career Research & Information Centre).
 Ngumcebisi ngemfundo nemisebenzi. Uhamba ezikolweni acebise abafundi ngezifundo nemisebenzi.
 Uyabachazela ukuba kufuneka enze ntoni na umfundi ukuba ufuna ukulandela izifundo ezithile. Uthetha ngawo onke amaziko emfundo nezifundo zawo, athethe nangeendidi zonke zomsebenzi. Ubizwa ngapha nangapha zizikolo ngakumbi kwikota yokugqibela yonyaka. Namhlanje simbona kwisikolo sooMatthew eRondebosch. Uthetha nabafundi bebanga leshumi. Uthetha ngezifundo nemisebenzi kwicala lezempilo.

Masimamele ke nantsi intetho yakhe emfutshane:

"Molweni nonke, bafundi. Ndiyavuya ukuba nani kwakhona kulo nyaka. Namhlanje ndifuna ukuthi gqaba, gqaba nje ngezifundo nemisebenzi kwicala lezempilo. Ndiza kuqala eyunivesiti, ndithethe ngezifundo zakhona neemfuneko zazo. Ukuba ufuna ukwenza izifundo kwicala lezempilo eyunivesiti ungakhetha kwezi zidanga zilandelayo:

1. iBachelor of Medicine and Bachelor of Surgery (MB ChB):
Wenza esi sidanga ukuba ufuna ukuba ngugqirha. Uthatha iminyaka emithandathu. Uqala kunyaka wesibini ukuhamba esibhedlele, udibane nezigulana nabo bonke abasebenzi basesibhedlele. Ukuba ungugqirha ungasebenza eyunivesiti, ufundise, okanye ungasebenza esibhedlele, okanye ekliniki, okanye ungazivulela isejari yakho uzisebenzele.

2. iBachelor of Pharmacy (B Pharm)

Wenza esi sidanga ukuba ufuna ukuba **ngumxubi** okanye umthengisi **wamayeza**, unokhemesti. Uthatha iminyaka emine. Wakugqiba ukufunda esi sidanga ungasebenza eyunivesiti ufundise, okanye ungasebenza esibhedlele kwicala lamayeza, uxube amayeza okanye ungazivulela ikhemesti yakho. Ngaphezulu ungasebenza kwiifemu zokwenza amayeza.

3. iBachelor of Science (Nursing) BSc (Nurs) okanye iB.A. (Nursing) (B.Cur.)

Ukuba ufuna ukufundela ukuba ngumongikazi, uthatha esi sidanga. Uthatha iminyaka emine. Phambi kokuba uqale izifundo zakho eyunivesiti, kufuneka usebenze iinyanga ezimbini esibhedlele. **Ngokucacileyo**, ukuba wenza isidanga sobunesi, usebenza kakhulu esibhedlele, udibane noogqirha, nabongikazi nezigulane nabo bonke abanye abasebenzi basesibhedlele. Wakugqiba ukufunda ungasebenza esibhedlele okanye ekliniki okanye kwagqirha. Abanye oonesi bayaqeshwa ziifemu.

4. iBachelor of Science (Logopaedics) BSc (Log)

Ukuba unomdla kunyango lwezigulo zokuthetha nokuva wenza esi sidanga. Xa ugqibile unyanga abantu abanengxaki ekuthetheni nokungeva kakuhle. Uthatha iminyaka emine. Wakugqiba ukufunda ungasebenza esibhedlele okanye ufundise kwizikolo **zezimumu nezithulu**.

5. iBachelor of Science (Occupational Therapy) BSc (Occ.Ther)

Ukuba unomdla ekufundiseni abantu ukusebenzisa imizimba yabo ekudlaleni nasekwenzeni izinto ngezandla zabo, ungathatha esi sidanga. Ubenzisa le misebenzi **khona ukuze** baphile kakuhle emzimbeni nasemphefumlweni. Usebenza nabantu **abasachachayo** ezigulweni nasezingozini zabo, nabazizilima. Uyabanceda bakwazi ukuziphilela, bangaxhomekeki kwabanye abantu. Izifundo zakho zithatha iminyaka emine.

6. iBachelor of Science (Physiotherapy BSc) (Phys)

Naso esi sidanga sithatha iminyaka emine. Wakusigqiba usebenza esibhedlele, unyanga abantu ngokusebenzisa **amathambo**. IPhysiotherapy lunyango lwamalungu omzimba ngokuwenzisa umthambo. Abantu ubenzisa le mithambo esibhedlele, ubafundise nokuzenzela emakhayeni abo. Ubafundisa iindlela zokuhlala neendlela zokulala. Usebenza nabantu abachachayo ezigulweni nasezingozini zabo.

7. Izifundo zobugqirha bamazinyo.

Kuzo zonke ezi zidanga kukho iimfuneko ngeemfuneko. Kufuneka wanelise ezo mfuneko ke ukuze wamkelwe. Nangu **umzekelo**, kuzo zonke ezi zidanga kufuneka uphumelele izibalo (iMathematics) kuqala ukuze uthathwe. Kulungile ke, ndiyabulela ngokundimamela. Ndininqwenelela impumelelo ezimviweni zenu.

Vocabulary

umcebisi	-	advisor
ukuchazela	-	to explain to
imfuneko	-	requirement, need necessity
ukuxuba	-	to mix
(umxube	-	mixture)

umxubi	-	despenser (one who mixes)
amayeza	-	medicines
ifemu	-	a firm
ngokucacileyo	-	obviously/clearly
umdla	-	interest
isimumu	-	dumb person
isithulu	-	deaf
ukuchacha	-	to recover/convalesce
isilima	-	disabled person
umzekelo	-	an example
ndininqwenelela impumelelo	-	I wish you success
iimviwo	-	examinations.

PRACTICAL EXERCISES:

1. You are a student advisor in the Faculty of Medicine of your university. Some matric pupils are visiting your faculty for a day. You have received the following note from the Dean.
"Mnumzana/Nkosikazana/Nkosikazi.........
Abafundi base-Orlando High School baza kutyelela apha ngomso. Ndicela ukuba phakathi kuka-10:30 no-11:30 uhlale e-ofisini yakho. Ndiza kubaxelela ukuba beze kuwe abafuna ukuchazelwa ngezinto ezithile ezinjengezi: izidanga phantsi kweli sebe lethu; iminyaka ethathwayo; iimfuneko; izicelo zeebhasari; amathuba emisebenzi (career opportunities); njalo njalo. Wakugqiba ukuthetha nomntwana ngamnye ndingavuya ukuba ungamcela azalise le fomu (iifomu U.2/II).

Enkosi

....
Dean of Faculty

   (a)   Collect information about each degree offered in the faculty and in each case, make a brief summary of what you think the visiting matric pupils should know.
   (b)   As the exercises will be acted in class, prepare also questions you would like to ask from the "advisor" when you are playing the role of the matric pupil.

2. At the end of each interview in Exercise 1 above, elicit in Xhosa from the "matric pupil" the information required in Form U.2/II below. As you will also play the role of the pupil, prepare also the answers you would give to these questions.

FORM U.2/II

1. Your name and surname ....

2. Name of your school ....

3. Are both your parents still living? ....

4. What is your home address? ....

   ....

   ....

5. Which degree would you like to register for? ....

6. Can you explain briefly why you want to register for this degree? ....

   ....

   ....

   ....

7. When you complete the degree, where would you like to work?

   ....

   ....

   ....

8. Why do you want to come to this university? ....

   ....

   ....

9. Do you think you will pass matric well? ....

   ....

9. WORK AND WORKERS' ORGANIZATIONS

In this theme you will learn most of the vocabulary that is related to work, workers and workers' unions. You will also learn how to use the verb in the **remote past**, how to use the **ideophone**, the **conjuction** and the verb in the **reciprocal extension**, and in the **relative mood**.

9.1 MANDLAKAPHELI GOES TO THE MINES
Jongani kulo mfanekiso. Niyayibona le ndoda? Ngumalume ke lo. Ngumntakwabomama ngqo. Bayalekelana nomama; ngumama omdala. Ngabo bobanini qha kowabo. Ngamaqanda ehobe. Igama likamalume nguNdodomzi; ifani yakhe nguMandlakapheli. Abamaziyo bathi:
"NguMandlakapheli, kuphel' iimbumbulu zabakuloNonibe kwankosikazi. Umdak' omnyama ongeva sepha."

Umalume yingwenya namhlanje, kodwa usuka kude. Ungahleka ulale xa ebalisa ngokusokola kwakhe. Uthi bazalelwa kuQombolo, eTsomo bobabini nomama. Abazali bakhe babhubha esafunda ibanga lesithandathu. Babhubha ngomnyaka omnye; bashiyana ngeenyanga ezintathu. Kwaqala umama wakhe ekwindla, utata walandela ukuphela kwentwasahlobo. Ngelo xesha umama yena wayefunda ibanga lesibhozo eBlythswood. Ngethamsanqa baphumelela bobabini. Kunyaka olandelayo kwanyanzeleka ukuba umalume ayeke esikolweni, aye kufuna umsebenzi eRhawutini kwaTebha. Wayeza kunceda umama ngemali yesikolo ade agqibe ukufunda. Umzi wakowabo wawuza kugcinwa ngudadeboyise, uNozingqi. Ubawokazi wabo, uMvingqi, owayengumninawa katata wabo, yena wayeza kubeka iliso nje njengendoda, ngakumbi emfuyweni nasemasimini.

    Umalume namanye amakhwenkwe baya kuthatha ijoyini evenkileni yomLungu, uGushumpu. Bayifumana ijoyini. Banikwa imiphako nguGushumpu: ilofu yesonka nethini yenyhobha-yhobha. UGushumpu wathi mabathathe neempahla zokunxiba ukuba bayafuna. Wathi abazi kubhatala; kuza kubhatala uTebha. Bathatha ke bevuya kakhulu: iingubo, iibhatyi, iibhulukhwe, izikhafu, iitshefu, njalo njalo. Wabathatha ke uGushumpu ngelori wabasa esitishini sikaloliwe eQamata. Apho bathatha itreyini eya kuKomani. Ngorhatya yafika itreyini eya eRhawutini ivela eMonti. Ngentsimbi yesibhozo yatsho kabini kathathu, yanduluka inqwelo yamahili-hili.
Ujujuju umaqwegw' amdaka
Udubula ngenyhek' etafileni
Kuvel' ishumi leesheleni,
Umasukel' ilanga engasoze alibambe.
Ovuk' emin' akabonanga nto
Kub' akayibonang' inamb' icombuluka!

Bakhwaza abahambi bathi: "Base-e-e-e-ela, Wili!" Wayibasela uWili. Yancwina, yatswina, yabhodla, yathi:
Xhegwazana, phek' ipapa,
Xhegwazana, phek' ipapa,
Ndithath' apha ndibek' apha
Ndithath' apha ndibek' apha.

Oomalume babekhwele undere. Ikharetshi labo lalisemva kwentloko ngqo. Intloko yayingxola. Babengakwazi ukulala kakuhle ngenxa yengxolo nokuxinana. Bahamba ubusuku bonke, bafika eRhawutini ngosuku olulandelayo ngentsimbi yethoba.

Vocabulary

ijoyini	-	labour contract
ukwalekela	-	to come after someone (by birth)
ukusokola	-	to struggle
"Basela, Wili."	-	This is a shout that used to be made by passengers to the train driver or stoker during the days of steam locomotive. Every train driver's name is Willy.

EXERCISES:
1.   Phendula le mibuzo:
    (a) Ngubani ifani ka Ndodomzi?
    (b) Wazalelwa phi uNdodomzi?
    (c) Abazali bakaNdodomzi babhubha xa afunda ibanga lesingaphi?
    (d) UNdodomzi unoodade abangaphi?
    (e) Ngubani udadeboyise kaNdodomzi?
    (f) Ngubani umninawa katata kaNdodomzi?
    (g) Xela igama likanovenkile welali yooNdodomzi.
    (h) Babephethe umphako wantoni ukuya kwabo eRhawutini ooNdodomzi?
    (i) Xela izinto ezimbini ezazibangele ukuba ooNdodomzi bangalali kakuhle etreyinini.
    (j) Wayefunda phi udadeboNdodomzi ukuya kwabo eRhawutini?

(k) Babekhwele kudidi lwesingaphi?
(l) Yaphuma nini itreyini esitishini kuKomani?
(m) Kuthetha ukuthini ukuthi:
   (1) umalume yingwenya
   (2) ngamaqanda ehobe?
(n) Yafika nini itreyini eRhawutini?

2. Fill in the correct ideophone. Choose from the following:
thimbilili; nca; cwaka; sa-a; tsi-i
   (a) Wathula .... akungena utitshala.
   (b) Abantwana bam bathe .... kweli lizwe lonke.
   (c) Uthe .... akufumana inaliti kagqirha.
   (d) Esi sitampu asithanga .... kakuhle kule mvulophu.
   (e) Wathi .... kude akubona inyoka phambi kwakhe.

3. Rewrite each of the following sentences and give the negative of the verb written in bold print:
   (a) **Babhubha** ngomnyaka omnye.
   (b) **Kwaqala** umama wakhe ekwindla.
   (c) **Wayeza kunceda** umama ngemali yesikolo.
   (d) Umzi wakowabo **wawuza kugcinwa** ngudadeboyise, uNozingqi.
   (e) UGushumpu **wabaxelela** inyaniso oomalume.
   (f) **Bayifumana** ijoyini.
   (g) **Banikwa** imiphako nguGushumpu.
   (h) Apho **bathatha** itreyini eya kuKomani.
   (i) Ngelo xesha umama **wayefunda** ibanga lesibhozo.
   (j) Umalume **yingwenya** namhlanje.

4. Bhala incoko phakathi kwabasebenzi ababini etreyinini. Baya emsebenzini kusasa.

9.2 THE REMOTE PAST

This tense is used mostly to refer to actions that took place in the relatively distant past. It is, however, not possible to draw a line between a recent and a remote past, as it is very common to hear speakers of the language use the recent past where one would expect the use of the remote past, and vice versa.
e.g. USipho **uzelwe** ngo-1953. Umninawa wakhe, uMafu, yena **wazalwa** ngo-1956.

The remote past is used mostly in the narration of past events. Until one's versatility in the use of the language comes very close to that of the mother tongue speaker, it may be strategic to use the remote past for actions that took place more than twelve months ago (PLEASE DO NOT TREAT THIS AS A RULE).
  The simple remote past has the same structure as the past subjunctive (see par 7.5), the only difference being that the remote past formative **-a-** has a falling tone. Thus:

Subj. conc. + Remote past form. + Verb stem

e.g. ndi- +   -a- + -bona   Ndabona

Complete the above by filling in subject concords of the various classes of nouns, and note the sound changes that take places. Start from the plural of the first person.

The **negative** of the simple remote past is formed by using the auxiliary **-zange** before the verb. The negative formative **a-** comes before the subject concord of the auxiliary, and the complementary verb is in the present subjuctive mood.
e.g. Andizange ndihambe.
(Note the changes in the form of the subject concords that have a V- structure, after the negative formative **a-**.)

The auxiliary can also be used without the negative formative and the subject concord.
e.g. Zange ndihambe.

9.2.1 The continuous remote past
The continuous remote past has a full form and a short form. It is formed by using the auxiliary **-aye** followed by a verb in the participial mood. The auxiliary is used in one of the following two ways:-

(a) It may be used separately from the complementary verb.
   e.g. Ndaye ndihlala eRhini.
   This is the full form of the continuous remote past. This form is very rarely used in everyday speech.

(b) It may be prefixed to its complementary verb. When this is done, the second syllable **-ye** is dropped if its subject concord has a CV-structure as in:
   e.g. Ndaye ndihamba > Ndandihamba

If the subject concord is a vowel, the final vowel of the auxiliary, **-e**, is deleted as in:
Indoda yaye ihamba > Indoda yayihamba

But, in the case of the second person singular and class 3, the **-y-** changes to **-w-** as in:
Wena waye uhamba > Wena wawuhamba
Umvundla waye ubaleka > Umvundla wawubaleka

The short form is the more commonly used form in every day speech.

(Note the changes that take place in the subject concords before **-aye**)

The negative of the continuous remote past is formed by means of the participial negative formative **-nga-** which comes between the subject concord of the complementary verb and by changing the final vowel of the stem to **-i**.
e.g. Ndaye ndingatyi(Full form)
    Ndandingatyi(Short form)

9.2.2 Tense forms after -aye
The complementary verb after the auxiliary **-aye** may be used in any of the following tense forms:-

(a) Future
e.g. Ndaye ndiza kuhamba/Ndandiza kuhamba

This form depicts an action that was about to take place, or an action that would have taken place if another one had or had not taken place.
e.g. Ndandiza kulila ukuba wayengafikanga.

(b) Perfect
e.g. Ndaye ndityile/Ndandityile.
This construction depicts an action that had taken place and reached completion when another one took place.

(c) Stative form
e.g. Ndaye ndinxilile/Ndandinxilile
This is how the stative verbs are used in the remote past tense.

9.3 ERHAWUTINI
Bakufika ePark Station oomalume bathathwa yilori yasemgodini kwaMagqadaza. Le lori yayifana nqwa nezi zokuthwala iinkomo okanye iigusha. Yayizele qhu ngamajoyini. Babethe nca omnye komnye. Bakufika kwaMagqadaza oomantshingilane abahlanu noomabhalana ababini beza kule lori. Bathi: "Yihlani, yihlani, zidenge zamajoyini! Apha kukwaNyamayipheli, kuphel' izinyo lendoda!"

Oomabhalana babhala amagama abo. Bakugqiba ukubhalisa basiwa emaholweni ngoomantshingilane. Baboniswa amagumbi abo. Kwigumbi ngalinye kwakukho iibhedi zesamente ezilishumi elinesihlanu. Babeka iimpahla zabo. Oomantshingilane bathi: "Zonk' eholweni' enkulu!" Amagumbi atshixwa ngoomantshingilane. Eholweni bafika kukho ugqirha noomabhalana abathathu. Bakhululiswa bema ze bonke – amadoda namakhwenkwe. Uthi umalume akasoze ayilibale loo mini: into yokubona amadoda ehamba ze phakathi kwamakhwenkwe. Baxilongwa ngugqirha, wababuza imibuzo emininzi. Umalume uthi akafuni kuyixela imibuzo yaloo gqirha. Oomabhalana babetolika kodwa babethetha isiXhosa esidibene nesiNgesi, nesiZulu, nesiBhulu – ufanakalo.

Ngentsimbi yokuqala wemka ugqirha, baza bona baya eholweni yokutyela. Batya umqa nesuphu, namanqina enkomo. Emva koko, ngesithuba sentsimbi yesithathu, baya eholweni enkulu kwakhona noomantshingilane. Bafika kukho abanye oomabhalana ababini nesixhiphothi somLungu. Lo mLungu wayenxibe iimpahla ezimhlophe qhwa: ibhulukhwe emfutshane emhlophe, ihempe emhlophe enemikhono emifutshane, iiteki ezimhlophe neekawusi ezimhlophe. Bakhululiswa kwakhona. Benziswa umthambo ngulo mLungu iiyure ezimbini. Babila bamanzi xhopho; abanye bafeyinta. Oomabhalana babehleka nalo mLungu, kumnandi. Ngentsimbi yesihlanu baya kutya isopholo, baya kulala emva koko. Balala yoyi, bangathi badutyulwe. Umalume uthi wayefuna ukuzimela, kodwa wacinga imali yesikolo kamama. Uthi babekhuthazana nabahlobo bakhe lonke ixesha. Babexelelana ukuba izinto ziya kulunga ngenye imini.

Ngosuku olulandelayo ngo-4 ekuseni yakhala intsimbi yokuvuka. Bavuka bahlamba, baya kutya eholweni. Ngo-5 baya kukhwela ikhetshi eya ngaphantsi emgodini. Babebetha ipeki, balayishe ingolovane, bayityhale. Babeqhutywa ngasemva, bengaphumli. Ngo-1 babefumana ikhefana lemizuzu engamashumi amathathu. Babetyela ngaphantsi emgodini. Babuyela emaholweni asenkomponi ngentsimbi yesihlanu. Izandla zazityabukile, amagxa nemiqolo iqaqamba. Kwakunzima ukutya nokulala. Kodwa bawuqhela lo msebenzi emva kweeveki ezimbini. Kwinyanga yokuqala abazange bafumane mvuzo. Kwathiwa imivuzo yabo ihlawule eziya mpahla babezithathe evenkileni kaGushumpu kunye nemiphako. Banyamezela kodwa. Babetshintsha iitshifu qho ngenyanga. Ngenye inyanga babesebenza emini, ngenye basebenze ebusuku. Babengasebenzi ngoMgqibelo nangeCawe. Babehlala emaholweni, bahlambe iimpahla, badlale ibhola, iintonga, umraba-raba, njalo, njalo. Kwakungekho cawe namfundisi. Babencokolelana, babaliselane ngezinto zeveki edlulileyo. Abanye babekhuphisana ngokusina. Babekhumbuzana nangezinto zasemva emakhaya. Babencedana ngokubhalelana iileta eziya emakhaya kuba abaninzi babengakwazi ukubhala. Oomabhalana bona babebiza imali ngokubhalela umntu ileta: ileta iyitiki. Babefundelana iileta ezivela emakhaya.

Emva kweenyanga ezintathu umalume wanyuselwa waba ngumabhalana. Wayethumela imali esikolweni kumama nakowabo kudadeboyise qho ngenyanga. Emva kweenyanga ezilithoba yaphela ijoyini, babuyela emakhaya. NgoDisemba umalume waluka. Umalume wasebenza emgodini iminyaka emithathu. Wayeka akugqiba ukufundela ubutitshala umama.

Vocabulary
umantshingilane - watchman
itshifu - a shift
ipeki - a pick
amaholo - workers' hostels
ze - naked (ideophone)

EXERCISES:
1. Change the verb written in bold print into the simple or continuous remote past, as the case may be, and then make the necessary changes in the other verbs:
   (a) **Bavuka** bahlamba, baya kutya eholweni.
   (b) Ngo-5 **baya** kukhwela ikhetshi eya ngaphantsi emgodini.
   (c) **Babebetha** ipeki, balayishe ingolovane, bayityhale.
   (d) Ngo-1 **babefumana** ikhefana lemizuzu engamashumi amathathu.
   (e) Kwinyanga yokuqala **abazange bafumane** mvuzo tu.
   (f) **Babetshintsha** itshifu qho ngenyanga.
   (g) **Babehlala** emaholweni, bahlambe iimpahla, badlale ibhola.
   (h) **Wayethumela** imali esikolweni kumama nakowabo kudadeboyise qho ngenyanga.
   (i) **Babeqhutywa** ngasemva.
   (j) **Babencedana** ngezinto ezininzi.
2. Give the future tense forms of the sentences (c) to (j) in 1 above as in examples (a) and (b) below:
   Examples: (a) **Babeza kuvuka** bahlambe, baye kutya eholweni.
   (b) Ngo-5 **babeza kuya** kukhwela ikhetshi eya ngaphantsi emgodini.

9.4 THE IDEOPHONE
Read the following sentences aloud and pay attention to the words written in bold print:
1. Ngumntakwabo mama **ngqo**.
2. Ngabo bobabini **qha** kowabo.
3. Ikharetshi labo lalisemva kwentloko **ngqo**.
4. Le lori yayifana **nqwa** nezi zokuthwala iinkomo.
5. Yayizele **qhu**.
6. Babemi ngeenyawo bethe **nca** omnye komnye.
7. Uthi umalume akasoze ayilibale loo mini: ukubona amadoda ehamba **ze** phakathi kwamakhwenkwe.
8. Lo mLungu wayenxibe iimpahla ezimhlophe **qhwa**.
9. Babila bamanzi **xhopho**.
10. Balala **yoyi** bangathi badutyulwe.
11. Kwinyanga yokuqala abazange bafumane mvuzo **tu**.
12. Babetshintsha iitshifu **qho** ngenyanga.

The words written in bold print in the above sentences are called **ideophones**. Ideophones are words that function adverbially because they give more description of an action or a quality of a noun/pronoun that has been expressed by means of an adjective or relative. They may be imitative of sound; they may describe the manner or they may be used to depict the highest degree of the state in which the noun/pronoun is (stative verbs and qualificatives)

e.g. Uhamba **ngqo**. (Manner)
Ubile **xhopho**. (Manner and state)
Ibomvu **krwe**. (State)
Waphuke umlenze **krunqu**. (Sound)

Ideophones have no equivalents in English and Afrikaans. Onomatopoeic words such as **"bang"**, **"boom"** in English and "vaste uitdrukkings" - in Afrikaans such as **vuurwarm**, are the closest parallels to the Xhosa ideophones that one can find in these languages.

Ideophones are popular with literary artists, especially traditional poets and narrative prose performers, because of their aesthetic value. They are dramatic and they enhance the imagery of the text. They are difficult to translate into English or Afrikaans – they are even impossible in some instances. However, because the use of an ideophone is restricted to a particular predicate or qualificative, their meanings may be derived from the predicates or qualificatives with which they are associated.

e.g. **xhopho** can only be used to describe the extent of sweating, and nothing else.

krwe cannot be used with any other qualificative but **-bomvu**

Ideophones are usually classified according to the number of syllables.

This classification is of no significance at all for the use of ideophones. Ideophones with more than four syllables are very rare.

9.4.1. The use of ideophones
(a) Ideophones may be used with the verb **-thi** only. This is possible because an ideophone carries the meaning of the word with which it is associated.
   e.g. Indlela eya eNyanga ithe **ngqo**.
         Unxibe ihempe ethe **qhwa**.
(b) An ideophone may be used alone.
   e.g. **Qithi** phantsi inqawe kaFaku akuyiva loo nto.
(c) An ideophone many be repeated to depict persistence of the action performed by the one subject, or the same action performed by different subjects, one after the other.
   e.g. Umama uthe sa-a, sa-a, s-a-a ityuwa kuloo mbiza yenyama.
       Yathi yakubetha intsimbi yokuqala, gqi, gqi, gqi, amakhwenkwe, abafazi, amadoda, macala onke.
(d) Different ideophones may be used one after the other to:
   (1) emphasise further, if the ideophones are synonymous.
   e.g. Wathi akungena utitshala abantwana bathula zole, cwaka, tu.
   (2) depict the change in the sound or in the manner of the action
   e.g. Sive ndi-i, gqum, gqekre, kanti kuyaduduma.
Wathi ngqi, ngqi, ngqi, chwayi, chwayi, nca ngodonga.
   (3) depict a series of actions occuring one after the other.
   e.g. Loo bhotile yewayini wayithi hlasi, mho, mho, mho, qongqololo, jwi-i phaya, wathath' ibhatyi yakhe wahamba.

hlasi	-	grab quickly
mho, mho	-	drink out of a bottle (sound made by liquid as it goes out of the bottle)
qongqololo	-	to drink up quickly
jwi-i	-	to throw away.

9.4.2. Derivation of ideophones
Some ideophones bear partial resemblance with some verbs in that they may be identical with the first syllable or the first two or three syllables of the verb stem or with its root.
   e.g. tsiba > tsi
      ngquba > ngqu
      rhabula > rhabu
      tyibilika > tyibilili
      tshona > tshoni
      cima > cimi

Although some linguists talk of **deideophonic** verbs, it is difficult to say whether it is the verb that is derived from the ideophone or vice versa. For communication purposes, this is of no significance.
   There are, however, ideophones which are undoubtedly deverbative. These are formed by means of the suffix **-iyane/-iyani**, which is added to the root of the verb. It may follow the verb **-thi** or it may be used alone.
   e.g. Wathi **balekiyani** akuvela utata wakhe.
       Akuvela amapolisa, **balekiyani** abafundi.

9.5 THE RECIPROCAL EXTENSION

This extension is formed by suffixing **-ana** to the root of the verb. Its basic function is to express "each other/one another" — a reciprocated or mutual action. A verb in the reciprocal extension presupposes plurality of subject, that is, it may have as its subject, a noun in the plural or more than one noun.

e.g. UNomsa noSiviwe **bayathandana**.
Abantwana bam **bayathandana**.

The second of the two nouns may come after the verb, and when this happens the subject concord is normally singular.

e.g. USiviwe uthandana noNomsa.

A verb in the reciprocal can take an object.

e.g. USipho noLizo bachebana iindevu.

9.6 THE RELATIVE FROM VERBS
9.6.1 Form of the relative verb

A verb may be used to describe a noun or pronoun. When thus used, it functions as the predicate of a subordinate (dependent) clause – the relative clause (traditionally known as the adjectival clause). It is said to be in the relative mood. It is formed by prefixing the relative formative **a-** to the subject concord and by adding the relative verb suffix **-yo** to the stem of the verb.

e.g. umntu ohambayo < a + u + **hamba** + yo
izinja ezigulayo < a + zi + **gula** + yo

(Can you explain the sound changes that take place when the relative formative is prefixed to the relative subject concord?)

The relative formative is not used if the noun described has no initial vowel and when the relative verb describes an absolute or demonstrative pronoun.

e.g. Andiboni mntu **uculayo**.
Bayavuya bona **bafumana** imali eninzi.
Yipha aba **bafikayo** qha.

The relative verb suffix **-yo** may be left out when the relative verb is followed by another word, as in:-
UMatthew ngumntwana **oncokola** kamnandi kakhulu.

The negative of the relative verb is formed by means of the negative prefix **-nga-** which comes between the verb stem and the relative subject concord. The final vowel changes to **-i**:

e.g. Mabaphakame **abangafuniyo**.
Ndihlala nabantu **abangatyi** nyama.

9.6.2 Tenses of the relative verb

The examples of the relative verb given in paragraph 9.6 above are all in the present tense. The relative verb can be used in other tenses as well. These are formed by prefixing the relative formative **a-** to the subject concords of their indicative mood counterparts. The simple past tenses and the stative forms may have the relative verb suffix **-yo** in their positive forms. The continuous past tenses and the future tenses do not have the suffix **-yo**.

e.g. Future tense: uza kutya > oza kutya – ongazi kutya
Simple perfect tense: ubalekile > obalekileyo – ongabalekanga
Continuous perfect tense: ubebaleka > obebaleka – obengabaleki
Simple remote past tense: wabaleka > owabalekayo – ongazange abaleke
Continuous remote past tense: wayebaleka > owayebaleka – owayengabaleki
Stative form: ulambile > olambileyo – ongalambanga.

EXERCISE:
Join each of the following pairs of sentences by changing the second sentence into a relative clause:
(a) UJenny uncokola nabanye abafundi. Abafundi bayafika.
(b) Utata uhambe nenye indoda. Indoda ivela eQonce.
(c) UMatthew wadibana nentombazana. Intombazana yayifunda eSandile Primary School, eRosebank.
(d) UThumeka utshate nomfana waseQwaqwa. Umfana akasazi isiXhosa.
(e) Mabeze ngapha abantu. Abantu bayaqala ukuza apha.
(f) Amapolisa abethe abantu. Abantu abenzanga nto.
(g) Ngo-8 yafika itreyini. Itreyini yayivela eMonti.
(h) I-ambulensi ilanda abantu. Abantu benzakele.
(i) Iziphathamandla ziyamnceda umsebenzi. Umsebenzi ufuna ukufunda.
(j) Eholweni babona isixhiphothi somLungu. Isixhiphothi somLungu sasinxibe iimpahla ezimhlophe qhwa.

9.7 EKAPA

Ngo-1955 ngoJanuwari umalume waya eKapa. Wayelikrwala ngoko. Wafika wasokola kakhulu ukufumana umsebenzi. Wehla enyuka inyanga yonke. Ngethamsanqa ekugqibeleni wawufumana umsebenzi. Babesenza iindlela zeemoto. Babehamba behlala, belala ezintenteni. Yena wenziwa umpheki. Wayephekela abanye abasebenzi. Emva konyaka iziphathamandla zamnyusela ngenxa yamava nemfundo yakhe. Zamenza umabhalana wemivuzo. Umalume wayengayithandi impatho yabasebenzi nentlawulo yabo. Babesebenza engqeleni ebusika, basebenze elangeni ehlotyeni. Babengena ekuseni emsebenzini, baphume ngorhatya. Ngamanye amaxesha babesebenza ama-owuva, kodwa bangayifumani imali yama-owuva.

Ngoko ke umalume wathetha nabanye abasebenzi. Wathi mabaseke ikomiti yezikhalazo. Bayiseka le komiti. Umalume wenziwa unobhala. Wabhala zonke izikhalazo zabasebenzi wazinika iziphathamandla. Iziphathamandla zacaphuka kakhulu yile nto, zawagxotha onke amalungu aloo komiti. Zathi avuselela abasebenzi. Yafa ke naloo komiti kuba iziphathamandla zathi ziza kuqesha umntu oMhlophe ajonge imeko yabasebenzi. Zathi ziza kumamela yena qha kuba ziza kuqesha umntu obaziyo nobathandayo abantu abaMnyama.

Umalume akazange agoduke. Wafumana umsebenzi kwaRailway kamsinyane. Waba ngumabhalana kwakhona. Ngoku wahamba isikolo sasebusuku, wafunda amabanga e-J.C. NakwaRailway impatho yayimbi kakhulu, kodwa umvuzo ubhetele. Esikolweni sasebusuku wadibana nabantu abaninzi abafundileyo. Bancokola kakhulu ngemeko karhulumente, impatho yabantu nempatho yabasebenzi. Bajoyina imibutho yezopolitiko.

Nasemsebenzini bancokola kakhulu nabanye abasebenzi ngezi zinto. Oomalume baseka umbutho wabasebenzi bakwaRailway. Umalume waba ngumabhalana. Ngelishwa iziphathamandla zathi azifuni mbutho kuba bakhona abantu bokujonga imeko yabasebenzi. Zathi zingavuma ukuba baseke umbutho wabasebenzi kodwa amalungu ekomiti yaloo mbutho kufuneka akhethwe ziziphathamandla. Zathi nomgaqo-siseko waloo mbutho kufuneka ubhalwe zizo. Kwakhona zathi ummeli weziphathamandla kufuneka ahambe zonke iintlanganiso zaloo mbutho.

Oomalume abazange bayivume le nto. Benza ikomiti ngasese. Babebiza iintlanganiso ngobusuku, baxoxe ngezopolitiko nangemeko yabo emsebenzini neyabasebenzi ngokubanzi. Babefunda amaphepha amaninzi neencwadi ezininzi ezithetha ngabasebenzi norhulumente.

Ngelishwa umalume wabanjwa ngo-1960 ngenxa yenxaxheba yakhe kwezopolitiko. Wagwetywa iminyaka emithathu entolongweni esiQithini. EsiQithini wafunda ngembalelwano, waphumelela ibanga leshumi ngo-1962. Waphuma ejele ngo-Agasti 1963. NgoJanuwari ka-1964 umalume waqeshwa kwifektri yokwenza iimpahla zokunxiba.

Vocabulary

umbutho wabasebenzi	-	workers' organization
unobhala	-	secretary
ukuhla unyuka	-	to go up and down
iintente	-	tents
ikrwala	-	newly-circumcised young man
umabhalana wemivuzo	-	wage clerk
amava	-	experience
ukuvuselela	-	to instigate
isikhalazo	-	complaint/grievance
ukuseka	-	to establish
umgaqo-siseko	-	constitution
ngasese	-	secretly
inxaxheba	-	role
imbalelwano	-	correspondence

EXERCISES

1. Balisa ngombutho enawusekayo ngo-1985. Bhala malunga nephepha elinye. Kwisincoko sakho wasebenzise la magama alandelayo.

iinjongo	-	aims, objectives
iKomiti eLawulayo	-	Executive Committee
ilungu/amalungu	-	member/members
umhlalingaphambili/usihlalo	-	chairperson
isekela	-	deputy
unobhala-jikelele	-	general secretary
unobhala wemizuzu	-	recording secretary
imizuzu	-	minutes
unondyebo	-	treasurer
unyulo	-	election
ukunyula	-	to elect
ukuvota	-	to vote
isindululo	-	suggestion

ukuphakamisa igama	-	to nominate
ukuxhasa	-	to support
ukusekela	-	to second
ukuchasa	-	to oppose
umrhumo	-	subscription
isigqibo	-	resolution/decision
isaziso/izaziso	-	notice/notices, announcement/announcements

2. Funda le mihlathi ilandelayo, uze ke uphendule imibuzo elandela phantsi kwayo:

Ngentsimbi yeshumi entloko umhlalingaphambili woMbutho wabaSebenzi beeHotele baseNtshona Koloni, uNkoskz Danjiswa Sigxonono, wayivula intlanganiso. Wacela ikhwahla, ubawo uPhangalele Mava, ukuba avule ngomthandazo omfutshane. Ubawo uMava wahlabela ingoma ethandwa kakhulu ngabasebenzi ethi. "Siyaya." Yaphakama indlu yonke yatsho kamnandi. Emva kwemizuzwana embalwa ubawo uMava wemisa. Yakuthula ingoma kwavakala ilizwi phaya ngasemva lisithi: "Si-i! Kuyasika, madoda!" Wathandaza kamnandi kakhulu apho umfo kaMava. Ngomzuzwana nje wathandazela umanyano nentsebenziswano phakathi kwabasebenzi, wathandazela iinkokeli zemibutho yabasebenzi yonke, wathandazela abangayifumaniyo imisebenzi abehla benyuka beshiya iintsapho ezingenakutya emakhaya. Wagqibezela ngokuthi: "Sithandazela nabantakwethu abangekhoyo phakathi kwethu namhlanje ngenxa yokuthetha inyaniso."

Wambulela umhlalingaphambili. Umhlalingaphambili wayechukumisekile ngulo mthandazo. Wabuza ukuba akukho zingxengxezo na. Kwaphakama uNtengemntu Magqamfana wathi: "Enkosi, mhlalingaphambili. Ndiyalezwe ngubawo uCirha ukuba ndimcelele uxolo. Ityotyombe lakhe litshile phezolo; kudubule iprayimasi. Ngethamsanqa akukho mntu wenzakeleyo, neempahla ezininzi zisindile." UDanjiswa wabulela kuNtengemntu wathi: "Tyhini, thiza! Kutheni ngathi qho ngoMgqibelo kukho indlu etshayo nje? Siva kakubi ukuyiva loo nto. Kubhetele xa bengenzakalanga. Ke, ntlanganiso, ndiyacela ukuba siyifake le nto kwizinto eziza kuxoxwa namhlanje." Bavumelana bonke.

Ngoku wacela unobhala ukuba afunde imizuzu. Imizuzu yamkelwa. Usihlalo wabuza ukuba akukho mivuka na. Abantu ababuzanga mibuzo. Ngoku ke usihlalo wangena kumcimbi wokuqala – umcimbi wembalelwano. Unobhala-jikelele wathi kukho iileta ezintathu ezifikileyo. Ileta yokuqala yayivela eRhawutini kuSosiba woMbutho wabaSebenzi beeHotele womZantsi Afrika. Yayichaza ngenkomfa eyayiza kuba seRhafu ekupheleni kwenyanga elandelayo. Yayiza kuqala kusasa ngoLwesine umhla wamashumi amabini anesibhozo kuJulayi. Yayiza kuthatha iintsuku ezintathu.

Ileta yesibini yayivela kuMququzeleli weNational Language Project eSalt River. Yayichaza ngezifundo zeelwimi eziqhutywayo ngeemini ezithile ngokuhlwa. Ileta yesithathu yayivela kuMququzeleli wemidlalo woMbutho wabaSebenzi beeHotele baseBholani. Yayicela umngeni kwimidlalo ngemidlalo kumabala emidlalo aseWellington College of Education ngomhla wamashumi amathathu ananye kuJulayi. Iinjongo zale midlalo yayikukuvuselela umdla kwimibutho yabasebenzi nokunyusa ingxowa.

189

Vocabulary
ukucela umngeni - to challenge (into a fight or game)
izingxengxezo - apologies
imivuka - matters arising from the minutes
umququzeleli - organisor/convenor/co-ordinator
ityotyombe - shack
ukuvuselela - to revive

(a) Yayingubani umhlalingaphambili wale ntlanganiso?
(b) Yaqala xesha nini?
(c) Ngubani owenza umthandazo wokuvula?
(d) Xela izinto zibe mbini awazithandazelayo lo mntu.
(e) Yayingolwesingaphi le ntlanganiso?
(f) Nika isizathu sempendulo yakho ku-(e).
(g) Yayingeyiphi inyanga le ntlanganiso?
(h) Kwakutheni ukuze ubawo uCirha angezi entlanganisweni?
(i) Yayiza kuphela ngomhla wesingaphi inkomfa eRhafu?
(j) Yinyaniso okanye asiyonyaniso ukuthi: "Zininzi iingozi zomlilo ematyotyombeni"?
Nika isizathu sempendulo yakho.

3. Ungumsebenzi eKapa komnye wemizi-mveliso yakhona. Bhalela umhlobo wakho oseMonti umncokolele ngalo mzi usebenza kuwo. Ileta yakho mayibe malunga nephepha elinye ubude.

4. Abasebenzi bebexoxa shushu entlanganisweni yabo ngomcimbi weendawo zokungenela iintlanganiso. Baxoxe ixesha elide, kodwa ekugqibeleni bagqibe ukuba bathumele abantu ababini baye kuthetha nosihlalo woMbutho waBefundisi malunga nokusetyenziswa kweeholo zeecawe. Bhala ingxelo emalunga nephepha ubude ngale ntlanganiso.

5. Guqulela esiXhoseni:
Ladies and gentlemen, can I have your attention for a moment, please. I would like to make a few important announcements. There is some bad news and some good news. First, the bad news: We have received a phone message from the school principal, Mr Ruiters. He says all schools have been instructed by the Chief School Inspector of the Western Cape Region, not to allow workers' organisations to hold their meetings in school halls or classrooms. Therefore notices about the venue for our next meeting will be posted to you before Friday this week. However, if you have not yet received your notice by Thursday next week, you are requested to phone the general secretary or the chairperson. You all have their numbers.

Now here is the good news: The local Taxi Owners Association have agreed to pay for us all the expenses for sending delegates to the conference in Graaff Reinet at the end of July. What else by the way? O, yes! Here is other good news.

9.8 CONJUNCTIONS
In the preceding pages conjunctions have been used quite frequently. Although, as a learner, one may not be aware of it, there are three conjunctions which one

comes across and even uses, at a relatively early stage of one's learning of the language. These are:

kuba	-	because:	Ndiza kuya **kuba** ndifuna ukumbona.
kodwa	-	but:	Ndiyafuna ukuya **kodwa** andinamali.
okanye	-	or:	Uyahamba **okanye** uyasala?

The basic function of conjunctions is to join clauses within the sentence. They may join one main clause to another (compound sentences) or a subordinate (dependent) clause to the main clause (complex sentences). Although some grammarians classify conjunctions according to the clauses they join, it is more important to know the **mood** of the verb that is used after a particular conjunction. The conjunctions above, for instance, are all followed by a verb in the indicative mood.

In the following examples note the moods of the verbs that come after the conjunctions:-
1. Fundani **ukuze niphumelele** ekupheleni konyaka.
2. Ndifunda kakhulu **khona ukuze ndiphumelele** ekupheleni konyaka.
3. Ndiyabuza **ukuba uyandithanda** na.
4. Ndicela **ukuba nimamele** nje kancinane.
5. Ndiza kuya eRhini **nokuba** abazali bam **abavumi**.
6. Utitshala uza kuqala isifundo ngoku, **ngoko ke kufuneka** sithule.
7. Musa ukucula **xa usitya**.
8. Musani ukucula **xa nityayo**.
9. Ndiza kumbona **mhla wabuya**.
10. Siza kubabona **mhla babuyileyo**.
11. Masihambe ngoku, **kungenjalo siza kushiywa** yibhasi.
12. Ndiyamthamda **nangona egeza** nje.

Some conjunctions are used at the beginning of a sentence to link it to the preceding one.
e.g. Izolo ndidibene noSipho edolophini. **Phofu** asithethanga kuba bendingxamile. **Kambe ke** ndiza kumbona kwakhona ngomso, kuba ndiza kuya kowabo, ndiza kuya kumkhangela kwaPhaks eMalunga Park. Uyathanda ukuya phaya.

EXERCISE:
Join each of the following pairs of sentences with the conjunction in brackets:-
(a) Bantu, musa ukuphazamisa uNana. Wenza umsebenzi wesikolo. (kuba)
(b) USandile uza kuya eGugulethu. Uyazoyika iiNtsara. (nangona)
(c) Yima ngapha. Ubona kakuhle. (ukuze)
(d) Nxiba idyasi. Uza kugodola. (kungenjalo)
(e) Abantwana baza kuya. Abazali abavumi. (nokuba)
(f) Uyathanda ukucula. Wenza iti. (xa)
(g) Masikhawulezise. Siza kufumana ibhasi. (khona ukuze)
(h) Kufuneka sivuke ekuseni. Sifuna ukufumana ibhasi yokuqala. (ukuba)
(i) Umama ucebisa abantwana. Abantwana bafunda yonke imihla. (ukuba)
(j) Uyafuna ukuphumelela. Uyanqena ukufunda. (kodwa)

9.9 EFEKTRI

Kule fektri umalume uthi babetsala nzima kuqala. Babevuka ngenj' ixukuxa, baqale ukusebenza ngo-5 batshayise ngo-1, kungene itshifu yesibini. Itshifu yesithathu yayiqala ngo-9 ebusuku. Babefumana ikhefu leyure ngo-1.

Kuqala umalume waqeshwa kwicandelo lokuhlamba uboya. Yena wayesebenza ne-technician yokulungisa oomatshini bokuhlela uboya. Babenxiba ii-ovarolo eziluhlaza yaka. Emva kweminyaka emibini iziphathamandla zamnyusela. Kwakhona waba ngumabhalana wemivuzo. Wafumana umvuzo othe chatha noko. Nakule fektri baqala umbutho wabasebenzi. Umalume waba ngumhlalingaphambili walo mbutho. Babhala izikhalazo zabo bazinika iziphathamandla. Bakhalazela imivuzo, amaxesha omsebenzi, iiholide, iimali zama-owuva, ukhuseleko ezingozini emsebenzini, ngakumbi iingozi zokwenzakaliswa ngoomashini naziikhemikhali; bakhalazela nezimilo zabaphathi-basebenzi nemeko yasemsebenzini ngokubanzi.

Iziphathamandla zazama ukuzilungisa ezi zinto. Abasebenzi bakhelwa amagumbi okuhlamba namagumbi okuphumla. Iziphathamandla zathenga izinto zokudlala: iidrafti, iidatsi, amakhasi, iibhola, njalo njalo. Zakha ikhefi emsebenzini. Abasebenzi bathenga khona izinto zokutya nezinye izinto ngamaxabiso abhetele kunawezinye iikhefi. Bafumana iholide yenyanga ngonyaka. Bahlawula imali yomhlalaphantsi. Iziphathamandla zakha izindlu zamayeza, zaqesha nomongikazi. Bonke abasebenzi bafundiswa uncedo lokuqala. Iziphathamandla zihlawulela abasebenzi ngemfundo yabantwana babo. Umsebenzi ofuna ukufunda ngembalelwano ziyamncedisa ngemali nangeencwadi. Kuqala zazingafuni ukuzenza ezi zinto. Abasebenzi bagwayimba, bayeka ukusebenza iveki yonke, zaza iziphathamandla zanikezela. Namhlanje izinto azimntakaNgqika noko.

Namhlanje umalume ngumntu omkhulu. Ungumlomo wabasebenzi lonke ixesha. UnguSibakhulu wombutho wabasebenzi bemizi yokwenza iimpahla kuMzantsi Afrika wonke. Uhamba iintlanganiso ezinkulu kulo lonke eli. Igama lakhe ngundabamlonyeni kubasebenzi, kubaphathi beefektri nasebantwini ngokubanzi. Amaphepha athetha ngaye. Abasebenzi bayamthanda kodwa akathandwa nguRhulumente. AbakwaNtsasana bayathanda ukumvalela, kodwa abambeki tyala.

Ndiyazidla ngomalume wam. Ngenye imini igama lakhe liya kubhalwa ezimbalini zomzabalazo wabasebenzi.

Vocabulary

ngenja ixukuxa	-	very early (idiomatic expression. (lit. when the dogs rinse their teeth)
izinto azimntakaNgqika	-	things have improved (idiomatic expression)
chatha	-	a little more (ideophone)
ukhuseleko	-	security
uncedo lokuqala	-	first aid
ukugwayimba	-	to go on strike
yaka	-	bright green (ideophone)
isimilo	-	behaviour
uSibakhulu	-	Secretary-General
ukuba ngumlomo	-	to be the spokesperson (idiomatic expression: lit. to be the mouth)
abakwaNtsasana	-	police

ukuzidla	-	to be proud
umzabalazo	-	struggle (for rights)

EXERCISES:

1. Bhala isincoko esimalunga nephepha elinye ubude ngenye yezi ntloko zilandelayo:
   Ukubaluleka kwemibutho yabasebenzi
   OKANYE
   Inkokeli yombutho wabasebenzi endiyithandayo

2. Kwelinye lamaphephandaba akhoyo kule ndawo uhlala kuyo, funda inqaku elithetha ngeendaba zabasebenzi, uze ke uze nalo eklasini ulishwankathele.

10. LAW ENFORCEMENT AND LAW COURTS

In this theme you will learn vocabulary and expressions related to law enforcement and the law courts. You will also learn the following aspects of grammar: **conjugation of the copulative** and the use of the **auxiliary kha-/khe**.

194

10.1 CONJUGATION OF THE COPULATIVE

The copulative, as it was stated earlier, is a predicate – a non-verbal predicate. Like its verbal counterpart, it can be used in different tenses and moods and it can have aspects. The copulatives that were treated in the earlier chapters were all in the present tense of the indicative mood. In Chapter 9 some examples of the indicative remote past tense of the identifying and descriptive copulative were used:

e.g. Ikharetshi labo **lalisemva** kwentloko ngqo.
  Kwakunzima ukutya nokulala.
  Wayelikrwala ngoko.
  Waba ngumabhalana kwakhona.
  Nakwa-Railway impatho **yayimbi**.
  Umalume **waba ngumhlalingaphambili**.

These sentences can be changed into the future or perfect tenses. Therefore they are conjugated by using them with the auxiliaries **ba-**, **be-** and **aye-**. (N.B. **be-** is the perfect form of **ba-**.) The past tenses are most commonly used in their continuous forms. Therefore only these forms shall be treated here.

10.1.1 The future tense
(a) Identifying copulative
Impersonal
Yinja > Iza kuba yinja-Ayizi kuba yinja.

Personal
Ndiyinja > Ndiza kuba yinja -Andizi kuba yinja.

(b) Descriptive copulative
(1) From qualificatives
Mde > Uza kuba mde – Akazi kuba mde.
Bakrwada > Baza kuba krwada – Abazi kuba krwada.
(2) From locative
BaseGugulethu > Baza kuba seGugulethu.
Abazi kuba seGugulethu.

10.1.2 The continuous perfect tense
(a) Identifying copulative
Yinja > Ibe iyinja (Full form)/**Ibiyinja** (Short form).
Ibe ingeyonja/**Ibingeyonja**.
Ndiyinja > Ndibe ndiyinja/**Bendiyinja**.
Ndibe ndingeyonja/**Bendingeyonja**.
(b) Descriptive copulative
(1) From qualificatives
Ndimhle > Ndibe ndimhle/**Bendimhle**
Ndibe ndingemhle/**Bendingemhle**.
Ndikrwada > Ndibe ndikrwada/**Bendikrwada**.
Ndibe ndingekrwada/**Bendingekrwada**.
(2) From locative
Ndisekhaya > Ndibe ndisekhaya/**Bendisekhaya**.
Ndibe ndingekho khaya/**Bendingekho khaya**.

10.1.3 The continuous remote past tense
(a) Identifying copulative
Yinja > Yaye iyinja/**Yayiyinja**.
Yaye ingeyonja/**Yayingeyonja**.
Ndiyinja > Ndaye ndiyinja/**Ndandiyinja**.
Ndaye ndingeyonja/**Ndandingeyonja**.

(b) Descriptive qualificative
(1) From qualificatives
Mhle > Waye emhle/**Wayemhle**.
Waye engemhle/**Wayengemhle**.
Bakrwada > Baye bekrwada/**Babekrwada**.
Baye bengekrwada/**Babengekrwada**.
(2) From locative
UseMonti. > Waye eseMonti/**WayeseMonti**.
Waye engekho Monti/**Wayengekho Monti**.

N.B.
1. The indefinite subject concord **i-** is used with the auxiliary if the identifying copulative is impersonal.
2. The short forms of the continuous past tenses are more commonly used than the full forms in everyday speech.
3. The **non-standard** forms of the negative descriptive copulative from qualificatives are more popular than the standard forms given above. Most mother tongue speakers use the following forms in non-formal situations:
   Wayengemhlanga.
   Babengekrwadanga.
4. These continuous past tenses can also take future tense forms such as:
   Bendiza kuba ngumabhalana.
   Ndandiza kuba krwada. etc.

10.1.4 The other moods of the copulative
The copulative can also be used in the following moods by conjugating the auxiliary **ba-**:
the infinitive
the imperative
the subjunctive
the future tense of the participial

(a) The infinitive
ukuba yititshala	-	Ukungabi yotitshala
ukuba krwada	-	Ukungabi krwada
ukuba mdala	-	Ukungabi mdala
ukuba sengxakini	-	Ukungabikho ngxakini

(b) The imperative
Yiba yititshala	-	Musa ukuba yititshala.
Yiba mfutshane	-	Musa ukuba mfutshane.
Yiba krwada	-	Musa ukuba krwada.
Yiba semgceni	-	Musa ukuba semngceni.

(c) The Subjunctive
(1) Present tense
Umama ufuna **ndibe yititshala**.	-	Umama ufuna **ndingabi yotitshala**.
Inyama ndifuna **ibe ninzi**.	-	Inyama ndifuna **ingabi ninzi**.
Ndifuna **nibe sengxakini**.	-	Ndifuna **ningabikho ngxakini**.

(2) Past tense
Ndifike **ndaba yititshala**.	-	Ndifike **(andaba) andabi yititshala**.
Wathetha **waba mfutshane**.	-	Wathetha **(akaba) akabi mfutshane**.
Wafika **waba sengxakini**.	-	Wafika **(akaba) akabi sengxakini**.

(d) The participial
1. Present tense
   It is formed by prefixing the (participial) subject concord before the copulative formative in the case of identifying copulatives and descriptive copulatives formed from adjectives.
   e.g. Ndifike **bengamalungu** ombutho.
   Ndifike **bebaninzi** abantu phaya.

In the case of descriptive copulatives formed from relatives and locatives, the present participial is identical with the present indicative, except when the subject is a noun of classes 1, 1a, 2, 2a or 6. In these classes the subject concords **u-**, **ba-** and **a-** change to **e-**, **be-** and **e-** respectively. (This is the case also with verbal predicates that are in the participial.)
   e.g. Ndilibona **libomvu**.
   Ndifike **nisekhaya**.
   but: USipho usekhaya > Ndifike uSipho **esekhaya**.
   Bakrwada > Ndibabona **bekrwada**.
   Abomvu > Ndiwafumene **ebomvu**.

(2) Future tense
   The auxiliary **ba-** is used as in the future tense of the indicative, but the subject concords of classes 1, 1a, 2, 2a and 6 change as in (1) above.
   e.g. Ndifike **niza kuba sengxakini**.
   Ndifike **beza kuba sengxakini**

EXERCISES:
1. Rewrite each of the following and give the correct form of the word in brackets:
   (a) Kule veki izayo (zininzi) iimoto eziya eNewlands.
   (b) Ndifike apha ngoFebruwari uLwazi (mkhulu), kodwa ngoku ubhityile ngenxa yomsebenzi.
   (c) Andrew, khawuphendule kakuhle. Musa (usisidenge).
   (d) (Sisityebi) kumnandi kuba uthenga yonke into oyifunayo.
   (e) Bafika apha ngo-1983 (bancinane), kodwa ngoku bakhulile.
   (f) Kulo nyaka uzayo (singamalungu) ekomiti yemidlalo.
   (g) Izolo (ndingunozinti) kumdlalo weeYoung Tigers neeEarly Birds. Lo mdlalo (useRhini).
   (h) Bafundiswa izinto ngezinto khona ukuze (baziinkokeli) ezinolwazi oluphangaleleyo.
   (i) Yena ufuna (ungusomashishini), kodwa abantwana bakhe ufuna (bangamagqwetha).

2. Give the Xhosa for:
   (a) How was the week-end?
   (b) How was the game between U.C.T. and Fort Hare?
   (c) How was the holiday?
   (d) What was it like in Durban?
   (e) What was the cold like in Matatiele?
   (f) What do you think it will be like in court tomorrow?
   (g) What are the girls like in East London?
   (h) I thought he was going to be the guest speaker.
   (i) He wants to be an advocate, but he does not want me to be a lawyer.

10.2 FUNDA LE MIHLATHANA ILANDELAYO NGOCOSELELO:

USithohlo ngumzala kamalume. Ngunyana kaNonqashalala. UNonqashalala liwele likaNozingqi. UNonqashalala noNozingqi ngoodadobawo bakamalume. Bobabini uSithohlo nomalume bakhulela eTsomo. Bayalingana ngobudala. Nasesikolweni bangena kunye, kodwa uSithohlo yena waphuma msinya esikolweni. USithohlo nguye yedwa kowabo. Iinkomo neegusha zakowabo zazininzi kakhulu. Abazali bakhe bamkhupha esikolweni esenza ibanga lesine kuba kwakungekho malusi. USithohlo ngumfo omde, owomeleleyo othuleyo, olungileyo. Ukhaliphile kodwa akawuthandi umlo. Kuthiwa wayenjalo eseyinkwenkwe. Namhlanje ngumfuyi owaziwayo phaya eTsomo.

Ukuya koomalume eRhawutini ngejoyini wayekhona uSithohlo. ERhawutini uSithohlo wafumana ilishwa – ilishwa lokubanjwa. Wabanjwa kwinyanga yesixhenxe esemgodini. Kwakusele iinyanga ezimbini phambi kokuba ayigqibe ijoyini yakhe.

Uthi umalume le nto yenzeka ngolu hlobo: Ngenye impelaveki, ngoMgqibelo malanga, baphuma enkomponi bay' ezivenkileni kude-kufuphi nenkomponi. Iivenkile zazikufuphi nelokishi. Ecaleni kweevenkile kwakukho igaraji. Oomalume babengamakhwenkwe amathathu: yayinguye noSithohlo, noNonkenyana waseNgqamakhwe. Babephethe iintonga zabo, njengesiqhelo.

Xa befika ezivenkileni babona iqelana lamakhwenkwe amalunga neshumi elinesixhenxe phambi kwale venkile babesiya kuyo. Ngobudala la makhwenkwe ayemalunga neshumi elinesixhenxe ukuya kwishumi elinesibhozo leminyaka. Ayekhabelana ngebhola, etshayisana ngezoli. Kwakuvakala ivumba lomya. Kula makhwenkwe kwakukho enye eyayinde kunamanye, imnyama ngathi lilahle letreyini. Le nkwenkwe yathi yakubona oomalume: "Nazi iibhanki zethu zifika, madoda." Yaphendula enye yathi: "Uthini na, Speedy? Uthi uza kutsala?" "Ayikho enye indlela," utshilo uSpeedy.

Ukuphuma kwabo ekhefi weza kubo lo Speedy ephethe izoli engalayitwanga. Wafika wacela umatshisi. Kwaphendula uSithohlo wathi abanawo kuba "asitshayi sonke." Abazange beme; waphendula behamba. Ngoku uSpeedy wathi mabamboleke ipeni azithengele. Wathi yena akanamali kuba akasebenzi. Waphendula kwakhona uSithohlo wathi abanayo imali bonke. USpeedy wajikela ngaphambili kuSithohlo ezama ukumvalela indlela, wathi: "Awu, mfondini, uthetha ukuthini ukuthi aninamali, kodwa niphuma evenkileni? Niyasebenza futhi. Kutheni abanye bethethelwa nguwe nje? Ingathi unenyongo futhi. Khawuthi, yintoni le isepokothweni?" Watsho ezama ukufaka isandla sakhe epokothweni kuSithohlo. USithohlo wamtyhalela phaya. Bakhuza abahlobo bakaSpeedy, abanye bahleka. Bahamba bona ooSithohlo. Wacaphuka uSpeedy akuhlekwa ngabahlobo bakhe. Wakhupha imela wajikela ngaphambi kukaSithohlo wathi: "Sidenge semurhu, uzama ukwenzani? Ngubani lo umtyhala njalo?" Watsho ephakamisa ingalo ezama ukumhlaba. USithohlo wahlanganisa ngengalo, watsiba phaya. USpeedy waphinda wazama ukumhlaba kwakhona, kodwa ngoku uSithohlo waphindisa. Wambetha entloko ngentonga, wagxadazela, wawa phantsi. Beza bebaleka abahlobo bakaSpeedy. Babaleka bemka ooSithohlo baya enkomponi. Ingalo kaSithohlo yayisopha. Enkomponi bafika babhalisa esangweni ukuba babuyile. Umantshingilane wathi mabaye endlwini yoncedo lokuqala ukuze inxeba likaSithohlo libotshwe.

Vocabulary

ilishwa	-	misfortune
kude kufuphi-	-	a short distance from
njengesiqhelo	-	as usual
ukutsala	-	to withdraw money from a bank
futhi	-	moreover
inxeba	-	wound
umya	-	dagga
ivumba	-	smell
imurhu	-	coloq. for ignorant person from rural areas (ignorant in the ways of town life and forms of behaviour)
ukuphindisa	-	to hit back

EXERCISES:

1. Phendula le mibuzo ilandelayo:
   (a) Chaza ukuba umalume noSithohlo bazalana njani na.
   (b) Ngoobani abanye abantwana bakuloSithohlo?
   (c) Yinyaniso okanye asiyonyaniso ukuthi:-
   "Abazali bakaSithohlo yayingamahlwempu?"
   (d) Nika isizathu sempendulo yakho oyinike ku-(c).
   (f) Liphi ikhaya: (1) likaSithohlo?
   　　　　　　　　　(2) likamalume?
   　　　　　　　　　(3) likaNonkenyana?
   (g) Ngubani omdala phakathi kukamalume noSithohlo?
   (h) Abazali bakaSithohlo bamkhuphela ntoni esikolweni?
   (i) Wabanjwa emva kwexesha elingakanani efikile eRhawutini uSithohlo?
   (j) Yinyaniso okanye asiyonyaniso ukuthi: "USithohlo wayethanda ukubetha abanye abantu?"
   (k) Nika isizathu sempendulo yakho oyinike ku-(j)
   (l) Ukubanjwa kukaSithohlo kwakusele iinyanga ezingaphi iphele ijoyini yakhe?
   (m) Yintoni "iwele"?
   (n) Nika eli balana intloko efanelekileyo. (Mayingabi ngaphezulu kwamagama amathathu.)

2. Bhala incoko phakathi kukaSpeedy noSithohlo. Le ncoko mayiqale ngolu hlobo:
   　　　USPEEDY:　　Uxolo, bakhuluwa bam. Ndiboleka umatshisi.
   　　　　　　　　　　Ningakhathazeki noko.
   　　　USITHOHLO:

10.3 UKUBANJWA KUKASITHOHLO

Kusasa ngeCawe. Esangweni lenkomponi kwaMagqadaza kufika abecuphi ababini. Bathetha noMantshingilane osesangweni. Bafuna uSithohlo.

ABECUPHI: Molo, mhlekazi.
UMANTSHINGILANE: Ewe ke, molweni bahlekazi.
OMNYE UMCUPHI: Mhlekazi, ndinguSajini Sixashala mna. NguSajini Ntamnani lo ndihamba naye. Sivela eDiepkloof Police Station.
UMANTSHINGILANE: O-o, ndiyavuya ukunazi, Sajini. Namkelekile kwaMagqadaza. Mna ke ndinguSitywathi Mabholosane; ndingomnye woomantshingilane balapha. Ikhaya lam liseLedifreyi kwilali yakwaRhaqo kwesikaManzezulu Mthikrakra. Ninjani ke ngempilo?
USIXASHALA: Hayi siphilile, Jojo; akukho nto Zikhali, Mabombo, Tiyeka, Butsolobentonga. Ngaphandle komsebenzi nje.
USITYWATHI: Awu, utsho kum kanye xa utshoyo. Ungumni ke wena, nkosi yam?
USIXASHALA: O-o, mna ke ndingumGxubane.
USITYWATHI: Awu, awu! Matshaya, Mbathane, Xesibe, Khandanyawana!
USIXASHALA: Ndim kanye ke lowo. E-e, Zikhali mfondini, sicela ukubuza.
USITYWATHI: Hayi kulungile, Matshaya.
USIXASHALA: Kuqala, ngaba abantu abaphumayo nabangenayo apha niyababhala?
USITYWATHI: Kunjalo.
USIXASHALA: Nibabhala lonke ixesha?
USITYWATHI: Kunjalo kanye. Nokuba usebenza apha nokuba ulundwendwe.
USIXASHALA: Heke! Nibabhala phi?
USITYWATHI: Sibabhala kule ncwadi. Nantsi.
USIXASHALA: Izolo ubukhona apha emva kwemini?
USITYWATHI: Ewe, izolo ndingene ngo-1 emini, ndaphuma ngo-8 ebusuku.
USIXASHALA: Akungenanga msebenzi wophisayo?
USITYWATHI: Ewe, ungene, ndamthumela kwindlu yoncedo lokuqala.
USIXASHALA: Uyamazi igama lakhe?
USITYWATHI: Ewe, ndiyamazi. Ngumfana waseTsomo; nguSithohlo Sixwayi.
USIXASHALA: Ukhona ngoku?
USITYWATHI: Ndicinga njalo, kuba akaphumanga apha namhlanje.
USIXASHALA: Singambona njani?
USITYWATHI: Uhlala kwa-16 Block B. Ningaya, kodwa ke kufuneka nibhale amagama enu apha encwadini kuqala, nibhale nexesha lokungena nomcimbi eniwuzeleyo. Ngumthetho walapha ke lowo.

UNTAMNANI:	Hayi, kulungile. Umthetho ngumthetho. Siyazi kakuhle loo nto. (Bayabhala) Kulungile ke, Jojo. Siyabulela. (Abecuphi bafika endlwini yooSithohlo, bahambe noSithohlo baye kumvalela esiseleni esikhululweni samapolisa eDiepkloof.)
USIXASHALA:	Molweni, madoda. Sicela ukuthetha noSithohlo Sixwayi.
USITHOHLO:	Ndim uSithohlo Sixwayi. Akukho nto imbi kodwa?
USIXASHALA:	Hayi noko, kodwa ke ikhona. NguSajini Ntamnani lo ndihamba naye. Mna ndinguSajini Sixashala. Sivela eDiepkloof Police Station. Sinqwenela ukuya nawe khona.
USITHOHLO:	Hayi, kulungile, ukuba anizi kundibulala.
USIXASHALA:	Hayi noko asizozigebenga. Singabantu bomthetho. Sinqwenela ukukubuza imibuzwana embalwa malunga nomntu obhubhe izolo ngokubethwa kufutshane neevenkile. Nantsiya imoto yethu esangweni.

Vocabulary and expressions

isango	-	entrance
isajini	-	sergeant
umcuphi	-	detective
namkelekile	-	you are welcome
ilali	-	village
ndim kanye lowo	-	that's me (said after somebody has recited your clan-praises)
uhgumni?	-	what is your clan-name?
undwendwe	-	a visitor
ukophisa	-	to bleed (also ukopha for the part of the body that is bleeding or the cut or wound e.g. Ingalo kaSipho iyopha. But USipho uyophisa.)
umcimbi	-	matter/issue/business
izigebenga (isibenga)	-	killers (killer)

EXERCISES:

1. Jika le ncoko ibe yingxelo. Qala ingxelo yakho ngolu hlobo:
   "Izolo enkomponi yakwaMagqadaza kufike abecuphi ababini behamba nge..."

2. Jika le ngxelo uyinike ku-1 ngokuqala ngolu hlobo:
   "Ngomhla wesibini ka-Oktobha ngo-1985 enkomponi yakwaMagqadaza kwafika abecuphi ababini behamba nge...

3. Funda lo mhlathana ulandelayo, uze ke wenze incoko phakathi kukaSithohlo nabecuphi, uSajini Ntamnani noSajini Sixashala esikhululweni samapolisa:
   Bakufika esikhululweni samapolisa bamvulela uSithohlo wehla evenini.

Bangena naye ngaphakathi. Ngaphakathi bangena naye kwenye i-ofisi, bamhlalisa phantsi esitulweni. Bamxelela ukuba kukho umntu onguSpeedy Msomi obhubhele esibhedlele eBaragwanath ngephezolo. Ubungqina babahlobo bakhe babusithi ubethwe lijoyini lakwaMagqadaza. Bambuza imibuzo malunga nomlo wangezolo. Inkcazo yakhe yonke bayibhala phantsi. Emva koko bambeka isityholo sokubulala, bamvalela esiseleni. Bamxelela ukuba ngoLwesibini uza kuvela enkundleni kamantyi.

Vocabulary

ubungqina	-	evidence
isityholo	-	charge (from ukutyhola to accuse)
inkundla	-	court
umantyi	-	magistrate

4. Funda lo mhlathana ulandelayo, uze ke wenze incoko:
   (1) Phakathi kukamalume, noNonkenyana nobawo uBugqwangu nabanye abahlobo bakaSithohlo.
   (2) Phakathi kukamalume nepolisa esikhululweni samapolisa

Bakumka noSithohlo abecuphi umalume, uNonkenyana, uGqibilizwe, uMasimini nobawo uBugqwangu badibana ngomcimbi wokubanjwa kukaSithohlo. Benza ezi zigqibo zilandelayo: Bagqiba ukuba bafune igqwetha lokumela uSithohlo. Bakhetha igqwetha uSilumko wakwaWallace and Associates. Bagqiba ukuba umntu ngamnye kubo akhuphe amashumi amahlanu eeponti khona ukuze bahlawule ibheyile ukuba uSithohlo wayeyifumana, bahlawule nedipozithi yegqwetha. Bakhetha umalume ukuba ngengomso aye esikhululweni samapolisa eDiepkloof, abuze umhla wetyala, abuze nangebheyile. Kwakuza kufuneka aye kucela kumanejala wenkomponi, achaze ukuba kwenzeke ntoni na. Bathi kufuneka aphathele uSithohlo iimpahla zokutshintsha kunye nemalana yokuzithengela into etyiwayo. Ukusuka emapoliseni wayeza kuya e-ofisini yakwaWallace and Associates, athethe negqwetha uMnu. Silumko. Abanye bathi aze abethele abazali bakaSithohlo ucingo abaxelele ngale nto, kodwa ubawo uBugqwangu wala. Wathi kubhetele balinde, mhlawumbi uSithohlo ayifumane ibheyile. Wathi kubhetele ileta kuba ucingo luyothusa.

Ngosuku olulandelayo umalume waya esikhululweni samapolisa. Waxelelwa ukuba uSithohlo akavumelekanga ukuba abe neendwendwe kodwa uvumelekile ukuba aziselwe ukutya neempahla zokutshintsha nemali yokuzithengela izinto. Ipolisa lamxelela ukuba umhla wetyala ungoLwesibini kwinkundla kamantyi, kwa-Court B. Lathi amatyala aqala ngo-9, kodwa alazi ukuba uSithohlo yena uya kubizwa nini na. Lathi alazi nto ngomcimbi webheyile kuba lowo ngumcimbi wabaphandi nomtshutshisi nomantyi. Lamxelela ukuba umphandi kweli tyala nguSajini Ntamnani. Labuza ukuba balifunile na igqwetha, waza umalume walixelela ukuba uSithohlo uza kumelwa nguMnu. Silumko wakwaWallace and Associates. Ipolisa lathi liyamazi uMnu. Silumko; yingcungela kumatyala okubulala nawentsangu. Umalume wacela indlela, wahamba.

Vocabulary and expressions

ibheyile	-	bail
umhla wetyala	-	date of hearing
ukothusa	-	to shock

ukuvumeleka	-	to be allowed
ityala	-	case (criminal or civil – plur. amatyala)
umphandi	-	investigating officer (from ukuphanda – to investigate/research)
uphando	-	investigation
ingcungela	-	an expert
intsangu	-	dagga
ukucela indlela	-	to announce intention to leave (idiomatic expression)
ukutshintsha	-	to change
ukumela	-	to represent

5. Izolo ubuye esikhululweni samapolisa. Ubuqala ukungena ngaphakathi esikhululweni samapolisa. Chaza konke okubonileyo.

10.4 MANDLAKAPHELI AT A LAWYER'S OFFICES

Umalume ufika e-ofisini yamagqwetha kwaWallace and Associates. Uthetha nomabhalana kwi-ofisi yokwamkela abantu. Umabhalana umbuza imibuzo – igama, ifani, ukuba uyaqala na ukuza apho, apho ahlala khona, igqwetha afuna ukulibona, njalo njalo.

Incoko 1
Yenza le ncoko kamalume nomabhalana wakwaWallace and Associates.

Incoko 2
Umalume uncokola noMnu. Silumko.
(Bakuphuma abantu e-ofisini kaMnu. Silumko umabhalana ungena e-ofisini kaMnu. Silumko amxelele ngomalume. Uyabuya kwakhona abize umalume, athi angangena. Umalume uyangena. UMnu. Silumko uyaphakama ambulise ngesandla.)

USILUMKO: O-o, molo, Mnu. Mandlakapheli. NdinguMvuzo Silumko mna. Kunjani kodwa? Chopha nasi isitulo.
UMALUME: Ndiyavuya ukukwazi, kudala ndisiva ngawe. Hayi siphilile ngaphandle kweengxaki zeli lizwe. Ninjani nina?
USILUMKO: Hayi siphilile nathi, ngaphandle komsebenzi neengxaki ezi uzixelayo. Azipheli zona. Ndingakunceda ngantoni ke, mhlekazi?
UMALUME: Mhlekazi, ndize kucela uncedo lokumelwa. Umhlobo wam uvalelwe.
USILUMKO: Ngubani igama lakhe?
UMALUME: NguSithohlo Sixwayi.
USILUMKO: Uvalelwe phi?
UMALUME: UseDiepkloof Police Station.
USILUMKO: Yinto yanini le?
UMALUME: Yinto yayizolo kusasa.
USILUMKO: Sithini isityholo abekwa sona?
UMALUME: Sisityholo sokubulala.
USILUMKO: Uyazi ukuba kwenzeke ntoni?
UMALUME: Ewe, mhlekazi, bendikhona ukwenzeka kwayo yonke le nto.

USILUMKO:	Khawutsho. (Umalume unika inkcazo ngomcimbi kaSithohlo wonke.)
USILUMKO:	Uthi kuthiwa uya ngomso enkundleni?
UMALUME:	Kunjalo kanye, mhlekazi.
USILUMKO:	Uyamazi umcuphi ophanda eli tyala?
UMALUME:	Ewe, kuthiwa nguSajini Ntamnani.
USILUMKO:	O-o, ndiyamazi uSajini Ntamnani. Mamela ke, Mnu. Mandlakapheli. Ndiza kuwuthatha lo mcimbi. Ke iindleko zethu ngamashumi amahlanu eeponti. Ukuba ityala liye ejajini kuza kufuneka enye imali elikhulu leeponti, kuba kuza kufuneka sifune igqwetha lejaji. Mna ndiligqwetha lenkundla kamantyi qha. Siyevana?
UMALUME:	Hayi siyevana, mhlekazi. Ndikuva kakuhle mna. Ke mhlekazi, ndicela uqhube. Ikhona imali endize, nayo.
USILUMKO:	Hayi khawume ngemali okwangoku ndiza kumfowunela uSajini Ntamnani. Masenze ngolu hlobo. Ngomso masidibane phaya enkundleni ngo-10. Uze uze noNonkenyana. Ndiza kucela ukuba limiswe eli tyala. Ndiza kumcelela ibheyile uSithohlo. Zenize nemali khona ukuze nihlawule ibheyile ukuba siyayifumana. Ndiyathemba ukuba siza kuyifumana. Siyevana?
UMALUME:	Hayi, siyevana mhlekazi. Kodwa ke kukho enye ingxakana.
USILUMKO:	Yintoni?
UMALUME:	Ndicela ubhale ileta ucele umanejala wenkomponi asikhulule ngomso.
USILUMKO:	Hayi asiyongxaki leyo. Umabhalana uza kuyibhala uhambe nayo. Kulungile ke. Sobonana ngomso enkundleni. Uhambe kakuhle. Ndiza kuzama ukumbona uSithohlo phambi kokuba angene emkhumbini.
UMALUME:	Usale kakuhle nawe, mhlekazi. Ndiyabulela.
USILUMKO:	Linda phaya ngaphambili umabhalana uza kukunika le leta kamanejala wenkomponi.

Vocabulary and new expressions

Yinto yanini le?	-	When did this happen? (lit. it is a thing of when?)
Masenze ngolu hlobo	-	let's do this
ukumisa	-	to postpone
okwangoku	-	for the time-being
ejajini	-	to the supreme court (lit. to the judge – supreme court is "inkundla ephakamileyo", but this term is used mostly in formal situation, "to the judge" is the more commonly-used form)
umkhumbi		witness box

EXERCISES:

1. Zenzele umfanekiso-ngqondweni (mind-picture) kaMnu. Silumko, uze ke umchaze ngokwenkangeleko, ngokwesithomo, nangokwesinxibo. Chaza nomfanekiso onawo we-ofisi yakhe.

2. Translate into Xhosa:
On the following morning my uncle and Nonkenyana went to the magistrate's court in town. They arrived at 10 o'clock sharp. They met Mr Silumko. He looked happy. He greeted them and introduced himself to Nonkenyana. He told them that he had talked to Sithohlo. He said he thought that Sithohlo would get the bail, because he thought the prosecutor would not oppose the application for bail.
   Sithohlo was called into the witness box at about 11 o'clock, when the court started again after (the) tea (break). After he was sworn in (caused to swear) the magistrate read out the charge to him (for him) and asked: "Do you plead guilty or not guilty? Sithohlo replied: "Not guilty." There was an interpreter. The magistrate spoke English and the interpreter interpreted into Xhosa. The magistrate asked the prosecutor if he wanted to ask the accused any questions. The prosecutor said he did not wish to ask the accused any question. However, he wished to ask the court to postpone the case. The magistrate asked the defence (lawyer of the accused) if he had any questions. Mr Silumko said he, too would be happy (glad) if the case were postponed, because he needed time to consult with the accused and his witnesses. He requested that the accused be granted (given) bail. He said the accused was a contract labourer at the mine; he would not run away because he still had two months before completing his contract. The magistrate asked the prosecutor if he was opposed to the granting of bail (to the request for bail). The prosecutor said he had no objection. The case was postponed to the following Friday. Sithohlo was very happy. My uncle, Nonkenyana and Sithohlo went with Mr Silumko to his office. There, Mr Silumko asked them many questions. He wrote down everything. He asked them to come again on the Thursday of the following week with the old man, (father) Bugqwangu.

Vocabulary

application for bail	-	isicelo sebheyile
to be sworn in	-	ukufungiswa (from "ukufunga" to swear)
Do you plead guilty or not?	-	Unetyala nokuba akunatyala?
interpreter	-	itoliki
interprete	-	ukutolika
the accused	-	ummangalelwa (this term is used also for "defendant" and "respondent")
to consult	-	ukuthethana (or ukudlana iindlebe which is an idiomatic expression)

3. Yenza incoko yefowuni phakathi kukaMnu. Silumko noSajini Ntamnani. Bathetha ngetyala likaSithohlo.

4. UnguNdodomzi Mandlakapheli (umalume). Uyafika enkomponi, uvela emapoliseni nasemagqwetheni. Abakhaya bakho, uNonkenyana,

uMasimini, uGqibilizwe nobawo uBugqwangu bayabuza: "Uhambe njani ke edolophini?" Yenza ingxelo eqala ngolu hlobo:
"Ndihambe kakuhle kakhulu...."

5. USithohlo ubuyile; uphume ngebheyile. Uncokolela abahlobo bakhe ngokubanjwa kwakhe nentlalo yasesiseleni. Yenza le ncoko.

6. USithohlo ubhalela abazali bakhe abachazele ngetyala lakhe. Bhala le leta. Ubude beleta yakho mayibe liphepha elinye.

10.5 THE USE OF THE AUXILIARY -KHA/KHE

The auxiliary **-kha** (which so far has been used only in polite requests – hortative construction) can be used also in statements and questions. When used in the hortative construction, it was noted earlier, **-kha** does not take the subject concord, and it does not stand apart from its complementary verb, but is attached to it and functions as a hortative morpheme.

In statements and questions **-kha** is used separately from its complementary verb, and it takes its own subject concord. It may be used in the present, past and future tenses. In all these tenses it is followed by a verb in the subjunctive mood.

(a) Present tense
| Positive | - | Negative |
| Ndikhe ndimbone | - | Andikhe ndimbone |

The positive expresses "sometimes/from time to time/now and then/occasionally/usually/normally." Thus:
Ndikhe ndimbone means **I normally see him/I see him from time to time**.

(b) Perfect tense
Positive	-	Negative
Ndikhe ndambona	-	Andikhange ndimbone
(I saw him at a		Andimbonanga
glance)		Andikamboni

The positive expresses "for a moment/in passing/at some stage in the recent past" or "to have taken some time to do something."
e.g. Ndikhe ndathetha naye. - I talked to her for a moment.
      Ndikhe ndaphumla.   - I have taken some time to rest.

The perfect tense can be used in the continuous form by prefixing the auxiliary **be-** before the subject concord of **-khe** without any change in meaning.
e.g. **Bendikhe ndambona.**   Andikhange ndimbone or Andikhange
      Negative: ndikhe ndimbone. (Andikhange
                                  khendimbone.)

The negative has some other forms that are quite frequently used but which are regarded as non-standard. These are:
Andikaze ndimbone.
I have as yet not had the opportunity to see him.
Andikakhe ndimbone.

(c) Remote past tense

Positive	-	Negative
Ndakha ndambona	-	Andizange ndimbone.
Ndakhe ndambona	-	Andizange ndikhe ndimbone.
		Andikamboni.

The positive expresses "once" and the negative "never". Thus the above examples mean "I once saw him," and "I never saw him."
The remote past has also a continuous form:
e.g. Ndandikhe ndambona.
(Negative of this is the same as those of its simple form.)

Note:
1. The continuous forms of the perfect and the remote past tenses are used alternately with their simple counterparts without any differences in meanings
   e.g. **Ndikhe ndambona** and **Ndakhe/ndakha ndambona** respectively have the same meanings with **Bendikhe ndambona** and **Ndandikhe ndambona**.
2. The continuous forms can also be followed by the present subjunctive
   e.g. Besikhe siye eRhini.
         Sasikhe siye eRhini.
   This construction expresses "used to...". Thus the above examples mean:
   We used to go to Grahamstown

   The negatives of these are:
   Besingakhe siye eRhini or Besingayi eRhini. (Perfect)
   Sasingakhe siye eRhini or Sasingayi eRhini. (Remote)

(d) Future tense

Positive	-	Negative
Ndiza kukhe ndisebenze	-	Andizi kukhe ndisebenze (very rarely used)
		Ndiza kukhe ndingasebenzi. (more common)

The future of -kha/khe expresses "for once," "to get a chance to do something" or "to do one thing for a while before doing something else." Thus the above example may mean:
For once, I will work.
I will have a chance to do some work.
I will work for a while first.

EXERCISE:
Prepare answers to the following questions as in question 1. Questions will be asked in class by the instructor who will indicate whether you should answer in the positive or negative:
1. Question: - Wawukhe waya esikhululweni samapolisa?
   Answers: - Ewe, ndandikhe ndaya esikhululweni samapolisa.
              (Positive) Hayi, andizange ndikhe ndiye esikhululweni samapolisa./Hayi, andikayi esikhululweni

samapolisa./Hayi, andizange ndiye esikhululweni samapolisa. (Negative)

2. Wawukhe wasibona isidanga sikamantyi?
   ...... (Positive)
   ...... (Negative)

3. Ukhe uye enkundleni yakwamantyi.
   ...... (Positive)
   ...... (Negative)

4. Ukhe weva ukuba uSithohlo ubanjiwe?
   ...... (Positive)
   ...... (Negative)

5. Wawukhe uye ezi-ofisini zakwaWallace and Associates?
   ...... (Positive)
   ...... (Negative)

6. Amapolisa ebekhe aye enkomponi?
   ...... (Positive)
   ...... (Negative)

7. Ummangalelwa ebekhe athethe negqwetha lakhe?
   ...... (Positive)
   ...... (Negative)

8. Umtshutshisi ukhe ancokole negqwetha?
   ...... (Positive)
   ...... (Negative)

9. Abamangalelwa babekhe bayiphiwe iti enkundleni?
   ...... (Positive)
   ...... (Negative)

10. Wawukhe walala esiseleni sasesikhululweni samapolisa?
    ...... (Positive)
    ...... (Negative)

11. Nanikhe nalibona igqwetha lejaji lixoxa enkundleni?
    ...... (Positive)
    ...... (Negative)

12. Abafundi bakhe baleqwe ngamapolisa?
    ...... (Positive)
    ...... (Negative)

10.6 AT THE SUPREME COURT
The following lesson will be acted in class. Prepare your part as given to you by the instructor.

Uluhlu lwabadlali
Idindala lenkundla
Ijaji
USithohlo (ummangalelwa)
UMaqhinga (umtshutshisi)
UNtamnani (umphandi)
UNcutshe (igqwetha lejaji elimele uSithohlo)
UNkintsela (ugqirha)
UThabo Lesole (ingqina lamapolisa – state witness)

IDINDALA: Inzwi enkundleni!
(Ijaji iyangena inxibe isidanga esibomvu. Abantu bayaphakama bahlale phantsi yakuhlala phantsi ijaji.)

IJAJI: Sithohlo Sixwayi, wena utyholwa ngokuba wena ngomhla wethoba ka-Agasti 1952 ngoMgqibelo ngezithuba zika-4 malanga, wabulala uSpeedy Msomi ngokumbetha ngentonga entloko. Unetyala nokuba akunatyala?

USITHOHLO: Andinatyala.

IJAJI: Mnu. Maqhinga, ndinikela kuwe.

UMAQHINGA: Mhlekazi, ndiza kubiza ingqina lokuqala, uSajini Ntamnani. Sajini Mntanani, usebenza eDiepkloof Police Station?

UNTAMNANI: Kunjalo, mhlekazi.

UMAQHINGA: Wawusebenza ngomhla wethoba ka-Agasti, 1952?

UNTAMNANI: Kunjalo kanye, mhlekazi.

UMAQHINGA: Khawuchazele inkundla ukuba kwenzeka ntoni na malanga ngaloo mini emsebenzini wakho?

UNTAMNANI: Ngesithuba sika-5 kwafika uMnu. Makhambeni Msomi ehamba noThabo Lesole. Wafika wachaza ukuba unyana wakhe uhlaselwe lijoyini, wabhubha endleleni eya esibhedleni. Kodwa yena akazange ayibone ukwenzeka kwayo le nto. Umntu owayibonayo nguThabo Lesole.

UMAQHINGA: UThabo wambuza ukuba kwenzeke ntoni?

UNTAMNANI: Kunjalo kanye, mhlekazi. Wachaza yonke into, waxela ukuba umfi wazama ukuzikhusela wakhupha imela walihlaba engalweni elo joyini. Emva koko ndahamba noSajini Sixashala saya kukhangela eli joyini enkomponi kwaMagqadaza. Salifumana, saya kulivalela.

UMAQHINGA: Likhona elo joyini apha enkundleni namhlanje?

UNTAMNANI: Ewe, ngummangalelwa lowa usemkhumbini.

UMAQHINGA: Enkosi, Sajini. Andinambuzo wumbi.

IJAJI: Mnu. Ncutshe?

UNCUTSHE: E-e, Sajini, uThabo Lesole uthi wahlaselwa ngasizathu sini umfi?

UNTAMNANI: Uthi wacela umatshisi. Ummangalelwa wamtyhala, wamthuka, wambetha ngentonga?

UNCUTSHE: Uthi akazange enze okanye athethe nto yena umfi? Wacela nje umatshisi kuphela, waza ummangalelwa wamtyhala, wamthuka, wambetha?

UNTAMNANI: Kunjalo kanye, mhlekazi.

UNCUTSHE: Ayikumangalisanga wena loo nto wakuyiva?

209

UNTAMNANI:	Ayindimangalisanga kuba amajoyini ayathanda ukuhlasela abantu. Ayaxhoba lonke ixesha xa ehamba.
UNCUTSHE:	Axhoba ngantoni?
UNTAMNANI:	Ngeentonga.
UNCUTSHE:	Ummangalelwa wathini xa umxelela ukuba ubethe umntu wambulala?
UNTAMNANI:	Wothuka, wakhuza wathi: "Thiza, lilishwa lantoni eli?"
UNCUTSHE:	Ubumazi umfi lo esaphila?
UNTAMNANI:	Ewe, bendimazi.
UNCUTSHE:	Ubumazela phi?
UNTAMNANI:	Ndandikhe ndangumphandi wetyala lakhe.
UNCUTSHE:	Wayenze ntoni?
UNTAMNANI:	Wayephange umntu wathatha umvuzo wakhe wonke newotshi.
UNCUTSHE:	Yaba yintoni isiphelo selo tyala?
UNTAMNANI:	Umfi wafumana isigwebo sonyaka oneenyanga ezintandathu, zaxhonywa ezintandathu.
UNCUTSHE:	Enkosi, Sajini. Andinawo omnye umbuzo.
IJAJI:	Mnu. Maqhinga?
UMAQHINGA:	Enkosi, mhlekazi. Ngoku ndiza kubiza ingqina lesibini, uGqirha Nkintsela. (Ugqirha uyangena emkhumbini.) E-e, Gqirha Nkintsela, ungugqirha eBaragwanath Hospital?
UNKINTSELA:	Kunjalo, mhlekazi.
UMAQHINGA:	Ngomhla wethoba ka-Agasti kuwo lo nyaka wawuyile emsebenzini?
UNKINTSELA:	Ewe ndandiyile, mhlekazi.
UMAQHINGA:	Wawusebenza kweliphi icala?
UNKINTSELA:	Ndandisebenza kwicandelo leengxwelerha.
UMAQHINGA:	Khawuxelele inkundla ukuba kwenzeke ntoni na kweli candelo ngesithuba sika-4.30 malanga ngale mini.
UNKINTSELA:	Kwangeniswa umntu oyindoda okwisithuba seminyaka elishumi elinesibhozo ubudala. Wayeqhutywa ngesitretsha. Wayenengongoma enkulu entloko. Ndakumxilonga ndafumanisa ukuba intliziyo ayisabethi.
UMAQHINGA:	Oku kukuthi wayesebhubhile?
UNKINTSELA:	Kunjalo kanye, mhlekazi?
UMAQHINGA:	Yayiyintoni unobangela wokufa oko?
UNKINTSELA:	Uqhaqho lwesidumbu olwenziwa ngosuku olulandelayo lwabonisa ukuba wabulawa kukophela ngaphakathi entloko, kuba kwafumaneka amahlwili ebuchotsheni.
UMAQHINGA:	Yayiyintoni unobangela woku kophela ngaphakathi?
UNKINTSELA:	Yayikukubethwa ngesixhobo esingebukhali, intonga okanye umgqala, kwaphuka ithambo.
UMAQHINGA:	Enkosi, gqirha. Andinawo omnye umbuzo.
IJAJI:	Mnu Ncutshe?
UNCUTSHE:	Enkosi, mhlekazi. Ndinombuzwana omnye nje Gqirha Nkintsela, ngaba ikhona enye into owayibonayo apha emzimbeni kamfi?
UNKINTSELA:	Andiqondi kakuhle. Into enjengantoni mhlawumbi?
UNCUTSHE:	Inxeba, umkrwelo, umvumba – enye into ebonisa ukuba wabethwa kwiindawo ezininzi umfi.

UNKINTSELA:	Hayi, mhlekazi, kwakungekho nto yimbi.
UNCUTSHE:	Enkosi, gqirha. Ndiyabulela. Ayikho enye into.
IJAJI:	Gqirha Nkintsela, le ngongoma yayindawoni apha entloko.
UNKINTSELA:	Yayilapha ngaphezulu, entla kwesibunzi.
IJAJI:	Enkosi gqirha, ungakhululeka. Mnu Maqhinga?
UMAQHINGA:	Enkosi, mhlekazi. Ngoku ndiza kubiza uThabo Lesole. (UThabo uyangena emkhumbini.) Mnu Lesole, khawuchazele inkundla ukuba kwenzeke ntoni na ngomhla wethoba ku-Agasti kuwo lo nyaka ukuze umfi uSpeedy abhubhe. (UThabo uyinikile inkcazo yakhe yonke, waphendula yonke imibuzo kaMnu Maqhinga.)
IJAJI:	Mnu Lesole, uthi ummangalelwa akazange aqalwe tu ngumfi? Umfi wacela nje umatshisi, ummangalelwa wamtyhalela phaya, wamhlasela?
UTHABO:	Kunjalo kanye, mhlekazi.
IJAJI:	Mnu Ncutshe?
UNCUTSHE:	E-e, Mnu. Lesole, ukufika kommangalelwa nabahlobo bakhe ekhefi, uyakhumbula ukuba umfi wathi: "Nazi iibhanki zethu zifika, madoda?"
UTHABO:	Andizange ndimve esitsho.
UNCUTSHE:	Ukuba akuzange umve kwakutheni uze uthi: "Uthini na, Speedy? Uthi uza kutsala?"
UTHABO:	Andizange ndithethe loo nto mna.
UNCUTSHE:	Wamva umfi xa ecela umatshisi?
UTHABO:	Ewe, ndamva.
UNCUTSHE:	Akumvanga xa esithi: "Nazi iibhanki zethu zifika, madoda," nangona wayekufutshane nje kuwe, kodwa umvile xa ecela umatshisi nangona wayekude nje kuwe? (UThabo akaphendulanga.)
UNCUTSHE:	Enkosi, Mnu. Lesole. Andinawo omnye umbuzo.
IJAJI:	Mnu. Ncutshe, ndinikela kuwe. Ungabiza amangqina enu.
UNCUTSHE:	Enkosi, mhlekazi. Ndiza kubiza ummangalelwa, uSithohlo Sixwayi. (UNcutshe umbuze imibuzo emininzi uSithohlo, wagqibela ngokumbuza ngale ntonga wayeyiphethe.)
UNCUTSHE:	Mnu. Sixwayi, wawuxhobile ukuya kwakho evenkileni?
USITHOHLO:	Hayi, ndandingaxhobanga, mhlekazi.
UNCUTSHE:	Intonga le wambetha ngayo umfi ayisosixhobo?
USITHOHLO:	Hayi, ayisosixhobo. Ndiyayiphatha lonke ixesha kuba sisithethe samaXhosa ukuba indoda okanye inkwenkwe ingahambi ngaphandle kwentonga.
UNCUTSHE:	Uthetha ukuba ukuphatha intonga akubonisi ukuba uneenjongo zokuhlasela umntu? Sisithethe nje?
USITHOHLO:	Kunjalo kanye, mhlekazi.
UNCUTSHE:	Kulungile, enkosi. Andinambuzo wumbi.
IJAJI:	Mnu. Maqhinga?
UMAQHINGA:	Enkosi, mhlekazi. (Umtshutshisi ubuze uSithohlo imibuzo emininzi waza wagqibela ngokuthi:) Mhlekazi, ndinqwenela ukwazisa le nkundla ukuba esi sithethe

	athetha ngaso ummangalelwa salahlwa kudala ngamaXhosa. AmaXhosa akasaphathi zintonga ngaphandle kwabantu abazimisele ukuhlasela abanye – abafana namajoyini la.
IJAJI:	Mnu. Maqhinga, uthetha ukuba akasekho amaXhosa azigcinayo izithethe namasiko awo.
UMAQHINGA:	Hayi, mhlekazi. Andithethi loo nto. Ndithetha nje ngesi sithethe sokuphatha intonga.
IJAJI:	Mnu. Ncutshe?
UNCUTSHE:	Mhlekazi, ndinqwenela ukungenisa eli phetshana. Liphetshana lasesibhedlele, libonisa uluhlu lweempahla ezazinxitywe ngumfi kunye nezinto ezazisezipokothweni zakhe ukufika komzimba wakhe emkhenkceni wasesibhedlele. Inkundla iya kuqaphela ukuba kwezi zinto kukho ibhokisi yomatshisi nezoli yomya.
IJAJI:	Mnu. Ncutshe, uzama ukubonisa ntoni kanye ngale nto?
UNCUTSHE:	Mhlekazi, ndizama ukubonisa ukuba umfi wayengafuni matshisi kuba wayenawo. Enye into ndizama ukubonisa ukuba umfi lo wayeyintshayi yentsangu. Wayengeyongelosi. Ndingathi wayeyindlavini yomphangi. Mhlekazi, ngoku ndiza kubiza ingqina lokugqibela. (UNcutshe wabiza ubawo uBugqwangu. Ubawo uBugqwangu unike ubungqina bokuba isithethe sokuphatha intonga asikalahlwa ezilalini. Wathi indoda okanye inkwenkwe ayihambi ngaphandle kwentonga. Wathi bona majoyini bavela ezilalini. Izithethe basazigcinile nokuba ziyafa na ezidolophini. Wanika ubungqina nangesimilo esihle sikaSithohlo.)
UNCUTSHE:	Enkosi, bawo uBugqwangu. Mhlekazi, ndiyabulela.
IJAJI:	Mnu, Maqhinga?
UMAQHINGA:	Enkosi, mhlekazi. Andinambuzo.
IJAJI:	Kwesi sithuba inkundla iza kukhe ithi xha. Iya kuhlala ngomso ngo-10. Inkundla iyathemba ukuba isigwebo siya kuphuma ngomso ukuba izishwankathelo azithathanga imini yonke. Inkundla iphumile.
IDINDALA:	Phakamani. (Abantu bayaphakama, baphume yakumka ijaji. Abanye bayancokola.)

Vocabulary

Inzwi!	-	Silence! (always used exclamatorily)
ndinikela kuwe	-	(I hand) over to you
ukumangalisa	-	to surprise
ukuxhoba	-	to be armed
ukukhuza	-	to exclaim
icandelo leengxwelerha	-	trauma unit
ukuphanga	-	to mug
ukuxhoma isigwebo	-	to suspend the sentence (or part thereof)
umkrwelo	-	a scratch
umvumba	-	a weal
ukuqala (umntu)	-	to provoke someone
isithethe	-	a norm/convention

isiko	-	a custom
indlavini	-	a thug/ruffian
umphangi	-	a mugger
ingelosi	-	an angel
isishwankathelo	-	a summary
kwesi sithuba	-	at this point
umfi	-	the deceased

EXERCISES:

1. Yenza isishwankathelo ocinga ukuba senziwa:
   (a) ngumtshutshisi, uMnu. Maqhinga.
   (b) ligqwetha lommangalelwa, uMnu. Ncutshe.

2. Yenza isishwankathelo, ukhuphe nesigwebo sakho njengejaji kweli tyala.

3. Igqwetha lommangalelwa nomtshutshisi babuza ubawo uBugqwangu.

4. Phendula le mibuzo ilandelayo:
   (a) Umtshutshisi wabiza amangqina amangaphi?
   (b) Ngoobani la mangqina aku-(a)?
   (c) Ubawo uBugqwangu wanika ubungqina bantoni ngoSithohlo?
   (d) Gqibezela esi sivakalisi:
   UMnu. Ncutshe wakhupha ubungqina bephepha lasesibhedlele elinoluhlu lweempahla zikamfi nezinto ezazisezipokothweni kuba wayefuna ukubonisa ukuba ....
   (e) Yinyaniso okanye asiyonyaniso ukuthi:
   "Ityala likaSithohlo lathatha usuku olunye ejajini."
   Nika isizathu sempendulo yakho.

5. (a) Ubawo uBugqwangu uncokola negqwetha uMnu. Silumko wakwaWallace and Associates. Ubelele esibhedlele inyanga eneeveki ezimbini ngenxa yengozi yemoto. Kule ngozi waphuka umlenze. Ngoku umlenze wakhe usesesamenteni. Ufuna icebo malunga nemali yamathambo.
   Kule ncoko iku-A, vala izikhewu ngeziya ntetho ziku-B.

A. Incoko enezikhewu

USILUMKO: . . . . . .?
UBUGQWANGU: Ewe mhlekazi, ndiqhutywa yingxaki.
USILUMKO: . . . . . .?
UBUGQWANGU: Ndenzakala, mhlekazi. Ndagilwa yimoto.
USILUMKO: . . . . . .?
UBUGQWANGU: Kulaa ndlela isuka enkomponi kwaMagqadaza iya elokishini, ngakwesiya siphambuka singena egaraji. Yiveki yesixhenxe le?
USILUMKO: Yintoni kanene igama lesiya sitrato?
UBUGQWANGU: . . . . . .
USILUMKO: Hayi, akukho nto. Amapolisa aza kulazi. . . . . . .?
UBUGQWANGU: KwakungoMgqibelo ngomhla wesithathu, ukuba andiphazami.

213

USILUMKO:	......?
UBUGQWANGU:	Kwakusemva kwedinala, ngezithuba zika-3.
USILUMKO:	......?
UBUGQWANGU:	......
USILUMKO:	Uhlala phi yena?
UBUGQWANGU:	......
USILUMKO:	Azizange zimke iingqondo?
UBUGQWANGU:	......
	......
USILUMKO:	......?
UBUGQWANGU:	Afika msinya kakhulu.
USILUMKO:	Abizwa ngubani?
UBUGQWANGU:	......
USILUMKO:	Ayithatha imephu yengozi?
UBUGQWANGU:	......
USILUMKO:	......?
UBUGQWANGU:	Ewe, yemisa, mhlekazi.
USILUMKO:	Wasiwa ngamapolisa esibhedlele?
UBUGQWANGU:	......
USILUMKO:	Amapolisa ambamba umqhubi wale moto?
UBUGQWANGU:	Kutshiwo, kuba kuthiwa wayenxilile.
USILUMKO:	......?
UBUGQWANGU:	Ewe, afika abuza imibuzo, ndawanika inkcazo yonke.
USILUMKO:	......?
UBUGQWANGU:	Besiyile kule veki ngoLwesibini, izolo elinye kodwa limisiwe.
USILUMKO:	......
UBUGQWANGU:	Limiselwe umhla weshumi kule nyanga ingapha kwale izayo.
USILUMKO:	......?
UBUGQWANGU:	......
USILUMKO:	Ndiyabona. Ngoku ke ufuna sikuncedise ekufuneni imali yamathambo?
UBUGQWANGU:	Ndizele loo nto kanye apha, mhlekazi.
USILUMKO:	Kulungile ke, kukho eminye imibuzo endifuna ukukubuza yona. Siyevana ke, tata uBugqwangu?
UBUGQWANGU:	Hayi, siyevana mhlekazi.

B. Iintetho zokuvala izikheweu ku-A

1. Afika nini wona amapolisa?
2. Hayi mhlekazi, ndandisezingqondweni zam zonke. Namapolisa ndawabona ukufika kwawo.
3. Phi? Yinto yanini leyo?
4. Limiselweni nini?
5. Ndandisiya evenkileni nomfo waseNgcobo, uMpukwana Mnqamfu.
6. Umqhubi usengaphakathi?
7. Andifuni kuxoka, mhlekazi. Andilazi tu.
8. Anikayi enkundleni?
9. Sihlala kunye enkomponi kwaMagqadaza.
10. Kwenzeke ntoni emlenzeni?
11. Akazange abizwe. Ayezigqithela nje, ayibona le ngozi.

12. Hayi, ungaphandle ngebheyile.
13. Wawuhamba nabani?
14. Yemisa phofu le moto?
15. Kwakungomhla wesingaphi?
16. Hayi, ndasiwa nge-ambulensi.
17. Amapolisa akhe afika kuwe esibhedlele.
18. Xesha nini, usakhumbula?
19. Ewe, ndawabona emeta, ebhala.
20. Singakunceda, bawo uBugqwangu?

Vocabulary and expressions

Ndiqhutywa yingxaki	-	I came because of a problem (lit. I'm being driven by a problem – other ways of saying it: Ndisukelwa/ ndileqwa yingxaki > I'm being chased by a problem.)
ukuphazama	-	to make a mistake/to be mistaken
iingqondo	-	plural of ingqondo (brain) used to mean "consciousness" – ukumka kweengqondo < to lose consciousness. Therefore: Azizange zimke iingqondo = Did you not lose consciousness?
imephu yengozi	-	accident plan (lit. map of the accident)
ukumeta	-	to take measurements/to measure
imali yamathambo	-	M.V.A. claim (lit. money of the bones – sometimes referred to as: imali yengozi)
ukuxoka	-	to tell lies
isamente	-	p.o.p (lit. cement)
icebo	-	advice

5. (b) Wena nomhlobo wakho ningubawo uBugqwangu negqwetha lakhe uMnu. Silumko. Qhubani le ncoko iku-5(a). Igqwetha malibuze imibuzo phantsi kwezi ntlokwana zilandelayo:
   (1) Amagama, ifani, idilesi, ubudala, umhla wokuzalwa, imedical aid nemfundo
   (2) Imeko yomtshato, uhlobo lomtshato, isiqinisekiso somtshato
   (3) Abantu abondliwa nguye (abaxhomekeke kuye) – umfazi, abantwana, iminyaka nemihla yokuzalwa kwabo, izinto abazenzayo, neziqinisekiso zabo zokuzalwa okanye zokuphehlelelwa
   (4) Umsebenzi – umhla awaqala ngawo, umqeshi/abaqeshi, umvuzo
   (5) Isibhedlele – igama lesibhedlele, umhla woku-ngena esibhedlele, igama likagqirha wakhe, inambala yekhadi lesibhedlele, ikhadi lesibhedlele, umhla wokuphuma esibhedlele
   (6) Amapolisa – isikhululo sala mapolisa afikayo ngomhla wengozi

Vocabulary

imfundo	-	(level of) education
umtshato	-	marital status
isiqinisekiso	-	certificate
ukuphehlelela	-	to baptise

abantu abondliwa nguye	-	dependants (lit. people who are fed by him/people who depend on him) (abaxhomekeke kuye)
umqeshi/abaqheshi	-	employer/employers

6. (a) Bhalela uMphathi-mapolisa weSithili (District Commandant) ucele ikopi yemephu yengozi kaBugqwangu, kunye nezinye iinkcukacha (details) malunga neli tyala.
   (b) Bhalela uMphathi wesikhululo samapolisa (Station Commander) umthumele ikopi yalaa leta iku-(a) apha ngentla.

More legal terms and expressions

The following is a list of terms and expressions that are related to law enforcement and law courts, but which have not been used in the preceding pages of this chapter. Learn them and then use them in the essays given below.

ubudlwengu	-	rape
isidlwengu	-	rapist
ukudlwengula	-	to rape
umyolelo	-	a will
ukudela inkundla	-	contempt of court
unothimba	-	messenger of the court
umabhalana wenkundla	-	clerk of the court
ukukhanyela	-	to deny
isamana (idarhifari)	-	summons
igunya	-	authority
ukugunyazisa	-	to authorise
ilifa	-	inheritance (estate)
ilungelo	-	a right
ukuba nelungelo	-	to have a right
ukungcolisa igama	-	to defame (lit. to make a name dirty)
inkundla yamatyala endlela	-	traffic offences court
ukuwisa isigwebo	-	to pass a sentence
inkundla yamatyala embambano	-	civil court (lit. court of dispute cases)
ukuhlamba igama	-	to pay damages for defamation of character
ukuya ematyaleni	-	to go to court (any court)
ukulahlwa lityala	-	to lose a civil case
ukubhena	-	to appeal
isibheno	-	an appeal
inkundla yezibheno	-	court of appeal
imali yesondlo	-	(money for) maintenance
uqhawulo mtshato	-	divorce
ukuqhawula umtshato	-	to divorce
inkundla yoqhawulo-mtshato	-	divorce court
ukuvuma ityala	-	to admit guilt or liability or to plead guilty

imali yesisu	-	payment for pregnancy damages (lit. money of the stomach)
inkundla yesithili	-	regional court
inkundla yenqila	-	tribal court/chief's court
intlawulo yokuvuma ityala	-	admission of guilt fine
ubungqina obufungelweyo	-	sworn statement or affidavit
isicelo sokubhena	-	leave to appeal
ukukhaba isicelo	-	to turn down an application (e.g. for bail, leave to appeal)
inkundla yabantwana	-	juvenile court
ubungqina bobuxoki	-	perjury
umantyi omkhulu	-	chief magistrate

EXERCISE:

1. Bhala isincoko esimalunga nezivakalisi ezingama-20 ukuya kuma-25 ngenye yezi ntloko zilandelayo
   (a) Ubugqwetha
   (b) Iinkundla ngeenkundla
   (c) Amapolisa

2. Sebenzisa la magama nala mabinzana alandelayo kwizivakalisi:
   (a) ukubhena
   (b) umabhalana wenkundla
   (c) ukukhatywa kwesibheno
   (d) inkundla yamatyala embambano
   (e) intlawulo yokuvuma ityala
   (f) unothimba
   (g) ukugunyazisa
   (h) isamani
   (i) umantyi omkhulu
   (j) ukudela inkundla

11. SOCIAL AND WELFARE SERVICES

This section is intended for those learners who work or intend to work in the fields of social and welfare services.

11.1 INCOKO ETREYININI
UDebby Smith udibana nomama uCarol Grant etreyinini. Mamela le ncoko yabo:

UDEBBY: Molo mama. Ndingahlala apha ecaleni kwakho?
UCAROL: Ewe, ungahlala; akukho mntu uhleli apha.
UDEBBY: Ayizalanga noko le treyini namhlanje.
UCAROL: Hayi noko, ayizali ngeli xesha. Izala kakhulu ngezithuba zoo-6.30 ukuya ku-8.30.
UDEBBY: Bendicinga ukuba ndiza kufika abantu bebaninzi.
UCAROL: Kukhona uphangelayo?
UDEBBY: Hayi mama, andisebenzi: ndiya nje edolophini. Ndisaphumza ingqondo.
UCAROL: Akusebenzi? Wenza ntoni?
UDEBBY: Ndiyafunda.
UCAROL: Ufunda phi?
UDEBBY: Ndifunda e-U.C.T.
UCAROL: O, inene? Intle loo nto! Wenza ntoni ke phaya? Intombi yam iphaya. Mhlawumbi uyayazi, uGail Grant.
UDEBBY: Ndigqibezela iB.A. Social Work kulo nyaka. Ndiyamazi uGail.
UCAROL: Inene? Ufundela ukuba ngunontlalontle? Hayi, intle loo nto. Andikubuzanga igama; ndinguCarol Grant mna, unakaGail. NdiseForeshore ngentsebenzo, kwa-Easy Travel. Ndiseholideyini kodwa ngoku.

UDEBBY: NdinguDebby Smith mna.
UCAROL: Uza kusebenza phi kulo nyaka uzayo?
UDEBBY: Ukuba izinto zihamba kakuhle, ndifuna ukusebenza kwa-Child Welfare, nokuba kuphi na.
UCAROL: Uyathanda ukusebenza nabantwana?
UDEBBY: Kakhulu.
UCAROL: Hayi ke, masithembe ukuba izinto ziza kuhamba kakuhle. Anjani phofu amathuba emisebenzi yoonontlalontle?
UDEBBY: Maninzi kakhulu, mama.
UCAROL: Hayi ke, kuhle Debby; ndikunqwenelela impumelelo. Ndiyehla apha.
UDEBBY: Enkosi, mama. Kumnandi ukuthetha; ndiza kumxelela uGail ukuba ndidibene nomama wakhe, sancokola.

Vocabulary and explanations

ukuba izinto zihamba kakuhle	-	if all goes well
nokuba kuphi na	-	anywhere
amathuba emisebenzi	-	employment opportunities
kumnandi ukuthetha	-	it is good to talk (This expression is used after one has talked to a stranger and found it fruitful, e.g. discovering one is related to the stranger, the stranger has the same interests, knows someone who can help one in a problem one has etc. – in this case Debby discovers that Carol is mother of someone she knows.)
ndikunqwenelela impumelelo	-	I wish you success (Good luck!)

EXERCISE:
Phendula esinye kwezi zibhengezo zilandelayo, ucele umsebenzi.

Izithuba zoonontlalontle
(a) Cape Peninsula Child Welfare Association
    Bhalela ku: The Secretary
                Cape Peninsula Child Welfare Association
                P.O. Box 1065
                WYNBERG
    Umhla wokuqala kulo msebenzi ngumhla wokuqala kuJanuwari walo nyaka uzayo.
(b) Thulani Homes for the Aged
    Bhalela ku: The Secretary
                Thulani Homes for the Aged
                12 Pugh Street
                CLAREMONT 7700

11.2 ITHEKO LIKADEBBY
KwaSmith eMowbray kukho itheko lokuvuyisana noDebby ngokuphumelela isidanga seB.A. (Social Science) nangokufumana umsebenzi wokuba ngunontlalontle kwaChild Welfare eWynberg. Baninzi abantu. Kumnandi. Isithethi sembeko uNkosazana Cwayita Sandile, wenze intetho ehlwabisayo.

Uthethe ngokubaluleka koonontlalontle eluntwini. Nasi isishwankathelo esifutshane sentetho yakhe.

"Malanganje ndifuna ukuthetha ngokubaluleka koonontlalontle entlalweni yoluntu nangamathuba emisebenzi yoonontlalontle. Namhlanje yimini yokonwaba; ngoko ke ndiza kuthi gqaba, gqaba nje. Asiyomini yokumamela iintetho ezinde le. Kuqala, ndifuna ukucacisa ukuba uyintoni na unontlalontle. Njengokuba negama eli lisitsho, unontlalontle ngumntu ozisa ulonwabo ebantwini abakwimeko yosizi okanye yonxunguphalo, nokuba yintoni na intsusa yaloo meko. Ngoko ke ukuba ngunontlalontle kufuna umntu onentliziyo entle, onovelwano, nenyameko.

Kule mihla zininzi iinzima zobomi. Ilizwe lizele ziinkedama, yimigqakhwe, ngabazali abangatshatanga. Ubundlobongela buyanda yonke imihla; iintolongo neendimanga ziyaphuphuma; izitalato zizele ngabantu abangenamakhaya – abantu abadala nabantwana. Aba bantu baphila ngokungqiba. Amaphephandaba, oomabonakude, noonomathotholo bazele ziindaba ezingeembacu ezibaleka iindlala, iimfazwe noorhulumente abandlongondlongo. Yonke imihla siva okanye sifunda ngamaxhoba eentlekele ezinjengeenyikima, iimpuphuma njalo njalo. Namhlanje zininzi iindidi ngeendidi zezifo ezinganyangekiyo, nezinyangeka nzima. Iingxaki zanamhlanje ziphelisa ubuntu; abantu bazala abantwana babashiye; abantu abagugileyo abalondolozwa ngabantwana babo. Ngubani ozama ukuphucula yonke le meko? Ngubani ozisa ulonwabo kula maxhoba? Ngunontlalontle. Ngumsebenzi onzima. Ngoko ke ufuna iintsebenziswano ebantwini jikelele nakurhulumente. Oonontlalontle ziititshala, kuba nathi bayasifundisa ukuzisa ulonwabo kubantu abakwiimeko zosizi.

Amathuba emisebenzi yoonontlalontle maninzi kakhulu, kuba mininzi imibutho esekelwe ukujonga zonke ezi meko. Noorhulumente banawo amasebe ajongene nezentlalontle. Enkosi.

Vocabulary

imeko yosizi	-	miserable condition
unxunguphalo	-	distress
intsusa	-	source, origin, cause
umntu onentliziyo entle	-	compassionate person (lit. person with a good heart)
onovelwano	-	altruistic
inyameko	-	patience
iinzima	-	hardships
iinkedama	-	orphans
imigqakhwe	-	illegitimate children
abazali abangatshatanga	-	single parents
ubundlobongela	-	crime
iindimanga	-	mental hospitals
ukuphuphuma	-	to overflow
ukungqiba	-	to beg (for food and money)
iimbacu	-	refugees
indlala	-	famine, starvation
iimfazwe	-	wars
ubundlongo-ndlongo	-	tyranny
amaxhoba	-	victims
iintlekele	-	disasters

iinyikima	-	earthquakes
iimpuphuma	-	floods
ubuntu	-	kindness
ukulondoloza	-	to take care of
ukuphucula	-	to improve
intsebenziswano	-	co-operation
jikelele	-	generally, in general
intetho ehlwabisayo	-	an exciting talk (hlwabisa – cause to be excited)

(The verb **jongana**, the reciprocal form of **jonga** expresses **"responsible for"**. The suffix **-ana** is used here to express **constancy** of the action. Thus: **Bajongana neengxaki**... literally means **They look at the problems continuously.**)

EXERCISES:
1. Kule ntetho kaNkoszn Sandile, khupha amagama okanye amabinzana amagama okanye izivakalisi ezibonisa ukuba:
   (a) Kuyafuneka abantu babancedise oonontlalontle.
   . . . . . .
   (b) Umsebenzi woonontlalontle uyafana nowasesikolweni.
   . . . . . .
   (c) Baninzi abantu abagula ngengqondo namhlanje.
   (d) Abantu abanabubele namhlanje ngenxa yokuxakeka.
   . . . . . .
   (e) Akunzima ukufumana umsebenzi wokuba ngunontlalontle.
   . . . . . .
   (f) Abanye oorhulumente babaphatha kakubi abantu.
   . . . .
   (g) Amaxhego namaxhegokazi alahliwe ziintsapho zawo.
   . . . . . .
   (h) Oonontlalontle bayabathanda abantu. . . . .
   (i) Ubomi abulula. . . . .
   (j) Ukuba ngunontlalontle asingomsebenzi ulula.

2. Phendula le mibuzo ilandelayo:
   (a) Bekukho itheko lantoni kwaSmith?
   (b) Bebengakanani abantu kweli theko?
   (c) Yinyaniso okanye asiyonyaniso ukuthi:- "UNkszn Cwayita Sandile wenze intetho yakhe kusasa."
   (d) Nika isizathu sempendulo yakho ku-(c).
   (e) Kutheni amathuba emisebenzi yoonontlalontle enganqabanga nje?
   (f) Yinyaniso okanye asiyonyaniso ukuthi: "Yonke imihla sifunda iindaba ezimnandi zodwa kumaphephandaba."
   (g) Nika isizathu sempendulo yakho ku-(f).
   (h) Isithethi sithi namhlanje yimini yokwenza ntoni?
   (i) Ucinga ukuba abantu bazonwabise njani kweli theko? Xela izinto zibe ntathu.
   (j) Xela izifo zibe zibini ozaziyo ezinganyangekiyo okanye ezinyangeka nzima.
   (k) Bhala uluhlu (list) lwemibutho oyaziyo ejongene nezentlalontle kwisithili ohlala kuso ngoku.

(l) Chaza imisebenzi yemibutho ibe mibini kule uyidwelise (which you have listed) ku-(k). Inkcazo yakho kumbutho ngamnye mayingedluli kwizivakalisi ezihlanu.

3. Kwezi veki zimbini zilandelayo ukuqalela namhlanje, qokelela amanqaku amaphephandaba athetha **ngenye** yezi ntloko zilandelayo. Emva kweveki ezimbini uza kuza nawo eklasini la manqaku uncokole ngawo okanye ngamanye awo:
  (a) ubundlobongela
  (b) iintlekele – nokuba zezantoni na:- iinyikima: iingozi zezithuthi; iingozi zeetyhefu ekutyeni okanye emoyeni; njalo, njalo.
  (c) iimfazwe
  (d) iimbacu
  (e) iindimanga nabagula ngengqondo
  (f) abangqibi, abantu abangenamakhaya
  (g) inkam-nkam nabantu abagugileyo
  (h) abantu abenza (okanye abasebenza) imisebenzi kwezentlalontle
  (i) izifundo zobunontlalontle
  (j) imibutho eyenza imisebenzi kwezentlalontle.

11.3 E-OFISINI YOONONTLALONTLE – UMNTWANA OLAHLEKILEYO

E-ofisini kaDebby kwaChild Welfare eWynberg kufika uSajini Xhimfayo.

UXHIMFAYO: Nkqo, nkqo!
UDEBBY: Ngaphakathi.
UXHIMFAYO: Molo, nkosazana.
UDEBBY: Ewe, mhlekazi. Ungahlala nasi isitulo.
UXHIMFAYO: Enkosi, nkosazana. Ninjani phofu?
UDEBBY: Hayi, siphilile, ngaphandle komsebenzi nje. Ninjani nina?
UXHIMFAYO: Hayi akukho nto nakuthi; akuncedi nto ukukhalaza.
UDEBBY: Kuyanceda kanti ngelinye ixesha. NdinguDebby Smith ke mna. Ndizama ukucinga ukuba ndiza kuthi ungubani na, kuba ubuso ndibuqhelile; okanye kukufana kwabantu.
UXHIMFAYO: Abantu bafana okweenkomo, nkosazana. Phofu ke ndilapha ePolice Station eWynberg; mhlawumbi ukhe undibone apha esitratweni okanye phaya ecourt. Ndingu-Sajini Xhimfayo.
UDEBBY: Kusenokwenzeka. Usicinge ngantoni namhlanje?
UXHIMFAYO: Zizimanga zalo mhlaba. Kukho umntwana ofunyenwe ehamba yedwa waza wasiwa phaya kuthi ePolice Station.
UDEBBY: Inene? Ucholwe phi, nini?
UXHIMFAYO: Yinto yaphezolo le; ufunyenwe elele phezu kwebhanki esitishini.
UDEBBY: Apha eWynberg?
UXHIMFAYO: Kunjalo kanye. Sithumele emaphepheni alapha onke nakoonomathotholo.
UDEBBY: Ungakanani lo mntwana?
UXHIMFAYO: Nantso kanye ingxaki, kuba ukwisithuba seminyaka emibini ukuya kwemithathu. Akakwazi ukuphendula yonke imibuzo. Uyalixela igama, kodwa ifani akayazi.
UDEBBY: Uyabazi phofu abazali bakhe ne-adresi yakhe?

222

UXHIMFAYO:	Tu! Wazi ukuba ungumntakaTiti. Sakubuza ukuba uhlala phi na, usuka athi uhlala kuloBoy.
UDEBBY:	Uphi ngoku? Ulele phi phezolo? Ukhangeleka ephilile phofu?
UXHIMFAYO:	Phezolo ulele emzini kaStation Commander. Usephaya ke nangoku. Kuthiwa wonwabile nje kakuhle. Hay' uphilile nje, akanawo nowempumlo.
UDEBBY:	Kubhetele.
UXHIMFAYO:	Ngoku ke, nkosazana, ndize kukhangela ukuba aninakuwuthatha na lo mcimbi, nimgcine lo mntwana de abazali bakhe bavele. Nina kaloku ninazo iindawo zokugcina iinkedama nabantwana abangenamakhaya.
UDEBBY:	Kunjalo, mhlekazi. Kulungile ke ndinike nje iyure ibe nye. Ndiza kufika phaya e-ofisini yenu namaphepha afanele ukusayinwa, njalo, njalo. Ndifuna nokufowunela uMeyitroni waseLondoloza ndimxelele alindele undwendwe namhlanje. Enkosi kakhulu, ndiza kukubona phaya e-ofisini.
UXHIMFAYO:	Ndiye kumlanda lo mzuzu?
UDEBBY:	Hayi, myeke. Musa ukumlanda.
UXHIMFAYO:	Kulungile, sala kakuhle ke, Nkszn Smith.
UDEBBY:	Kuhle, Sajini.

Vocabulary and explanations

ubuso ndibuqhelile	-	the face is familiar
okanye kukufana kwabantu	-	or am I confusing you with somebody else?
abantu bafana okweenkomo	-	people do look alike (just like cattle – idiomatic expression) (lit. or is it because people look alike?)
kusenokwenzeka	-	it is possible, it might well be, it is quite likely
isimanga	-	mystery, something strange (**zizimanga zalo mhlaba** literally means **it's mysteries of this world**. It is an exaggerated exclamation usually used to express surprise or disgust that someone could do anything like the one under discussion e.g. Sgt Xhimfayo finds it disgusting that young children can be left to wander alone.)
usicinge ngantoni?	-	what can we do for you? (lit. what made you think of us today? This is normally asked from a person who does not normally visit and whose visit is predictably a business or professional one; it can also be used in the context of a friendly visit by someone who used to visit but who has not visited for a very long time.)
ukuchola		
ukungabi nawo nowempumlo	-	to be in very good health (idiomatic expression)

223

ukuthatha umcimbi   -   to take a matter
ukulanda   -   to fetch

EXERCISES:
1. Debby Smith goes to her superior, Naziwe Nzonza, and reports the case. After a brief discussion, Debby goes to the Police Station. Prepare (with a classmate) the brief dialogue in Naziwe's office. Your dialogue should not exceed ten uterrances per speaker.
2. Write a telephone conversation between Debby Smith and the Matron of the Londoloza Home, Sonja Marais, in which they discuss the admission of the child into Londoloza.
3. (a) Chaza ngokufutshane ukuba inkosikazi kaStation Commander weva njani na ukumka kwalo mntwana. (UStation Commander nenkosikazi wakhe abaphiwanga nzala.*)
   (b) UnguDebby Smith. Bhala inqaku eliza kuphuma ephepheni, uchaze ngalo mntwana ufunyenweyo, ucele abazali nabani na onolwazi ngalo mntwana, afowunele kwaChild Welfare eWynberg.
   (*They do not have children – lit. they were not given any progeny. This expression is a euphemism for saying **abazali** > they are sterile; it reflects the belief that fertility is a divine gift.)
4. UDebby uvela eLondoloza Home. Ngoku unika uNaziwe ingxelo emfutshane. Qhuba le ncoko. Iqala ngolu hlobo:
   UNAZIWE: Debby, uhambe njani kodwa?
   UDEBBY: ....

11.4 INTLANGANISO YOONONTLALONTLE

Kule mpelaveki iphelileyo ngoMgqibelo, oonontlalontle baseNtshona Koloni bebenentlanganiso phaya kwiHolo laBantu eRetreat. Le ntlanganiso iqale ngentsimbi yeshumi kusasa. Bebebaninzi kakhulu oonontlalontle kule ntlanganiso. Bekukho nabavela ePere, eVostile, eStellenbosch naseHermanus. Nanga magama abanye babo: uSipho Siqendu osebenza kwisikolo sezimumu nezithulu eVostile; uMandla Nqevu osebenza kwisikolo seemfama eVostile; uNobandla Twala osebenza kwikhaya labantu abagugileyo eHermanus; uDaphney Bonzet osebenzela uMbutho woLondolozo Lwezilima ePere; uDenver Brandt osebenza kumzi wamakhwenkwana aziinjubaqa eHermanus; uClare Ewels osebenzela iBhunga leeCawa zaseNtshona Koloni ePere; uFatima Ahmad osebenzela uMbutho woMnqamlezo oBomvu eStellenbosh; uNalin Naaido osebenza kwiKhaya laMakhoboka oTywala eStellenbosch.

Ibiyintlanganiso yokuqala kulo nyaka. Iinjongo zale ntlanganiso ibikukwamkela amalungu amatsha – aqalayo ukusebenza navela kwezinye iindawo. Enye injongo ibikukuxoxa ngamalungiselelo enkomfa yonyaka yoMbutho wooNontlalontle baseMzantsi Afrika. Kulo nyaka le nkomfa iza kuba se-Old Crossroads. Umxholo wenkomfa kulo nyaka iza kuba kukuSetyenziswa kweZiyobisi. UKholeka Bhelwana osebenzela uMbutho woMhlaza weSizwe, wazise ngephulo lokulwa ukutshaya. Eli phulo liza kuqala ngomhla wokuqala kule nyanga izayo kwiHolo laBantu eSea Point. Kuza kubakho izithethi, kuboniswe neefilimu. UDaphney Bonzet wazise ngomboniso wezinto ezenziwe ngabantu bekhaya lezilima ePere. Lo mboniso uza kuba ngomhla wamashumi amabini anesihlanu kule nyanga. Abafundisi bomsebenzi wezandla baza kubakho, baphendule imibuzo yabantu abafuna ukubuza.

Umhlalingaphambili wazise ngentlanganiso elandelayo. Uthe iza kuba seZwelethemba eVostile ngomhla weshumi elinesihlanu kule nyanga ingaphaya kwale izayo. Intlanganiso iphume ngo-11.30.

Vocabulary

iholo labantu	-	community hall
isimumu	-	a dumb person
isithulu	-	a deaf person
imfama	-	a blind person
iinjubaqa	-	juvenile delinquents
amalungiselelo	-	preparations
umxholo	-	theme
iziyobisi	-	drugs
iphulo	-	campaign (lit. hunting expedition)
umsebenzi wezandla	-	hand-work
umboniso	-	exhibition

EXERCISES:

1. Ngqina okanye uphikise. Kuqala jonga imizekelo (x) no-(y)
   Imizekelo:
   (x) Intlanganiso iqale ngo-2.30 ekuseni.
   Hayi, intlanganiso ayiqalanga ngo-2.30 ekuseni. Iqale ngo-10.00 kusasa.
   (y) Entlanganisweni bekukho namalungu amatsha.
   Ewe, entlanganisweni bekukho namalungu amatsha.
   (a) Igama lomhlalingaphambili lixeliwe.
   . . . . . .
   (b) Onke amalungu amatsha avela eyunivesiti.
   . . . . . .
   (c) UMandla Nqevu usebenza eStellenbosch.
   . . . . . .
   (d) KwiKhaya leZilima ePere kuza kubakho umboniso womsebenzi wezandla.
   . . . . . .
   (e) Inkomfa yonyaka yoMbutho wooNontlalontle boMzantsi Afrika iza kuba seBhayi.
   . . . . . .
   (f) Ukutshaya kulungile.
   . . . . . .
   (g) UMbutho woMhlaza weSizwe waseMzantsi Afrika uyakukhuthaza
   . . . . . .
   (h) UFatima Ahmad usebenzela uMbutho woMzantsi Afrika wama Gqwetha.
   . . . . . .
   (i) Kwinkomfa yonyaka oonontlalontle baza kuthetha ñgobudlwengu.
   . . . . . .
   (j) Le ntlanganiso ibiyintlanganiso yokugqibela kulo nyaka.
   . . . . . .

2. Bhala isincoko esimalunga nemigca engama-20 ubude ngenye yezi ntloko zilandelayo:-
   (a) Iziyobisi
   (b) Ukutshaya
   (c) Imibutho yezentlalontle
   (d) Amakhaya abantu abagugileyo nawabantwana abangenamakhaya.

3. UStation Commander waseWynberg nenkosikazi yakhe base-ofisini kaNaziwe Nzonza. Bacela ukuba banikwe laa mntwana wayefunyenwe esitishini abe ngumntwana wabo ukuba abazali bakhe abaveli. Yenza le ncoko yabo.

11.5 E-OFISINI KADEBBY SMITH – UMCIMBI WOMNTWANA WESIKOLO
E-ofisini kaDebby kufika utitshalakazi Weli Ntshontsho. Bancokola ngomcimbi womntwana wesikolo.

UWELI: Molo, nkosazana.
UDEBBY: Ewe. Naso isitulo, sisi.
UWELI: Enkosi
UDEBBY: Ndingakunceda ke, sisi?
UWELI: Ewe. NdinguWeli Ntshontsho mna. Ndifundisa eSandile Primary School, eRosebank. Ndize ngomcimbi womnye wabantwana endibafundisayo.
UDEBBY: Ewe. Yintoni ingxaki?
UWELI: Yimeko yasekhayeni lalo mntwana. Ngumntwana okrelekrele kakhulu, kodwa imeko yakhe ilusizi kakhulu. Nesinxibo sakhe sesikolo asixolisi; simdaka yonke imihla.
UDEBBY: Uxolo nje kancinci, ungandipha igama lakhe, nefani neadresi?
UWELI: NguJudy Roberts. Uhlala kwa-16 eNeptune Road eRosebank. Uhlala noninakhulu. Uninakhulu lo ngumhlolokazi. Akafumani nkam-nkam.
UDEBBY: Uphila yintoni?
UWELI: Uthengisa imifuno endlwini yakhe. Ngamanye amaxesha uthengisa namagwinya. Ngamanye amaxesha uhlamba iimpahla zabamelwane, kodwa iminyaka ayivumi. Ngamanye amaxesha ufumana amalizo ebamelwaneni.
UDEBBY: Hayi, zimbi ezi ndaba! Abazali balo mntwana baphi bona?
UWELI: Ngumntwana wentombi engatshatanga yalo makhulu. Kuthiwa yaginywa yiRhawuti. Kodwa ke uyise walo mntwana uyaziwa; uyasebenza kodwa akayihlawuli imali yesondlo.
UDEBBY: Ungakanani lo mntwana?
UWELI: Uneshumi elinesibini leminyaka. Ufunda kwibanga lesine ngoku.
UDEBBY: Ngubani yena uninakhulu?
UWELI: NguNkskz. Blanche Roberts.
UDEBBY: Titshalakazi, enkosi kakhulu ngokusazisa ngale nto. Ndiza kuya kumbona umakhulu Blanche Roberts.
UWELI: Hayi, singavuya kakhulu, nkosazana. Andilivanga igama lakho, nkosazana.

UDEBBY: O-o! Hay' uxolo, titshalakazi. NdinguDebby Smith mna. Ikhaya lam liseMowbray.
UWELI: Hayi ke nisale kakuhle, bantu. Uya kusazisa ke ukuba uhambe njani na. Nantsi inambala yefowuni yesikolo sethu.
UDEBBY: Enkosi, titshalakazi. Uhambe kakuhle.

EXERCISES:
1. Guqulela esiXhoseni:
   Debby and Naziwe discussed this case for a long time. They decided that Debby should visit Mrs Blanche Roberts. Indeed, on the following day Debby went to Mrs Roberts's house at Rosebank. Judy was there. She was still wearing her school uniform. She was eating brown bread with nothing spread on it, and she was drinking black tea. She was a very pretty young girl, but it was clear that she was not eating well. Mrs Roberts was ironing some clothes. She was friendly. She and Debby talked for a long time. She talked about her deceased husband and her daughter. They also talked about old-age pension. Debby said she would try and help her apply for it. They talked about Judy's father. Debby said she would help her demand (want) money from him for Judy's maintenance. They talked about Mrs Roberts's relatives and about old-age homes. Mrs Roberts said: "I hate old-age homes. I do not want to go to an old-age home. I want to die here. If I go to an old-age home, who will take care of my grand-daughter? If I am still living, my grand-child will not go to an orphanage. She is not an orphan. She has a home. This is her home. One day she will finish at school and go to university and become a social worker, just like you. She is intelligent; her teachers say so, and I agree with them. Perhaps one day my daughter, Sophie, her mother, will be tired of Johannesburg and come back. Things are very expensive."
2. Yenza incoko emfutshane phakathi kukaDebby noJudy. UDebby ubuza uJudy ngesikolo sakhe, abahlobo bakhe, ootitshala bakhe, izifundo zakhe, imidlalo ayithandayo nezinto zokudlala (toys) anazo.
3. Bhala isincoko ubalise ngetheko leKrismesi ebelenzelwe abantu abagugileyo.
4. UDebby uthetha nabemi baseGugulethu ngeLondoloza Home. Intetho yakhe ithi:
   "Ndingalinceda njani ikhaya labantwana abangenamakhaya?"
   Lungiselela ukwenza le ntetho eklasini.
   Here are other terms and expressions which the learner may find necessary to use in welfare-related conversation:

iinkxwaleko	-	(poverty-related) hardships
ukuxhwaleka	-	to suffer the effects of poverty-related hardship. Used mostly to describe physical appearance of the victim
amahlwempu	-	poor people
ubuhlwempu	-	poverty
ukwaluphala	-	to be aged (synonym of ukuguga)
ikhoboka lotywala	-	an alcoholic (lit. slave of liquor)
ukuhleleleka	-	to be unable to do the things your peers do or to look different from them because of poverty.

12. KNOW YOUR ENVIRONMENT

The aim of this section is to enable the learners to talk about their environments.

12.1 UDEBBY UNCOKOLA NONAZIWE
UNAZIWE: Debby, ibinjani ke iholideyi yakho?
UDEBBY: Yhu, sisi Naziwe, ibimnandi kakhulu. Into embi kukuba iphele msinya kakhulu. Bendiqala ukuya kweliya cala.
UNAZIWE: Injani ke iQwaqwa?
UDEBBY: Yindawo entle kakhulu. Ngumhlaba oneentaba ezintle, ezinde, ezinamawa.
UNAZIWE: Ukhe wenyuka entabeni?
UDEBBY: Hayi, andikuthandi ukunyuka intaba. Ndoyika iinyoka. Ndoyika nokuwa emaweni.
UNAZIWE: Abanye abakhenkethi bayazinyuka iintaba eQwaqwa?
UDEBBY: Ewe, kutshiwo, kodwa mna andibabonanga kuba andikhange ndiye. Bendithanda ukuya emlanjeni nasehlathini.
UNAZIWE: O-o, akhona amahlathi phaya?
UDEBBY: Ewe, akhona kodwa asingomahlathi makhulu ashinyeneyo. Mancinci. Umzi kamalume ukufutshane nomlambo.
UNAZIWE: Ubusenza ntoni emlanjeni nasehlathini?

UDEBBY:	Umzala wam uthanda ukufota indalo – iintaka, izityalo, izilwanyana neengxangxasi. Bendithanda ukuhamba naye. Bendithanda nokubukela abantwana xa bedada emlanjeni.
UNAZIWE:	Zikhona iingxangxasi phaya?
UDEBBY:	Ewe, zikhona kodwa zincinane. Bendiqala ukubona iingxangxasi. Zinomtsalane, ngakumbi xa amanzi emaninzi. Siye naseBloemfontein.
UNAZIWE:	Kunjani eBloemfontein?
UDEBBY:	Izakhiwo zihle kunezaseQwaqwa. Kaloku iBloemfontein yidolophu enkulu. Inezakhiwo ezide neemoto ezininzi nabantu abaninzi. Kuyaphithizela. Kodwa ngaphandle iyabethwa yiQwaqwa.
UNAZIWE:	Ibethwa njani?
UDEBBY:	Ayinamtsalane kum. Lilizwe elinamathafa amakhulu; akukho mithi namahlathi. Andiwathandi amathafa; ndithanda iintaba. EBloemfontein kunqabe neenduli ezi.
UNAZIWE:	Kukho ntoni kula mathafa? Akukho zintyatyambo?
UDEBBY:	Andibonanga zintyatyambo. Ndibone iifama ezinkulu zombona nezikajongilanga. Kodwa ke ingca ibiluhlaza. Iinkomo neegusha zininzi. Iibhokhwe zinqabile. EQwaqwa zininzi iibhokhwe.
UNAZIWE:	Belinjani izulu?
UDEBBY:	Yhu-u! Sis' Naziwe! Hayi, mus' ukuyithetha indaba yemozulu.

Vocabulary and explanations

amawa	-	precipices, cliffs
indalo	-	nature
izulu/imozulu	-	weather
uqikelelo lwemozulu	-	weather forecast
izanuse zemozulu	-	weather experts (lit. witch-doctors of weather)
iingxangxasi	-	waterfalls
umbona	-	mielies
ujongilanga	-	sunflower

EXERCISES:

(a) Chaza inkangeleko yendawo ohlala kuyo – ehlotyeni, ebusika, ekwindla nasentlakohlaza.

(b) Kule veki mamela uqikelelo lwemozulu kwinkqubo yesiXhosa kwirediyo okanye kwi-T.V., ubhale phantsi onke amagama okanye amabinza amagama (phrases) ongawaqondanga iintsingiselo zawo, uze nawo eklasini, ucele utitshalakazi akucacisele. Lungiselela ukuphendula lo mbuzo ulandelayo: "Zitheni izanuse zemozulu phezolo?"

12.2 IMOZULU/IZULU

UNksz Ntshontsho useklasini yakhe; uthetha nabantwana athi: "Mamelani ke. Namhlanje umntu ngamnye uza kusincokolela ngemozulu yendawo ahlala kuyo. Sifuna ukuva ukuba injani na kula maxesha mane onyaka. Niyeva? Kulungile, yiza ngaphambili, Gert. Khawusixelele ngemozulu yaseKhobonqaba. Mamelani kakuhle; uGert uza kusincokolela ngemozulu yaseKhobonqaba. Qhuba, Gert."

UGERT: Ikhaya lam liseKhobonqaba, njengoko senivile. Ndihlala efama phaya. IKhobonqaba iseMpuma Koloni. Yidolophu encinci kakhulu. Inabantu abamalunga namawaka amane. Ehlotyeni kushushu kakhulu; amaqondo obushushu ayafika kumashumi amane (40°C) ngezinye iimini, ngakumbi ngoJanuwari. Ukuqalela ngoNovemba ukuya kuFebruwari umyinge weqondo lobushushu umalunga namashumi amabini anethoba (29°C). Imvula yakhona ina ehlotyeni kodwa iimvula zokuqala zikholisa ukufika ekupheleni kukaSeptemba. Imvula ayixhaphakanga, inqabile. Iyathanda ukuhamba nemibane neendudumo. Ngamanye amaxesha kuwa isichotho. Ngamanye amaxesha kubakho isitshi okanye umkhwitsho nje. Imvula engumvumbi inqabile. EKhobonqaba kuyathanda ukubakho imbalela ehlotyeni. Imfuyo nezilimo ziyafa, abalimi basokole kakhulu. Kuvuthuza umoya oshushu, ulophu, kuqhume uthuli. Xa kukho imbalela abantu baya entabeni bathandazele imvula. Amafu abanika ithemba. Phofu ke imbalela ayibikho yonke iminyaka. Ndiyathanda ukuya eKhobonqaba ehlotyeni kuba kuhle kakhulu xa kungekho mbalela. Ndithanda ukubona inkungu irhuqa kufutshane ezindlwini. Ndiyathanda nokuhamba embetheni ngeenyawo kuba upholisa kamnandi. Ndiyathanda ukusela umoya wamatshona enkampini.

Andithandi ukuhlala eKhobonqaba ebusika kuba kuyabanda. Ndiyayoyika ingqele. Amaqondo obushushu ehla kakhulu, afike naseshumini (10°C) ngezinye iimini, ngakumbi ngoJuni. Amaqondo obushushu aqala ngoApreli ukuhla. Ukuqalela ngoMeyi ukuya ekupheleni kukaJulayi umyinge weqondo lobushushu umalunga neshumi elinesibini (12°C). Phantse yonke imihla ngoMeyi nangoJuni kubakho iqabaka kusasa, kodwa ke iqabaka ayilali xa bekukho umoya ebusuku. Yonke iminyaka ngoJuni okanye ngoJulayi, kuwa ikhephu.

Ekwindla kumnandi kuba kuyaphola – akubandi, akushushu, akududumi, akubaneki. Ixesha lonyaka endilithanda kakhulu yintlakohlaza. Ilizwe liba yintombazana; kuluhlaza phandle; izityalo ziyadubula; kukho iintyatyambo ezinemibala ngemibala emihle; iintaka ziyabuya, zicule kamnandi. Yonke indalo iyavuya kuba ubusika bugqithile.

Vocabulary and explanations

amaqondo obushushu	-	temperature (lit. levels of heat)
umyinge	-	average
umbane	-	lightning
iindudumo	-	thunder (always in the plural)
isichotho	-	hailstorm
isitshi	-	rain accompanied by wind
umkhwitsho	-	a drizzle
umvumbi	-	gentle and soaking rain
imbalela	-	drought
ukuvuthuza	-	to blow (of wind)

ulophu	-	bergwind
uthuli	-	dust
ukuqhuma	-	to be dusty/lifting up of dust
amafu	-	clouds
ukusela umoya	-	to walk around enjoying the coolness of the air (lit. to drink the air)
ingqele	-	the cold
ikhephu	-	snow (it is used with the verb **ukuwa** e.g. Ikhephu liwile. The verb **ukukhithika** means **to snow** and is therefore used without the noun **ikhephu**, although it is always used with its subject concord **li-**, e.g. Liyakhithika phandle.)
iqabaka	-	frost
ukudubula	-	to flower
ilizwe liyintombazana	-	scenery is very beautiful/eye-catching (idiomatic expression) (lit. the country is a young girl)

EXERCISES:

1. Chaza imozulu yendawo ohlala kuyo ukuba injani na kula maxesha mane onyaka.

2. Chaza ukuba wena uthanda eliphi na ixesha lonyaka, uxele nezizathu zakho.

3. UNdodomzi useBhayi. Ufowunela emzini wakhe eKapa. Vala izikhewu kule ncoko iku-A ngokusebenzisa iintetho ezifanelekileyo kwezi ziku-B:

	A	**B**
UNDODOMZI:	Hallo! KuseKapa apho? NguNdodomzi lo uthethayo.	1. Kuqikelelo lwemozulu ngo-7 kuthiwe mhlawumbi ingana le veki yonke.
UNKOSIKAZI:	....	2. Tu. Kaloku imvula apha ina ehlotyeni.
UNDODOMZI:	Hayi, siphilile, akukho nto. Ngumoya nje. Mkhulu okoko kwayizolo ebusuku.	3. Inene? Kuyana kwelo cala?
		4. Akubandi, qha umoya uvuthuza ngamandla.
		5. Hayi, nathi siphilile. Yimvula nje apha.
UNKOSIKAZI:	....	6. Inene? Thiza!
UNDODOMZI:	....	7. Ayikhange ininike siqabu.
UNKOSIKAZI:	Ewe, ina dyu.	8. Inini inqwelomoya yakho?
UNDODOMZI:	....	9. Thiza! Akwenzakalanga bantu kodwa?

UNKOSIKAZI:	Iqale emini izolo ngezi-thuba zika-12.	10. O-o! Nguwe sithandwa? Kunjani?
		11. Azingenanga, aziphumanga namhlanje.
UNDODOMZI:	....	12. Iqale nini?
UNKOSIKAZI:	Okoko iqalile, ayikhange isinike siqabu tu.	13. Iphepha lithi akukho bantu benzakeleyo.
		14. Zinjani iingozi zeemoto?
UNDODOMZI:	....	15. Ayonakalisanga kodwa?
UNKOSIKAZI:	Hayi andikholwa, kuba amaphepha akathethi ngamonakalo.	
UNDODOMZI:	....	
UNKOSIKAZI:	Kusasa kwenzeke ingozi eSettler's Way; kungqubene imoto nebhaki. Izolo bekukho imoto engene elorini ngemva.	
UNDODOMZI:	....	
UNKOSIKAZI:	....	
UNDODOMZI:	Hayi ke kubhetele xa kungekho bantu benzakeleyo. Kuthiwa iya kuyeka nini?	
UNKOSIKAZI:	....	
UNDODOMZI:	Loo nto ithetha ukuthi siza kufika ngemvula apho.	
UNKOSIKAZI:	....	
UNDODOMZI:	Iza kusuka ngo-5 apha, ifike ngo-6.30 kwelo cala. Ziyangena phofu iinqwelomoya eD.F. Malan?	
UNKOSIKAZI:	....	
UNDODOMZI:	....	
UNKOSIKAZI:	Kunjalo kanye. Kunjani kwelo cala? Akubandi?	
UNDODOMZI:	....	
UNKOSIKAZI:	Akukho mvula kwelo cala?	
UNDODOMZI:	....	

4. Vala izikhewu ngala magama alandelayo: ukuvuyisa; ukuhlisa; ukonakalisa; ukungcolisa; ukutshabalalisa; ukuhombisa; ukusela umoya; ukugodolisa; ukunyibilikisa; ukunika ithemba
   (a) Isichotho .... ukutya emasimini.
   (b) Isikhukula ..... indlela.
   (c) Imvula .... izilimo nezityalo.
   (d) Iqabaka .... iminwe.
   (e) Kumnandi .... waselwandle.
   (f) Ilanga .... ikhephu.
   (g) Amafu ....
   (h) Iintyatyambo .... ilizwe.
   (i) Ukugqitha kobusika .... yonke indalo.
   (j) Ingqele .... amaqondo obushushu.

5. Sebenzisa igama/ibinza ngalinye kula alandelayo kwisivakalisi: isikhafu; umnqwazi welanga; isambreni; idyasi; iimpahla eziyacu-yacu; umkhenkce; ukusibekela; intlango; ukubalela; ukuqhaqhazelisa amazinyo.

12.3 AMAPHEPHANDABA
UNksz Ntshontsho uncokola neklasi yakhe ngamaphephandaba nokubaluleka kwawo. Uthi: "Namhlanje siza kuthetha ngamaphephandaba akhoyo kule ngingqi yethu. Niyawafunda phofu amaphephandaba?

ABAFUNDI. Ewe titshalakazi, siyawafunda.
UNTSHONTSHO: Kulungile ke. Khanindinike amagama amaphepha eniwaziyo akhoyo apha. (Abafundi bayamnika amagama amaphepha aphumayo kwingingqi yabo.)
UNTSHONTSHO: Heke! Kula maphepha ngawaphi ashicilelwa apha kule ngingqi yethu? (Abafundi bayamxelela) (Utitshalakazi uNtshontsho uze namaphephandaba eklasini. Ngoku uyababonisa abafundi, athi: Jongani ke. Nanga amaphephandaba ashicilelwa apha. Kuqala nantsi iCape Times. Ishicilelwa eBurg Street eKapa. Iphuma kangaphi ngeveki?
ABAFUNDI: Iphuma yonke imihla.
UNTSHONTSHO: Iyaphuma ngeCawe?
ABAFUNDI: Hayi ayiphumi ngeCawe. Iphuma ngoMvulo ukuya kuma ngoMgqibelo.
UNTSHONTSHO: Niyamazi umhleli weCape Times? Ngubani?
ABAFUNDI: Ngu ....
UNTSHONTSHO: Nantsi i-Argus. Ishicilelwa e........ Street eKapa. Iphuma kangaphi ngeveki?
ABAFUNDI: Iphuma kathandathu – iphuma yonke imihla ngaphandle kwangeCawe.
UNTSHONTSHO: Iphuma kangaphi ngemini?
ABAFUNDI: Iphuma kabini ngemini, kusasa namalanga.
UNTSHONTSHO: Ngubani umhleli we-Argus?
ABAFUNDI: Ngu ....
UNTSHONTSHO: Nantsi iSouth. Ishicilelwa eSalt River. Niyamazi umhleli wayo ukuba ngubani?
ABAFUNDI: Ngu ....

Utitshalakazi ubeka amanye amaphepha phezu kwetafile athi: "Nanga amaphepha, awalapha kunye navela kwezinye iindawo. Umntu makathathe alithandayo, asixelele ukuba lishicilelwa phi na, ngubani na umhleli walo, liphuma kangaphi na ngeveki, liphuma kangaphi na ngemini. Umntu makasixelele nentatheli ayithandayo nesizathu sakhe sokuyithanda, axele namanqaku athanda ukuwafunda nesizathu soko. Phendulani ngolu hlobo:

"Iphephandaba endilithandayo yi........ ishicilelwa e........; umhleli wayo ngu........; iphuma ka........ ngeveki; iphuma ka........ ngemini; intatheli endiyithanda ka......... ngu............ kuba................... Ndithanda ukufunda amanqaku .... kuba ....

UNTSHONTSHO: Kulungile ke, mamelani. Ngoku ke ndifuna sithethe nje ngokufutshane ngabantu abasebenza nzima khona ukuze sifumane amaphephandaba. Kuqala, kukho umhleli. Umhleli yintloko yephephandaba. Umsebenzi wakhe kukuhlela amanqaku aza kufakwa ephepheni, nokubhala umhlathi woluvo lomhleli. Umhleli unamasekela. La masekela anemisebenzi eyahlukeneyo. Kukho isekela-mhleli leendaba ezingemidlalo; omnye ulisekela-mhleli leendaba ezingorhwebo; omnye ulisekela-mhleli leendaba zepalamente nowisomthetho. Kukho iintatheli. Iintatheli ziqokelela iindaba, zibhale amanqaku ngazo. Ezinye iintatheli zikwangabafoti, kanti ke ezinye zihamba nabafoti xa zisiya kuqokelela iindaba. Abafoti ke ngabo abafota le mifanekiso siyibona emaphepheni. Kukho abameli abathe saa kwiindawo ngeendawo nakumazwe ngamazwe. Aba bameli baqokelela iindaba kwiindawo ezikude ezingenakufikelela kuzo iintatheli nabafoti.

Abanye abantu abasinceda ngamaphephandaba ngabashicileli abasebenza koomatshini bokushicilela. Abanye ngabahambisi bamaphepha. Aba bantu bavuka ekuseni balayishe amaphepha kwizithuthi bawase kwizitishi ngezitishi nakwiivenkile ngeevenkile. Kwezi ndawo kukho abanye abahambisi bamaphepha abahamba ngeebhayisikile. Bahambisa amaphephandaba ezindlwini ngezi bhayisikile. Kukho nabathengisi abathengisa ezitratweni. Bema kwiindawo ezithile, ngakumbi eziphambukeni apho abaqhubi beemoto bemiswayo ziirobhothi.

Bonke aba bantu bayasinceda kuba basiphathela iindaba zenqila, nezelizwe ezindlwini zethu. Ngubani ofuna ukusebenza ephepheni ngenye imini?

Vocabulary

umhleli	-	editor
amaphepha alapha	-	local newspapers (lit. newspapers of here)
intatheli	-	journalist, reporter
amanqaku	-	articles
ukuhlela	-	to edit
umhlathi	-	column
uluvo lomhleli	-	editorial opinion
isekela-mhleli	-	sub-editor
urhwebo	-	business
abafoti	-	cameramen, photographers
abameli	-	correspondents
abahambisi	-	distribution/delivery personnel
iindaba zelizwe	-	world news
iindaba zenqila	-	national news (also used for 'regional news')

EXERCISES:

1. Kule veki funda kwiphephandaba olithandayo amanqaku angenye yezi ntloko zilandelayo, uze ke wenze isishwankathelo eklasini ngenqaku olithande kakhulu:
   (a) Imidlalo
   (b) Amakhosikazi
   (c) Iimvumi, iikonsathi, iifilimu, imidlalo yeqonga
   (d) Iingozi zendlela
   (e) Ubundlobongela

2. Uyintatheli yephephandaba. Izolo ubunodliwanondlebe (inter-view) nentloko entsha yeyunivesiti. Yenza ingxelo eza kuphuma ephepheni ngolu dliwanondlebe. Ingxelo yakho mayibe nazo ezi zinto:
   (a) Amagama nobudala bakhe
   (b) Usapho lwakhe
   (c) Umsebenzi wakhe phambi kokuba yintloko yeyunivesiti
   (d) Imfundo yakhe
   (e) Izinto athi unqwenela ukuzenza njengentloko yeyunivesiti.

3. Vala izikhewu kule ncoko ilandelayo ngokufakela iintetho ezifanelekileyo.
   Incoko ekhefi eRondebosch

   UNOVENKILE: ....
   USANDILE: Ewe, nkosazana. Nisenayo iStar yanamhlanje?
   UNOVENKILE: ....
   USANDILE: Ndingayifumana phi?
   UNOVENKILE: ....
   USANDILE: Ayifiki nakwaC.N.A.?
   UNOVENKILE: Hayi, ayifiki naphi na apha phakathi evekini.
   USANDILE: ....
   UNOVENKILE: Ewe, iyafika ngeCawe iSunday Star.
   USANDILE: ....
   UNOVENKILE: Ewe, iyafika yona iCitizen yonke imihla, kodwa ke asiyithengisi thina apha.
   USANDILE: ....
   UNOVENKILE: Ungayifumana kwaC.N.A. ....?
   USANDILE: Ewe, ndiyafika apha.
   UNOVENKILE: ....
   USANDILE: Ndivela eRhawutini. ....?
   UNOVENKILE: Ewe, siyazifumana iCity Post neWeekly Mail.
   USANDILE: ....
   UNOVENKILE: Kukuwe.* Ayafana omabini la maphepha, iCape Times ne-Argus. Uza kuwaqhela. IArgus yona iphuma kabini ngemini, kusasa namalanga.
   USANDILE: ....
   UNOVENKILE: Hayi iLanga laseNatala asilithengisi tu apha eRondebosch andazi edolophini, eKapa, kodwa ndiyathandabuza kuba sinqabile isiZulu apha.
   USANDILE: Hayi ke, kulungile; khawundiphe iCape Times le.
   UNOVENKILE: Yi-R1.00

USANDILE: Enkosi kakhulu. Kusalungile, nkosazana.
UNOVENKILE: Ndiyabulela. Uyithanda njani ke iKapa?
USANDILE: Iyathembisa noko.
UNOVENKILE: Yindawo emnandi kakhulu le.
USANDILE: Kutshiwo.
(*Kukuwe – It is up to you.)

4. Bhalela umhleli wephephandaba ukhalazele ukunyuswa kwentlawulo yenkunkuma neyamanzi neyombane libhunga ledolophu. Ibhunga ledolophu lisandula ukuthengela usibonda wedolophu nonobhala wedolophu imikracakraca yeemoto ezidulu ezi-odolwe kwilizwe eliphesheya. Imigqomo yenkunkuma, ayithuthwa yonke imihla. IQumrhu loMbane, uEscom, akayinyusanga intlawulo yombane.

5. Ulahlekelwe yinja yakho. Khupha isaziso ephepheni uyichaze, uxele nalapho ilahleke khona nomhla wokulahleka kwayo.

6. Funda le mihlathi ilandelayo, uze uphendule imibuzo elandela phantsi kwayo:
Kubalulekile ukufunda amaphephandaba, ngakumbi ukuba ungumfundi. Ukuba amaphephandaba ebengekho ngesicikeke cikidi. Abantu ngabantu banezizathu ngezizathu zokuthenga amaphephandaba. Abanye bawathengela ukufunda iindaba zelizwe zopolitiko; abanye bawathengela ukufunda iindaba zemidlalo; abanye bawathengela ukufunda iindaba zolonwabo neefashoni; abanye bawathengela ukuva iindaba zorhwebo; abanye bathanda ukujonga izibhengezo qha.
  Izibhengezo ziluncedo kakhulu. Zisixelela ngeendawo ezithengisa izinto ngamaxabiso aphantsi. Zisenza sikwazi ukuthelekisa amaxabiso. Zisixelela ngabantu okanye ngeendawo ezithengisa izinto ezingamasekeni. Kuyanceda ukuthenga izinto ezingamasekeni, ngakumbi iincwadi, izitya*, ifenitshala ukuba ungumfundi. Izithuba zemisebenzi ezininzi zibhengezwa emaphepheni.
  Abanye abantu bathenga amaphepha kuba bafuna ukungenela ukhuphiswano ukuze bafumane amabhaso. Imizi-mveliso emininzi izibhengeza ngokwenza ukhuphiswano emaphepheni. Amabhaso aziindidi ngeendidi. Utata yena uthanda ukufunda umhlathi wembalelwano nomhleli. Uthi uthanda ukuva izimvo zabanye abafundi ngemicimbi ethile. Ubhuti yena akalifundi iphepha phakathi evekini. Uthi akanalo ixesha lokuhlala phantsi afunde iphepha ngenxa yomsebenzi. Ufunda amaphepha angoolindiveki qha, kuba uthi azishwankathela zonke iindaba zeveki. Kambe ke ngeholideyi iphepha ulifunda yonke imihla.
  Amaphephandaba amaninzi anemihlathi yezaziso. Kule mihlathi kukho izaziso ngezinto ezininzi – ababhubhileyo; abakhunjulwayo; abangejiweyo; amatyala embambano; amatyala oqhawulo-mtshato; imihla yeefandesi; izinto ezilahlekileyo nezifunyenweyo; iintlanganiso; izithethi; njalo, njalo.
  Iilayibri ezininzi zinamacandelo amaphephandaba. Ukuba akunamali yokuthenga iphephandaba, kubhetele ukuya kulifunda elayibri okanye uliboleke komnye umntu kunokuba ungalifundi tu ngenxa yokungabi namali. Kwezinye iilayibri ayafumaneka amaphepha amanye amazwe.
  Amanye amaphephandaba ayamxhasa urhulumente amanye ayamchasa. Ngamanye amaxesha urhulumente uwavala imilomo amaphephandaba amchasayo okanye amgxekayo.

236

Vocabulary

ukucikeka	-	to be ignorant (lit. to have the lid on i.e. to be covered)
cikidi	-	ideophone to emphasise "ignorant" – completely ignorant
izibhengezo	-	advertisement
amasekeni	-	second-hand goods
izithuba zemisebenzi	-	vacancies
ukhuphiswano	-	competition
amabhaso	-	prizes
ukuvala umlomo	-	to ban (lit. to gag)

(*This term means **dishes**, but it is also used as a generic term for **utensils**.)

(a) Nika impendulo efanelekileyo, unike nesizathu sempendulo yakho:
Yinyaniso okanye asiyonyaniso ukuthi?
(1) Izithuba zemisebenzi siziva kwirediyo neT.V. qha.
(2) Utata akanamdla kwizimvo zabanye abantu.
(3) Amaphephandaba akafumaneki ngoMgqibelo nangeCawe kweli lizwe.
(4) Amaphephandaba asinika ulwazi oluninzi ngezinto zelizwe lonke.
(5) Kukho amabhaso emali qha kukhuphiswano lwasemaphepheni.
(6) Amaphephandaba abhengeza izinto ezintsha qha.
(7) Zonke iilayibri zineencwadi qha.
(8) Amaphepha amanye amazwe akafumaneki kweli lizwe.
(9) Kukho abantu abafuna ukufunda ngeendaba zemidlalo qha.
(10) Ubhuti unexesha elininzi kakhulu; ngoko ke ufunda amaphephandaba amabini ngemini.

(b) Abafundi baza kuxoxa eklasini baphikisane ngale ntloko:
"Kulungile ukuba amaphephandaba avalwe imilomo ngelinye ixesha."
Lungiselela ukuthatha inxaxheba* kule ngxoxo.
(Mhlawumbi utitshala angakukhethela icala oza kulixhasa.)
(*ukuthatha inxaxheba-to take part)

12.4 ULAWULO LWEDOLOPHU

EKapa kuza kuba kho unyulo lwamalungu ebhunga ledolophu. Utata kaDebby, uMnu. Ronald Smith, uzigqatsile. Ufuna ukuba lilungu elimele ingingqi yaseMowbray. Ngokuhlwa nje uthetha nabavoti eholweni yabantu eMowbray. Uchaza izinto aya kuzenza ukuba bamvotele. Uphendula nemibuzo yabantu. Nantsi intetho yakhe:
"Zihlobo, nani lutsha, ndiyanibulela ngokuza kwenu. Andizi kuba mde. Ngomso yimpangelo. Ndiyazi ukuba namhlanje kungoLwesibini; abanye abantu bafuna ukuba semakhaya ngo-9 kuba yimini kaDallas kwiT.V. Ixesha elininzi ndinqwenela ukuba ibe lelokubuza imibuzo enifuna ukundibuza yona. Kodwa ke phambi kokuba niyibuze imibuzo yenu ndifuna ukuphendula lo mbuzo: 'Ukuba sikuvotele waphumelela, uza kwenza ntoni?' Impendulo yam kulo mbuzo ithi: 'Ndiza kulwa. Ndiza kulwa. Kunjalo nje andizi kuyeka ukulwa de zinto zilunge kule dolophu.'
Into yokuqala endinqwenela ukuyilwa kule dolophu bubundlobongela – ubusela, ubudlwengu, ubugebenga nokusetyenziswa kweziyobisi. Ndinenkolo

yokuba ezi zinto zenziwa bubuninzi babantu abangasebenziyo nabangafundiyo. Ngoko ke zingaliwa ngokuvula amathuba emisebenzi nangokukhuthaza abazali ukuba bathumele abantwana ezikolweni, nokuzama iindlela zokubancedisa abangakwaziyo ukuthumela abantwana ezikolweni.

"Okwesibini, ndiza kulwela ukuba abantwana besikolo abaseyunifomini nabantu abadla umhlalaphantsi bangahlawuli ezibhasini zebhunga ledolophu. Ndiza kubacela oonotekisi neziphathamandla zesebe lakwaloliwe ukuba bafake igxalaba nabo kule nto.

"Okwesithathu, ndizimisele ukuqala iphulo lokunciphisa inani leengozi zendlela. Le nto inokwenziwa ngokuqesha amagosa endlela amaninzi nangokuqesha abantu bokufundisa imithetho yendlela ebantwaneni nasebantwini abadala, nangokuphucula imeko yeendlela.

"Okwesine, ndiza kulwela ukuba ibhunga ledolophu liseke ikomiti ecebisayo, eza kucebisa ibhunga malunga nokuthintela imililo yamahlathi kunye nokungcoliseka komoya namanzi olwandle. Le komiti kufuneka ibe namalungu aziingcali.

"Okwesihlanu, ndiza kulwela ukuba inani labakhenkethi abeza kule dolophu linyuke. Ndizimisele ukuthetha noMbutho wabaRhwebi ukuba nawo ufake igxalaba kweli phulo. Loo nto ndiqinisekile bangayenza ngokuthi bangawenyusi amaxabiso ngexesha leholide.

"Elinye idabi endizimisele ukulilwa lidabi lokupheliswa kocalu-calulo kuzo zonke iindawo eziphantsi kolawulo lwebhunga lale dolophu – iindawo zolonwabo ezinjengamadama okudada, iiphaki zokudlala abantwana, iindawo zokwenza iipikiniki, iindawo zokudada elwandle, njalo, njalo. Ucalu-calulo kufuneka luphele kuyo yonke le dolophu, kwiindawo zokuhlala, ezokurhweba. Eli dabi ndiyazi ukuba alizi kuba lula, kodwa ndiqinisekile ukuba ngenkxaso nentsebenziswano yabemi, nina ke, singaliphumelela. Masilwele ukuba le dolophu yethu ibe ngumzekelo kuzo zonke iindawo.

"Enkosi kakhulu ngokundimamela nangokuzola. Ngoku ke ndiza kulindela imibuzo."

Vocabulary

inkolo	-	belief
ukufaka igxalaba	-	to support actively
ukuzimisela	-	to be determined
amagosa endlela	-	traffic officers (lit. stewards of the road)
ukunciphisa	-	to reduce
ukuqesha	-	to employ
ukuphucula	-	to improve
ikomiti ecebisayo	-	advisory committee
ukuthintela	-	to prevent
ucalu-calulo	-	discrimination
ukuzola	-	to be quiet, calm

EXERCISES:

1. Abanye abafundi baza kudlala indawo kaMnu. Smith,balungiselele ukuphendula imibuzo yabafundi abaza kudlala iindawo zabaphulaphuli, babuze imibuzo.
   Umzekelo: Omnye umphulaphuli ufuna ukuqonda ukuba iza kuvela phi na imali yokuqesha amanye amagosa endlela nokuqesha abantu abangasebenziyo. Ngaba akazi kunyusa iirente kodwa?

2. UZiyanda usebenza kwi-ofisi yokukhuthaza ukhenketho. Kufika uMnu. noNkszn Chiwendu base Nairobi nabantwana babo abathathu, uSalif, inkwenkwe eneminyaka elishumi elinesibhozo; uAissa, intombazana eneminyaka elishumi elinesihlanu, noNdoye, inkwenkwana eneminyaka elishumi. Bafuna ukwazi ngeendawo ezinokuba nomtsalane kubakhenkethi; bafuna ukwazi nangemeko yezinto zokuhamba; nangeendawo ezinokunika umdla kwaba bantwana babo; bafuna ukuqonda nokuba ngaba yinyaniso na ukuba abanakuya kwezinye iindawo ngenxa yebala labo; babuza nangobundlobongela nangezibhedlele nangezilarha neerestyu ezithengisa inyama nokutya kwabantu abakhonza kwa-Islam; babuza nangeefektri zeempahla.
   Yenza le ncoko.

3. Balisa ngentlanganiso yoMbutho waBemi (Civic Association) obuye kuyo okanye owakha waya kuyo.

12.5 IINDAWO ZOKUHLALA

1. UMnu. Chiwendu ufika ehotele nosapho lwakhe. Bafuna indawo yokuhlala iiveki ezimbini. Yenza incoko phakathi kwakhe nomsebenzi wasehotele kwindawo ekufikelwa kuyo (reception).

2. UNana usebenza kwi-ofisi yabathengisi bezindlu nemihlaba (estate agents). UMnu. Chiwendu waseNairobi ugqibe ukuba ahlale kweli lizwe. Ubone isibhengezo sendlu ethengiswayo. Ufika kuNana e-ofisini, axele ukuba unqwenela ukuthenga le ndlu. Ngelishwa akanakuhlala kule ndawo ikuyo le ndlu ngenxa yebala lakhe. UNana uyamcacisela. UMnu. Chiwendu udanile, akakholwa, unawo nomsindwana.
   Yenza le ncoko iphakathi kukaNana noMnu. Chiwendu.

ANNEXURE A

PRONUNCIATION EXERCISES

The speech sounds of Xhosa are divided into: VOWELS, CONSONANTS and CLICKS. The following is a table of Xhosa consonants and clicks arranged according to the place of articulation. Practise pronouncing these sounds.

	Sound	Example	Sentence
	bh	bhabha	Ibhabhathane liyabhabha (The butterfly is flying)
	b	ibubu	Ndibona ibubu (I see a swarm of bees)
	mb	imbiza	Imbiza imdaka (The pot is dirty)
	p	ipapa	UPoni upheka ipapa (Poni is cooking porridge)
BILABIALS			
	mp	impempe	Usompempe ubetha impempe (The referee blows the whistle)
	ph	phuma	Phuma apha (Get out of here)
	m	umama	Umama umema umalume (Mother invites my uncle)
	mh	mhomha	UMimi umhomha iwayini (Mimi drinks wine out of a bottle)
DENTILABIALS			
	f	funa	Ndifuna ukuthenga imifuno (I want to buy vegetables)
	mf	imfene	Ndibona imfene (I see a baboon)
	v	vula	Vula umnyango (Open the door)
	mv	imvula	Imvula iyana (The rain is falling)
ALVEOLARS			
	t	utata	Utata uthetha isiNgesi (Father speaks English)
	th	thetha	Thetha isiXhosa (Speak Xhosa)
	nt	intombi	Intombi ibuza indlela (The girl is asking for directions)
	d	idada	Ndibona idada (I see a duck)

240

	nd	indoda	Indoda idiniwe (The man is tired)
	s	usisi	Usisi wam uyafunda (My elder sister is reading)
	z	zama	Ndizama ukuthetha isiXhosa (I am trying to speak Xhosa)
	nz	nzima	Kunzima ukufunda isiXhosa (It is difficult to learn Xhosa)
	hl	hlala	Uhlala phi? (Where do you stay?)
	dl	dlala	Ndiyadlala (I am playing)
	ndl	indlela	Iphi indlela? (Where is the road?)
	n	nini?	Ubuya nini esikolweni? (When do you come back from school?)
	nh	isinhanha	Umalume sisinhanha (My maternal uncle is a very wealthy person)
	r	iragbhi	Ndidlala iragbhi (I play rugby)
	l	lala	Ndilala ngo-11 ebusuku (I go to bed at 11.00pm)
	ts	tsala	Ilori itsala itreyila (The lorry is pulling a trailer)
	nts	intsimbi	Intsimbi iyakhala (The bell is ringing)
	ths	thsuthsuza	USipho uyathsuthsuza (Sipho is working busily)
	dz	dzu	Hamba dzu, ungajiki (Go straight, and do not turn)
	ntl	intlanzi	Ndithanda ukutya intlanzi kusasa (I like to eat fish in the morning)
	tl	ukutlitliza	Iinkuni ziyatlitliza emlilweni (imitative of sound made by burning wood)
PALATALS (INCLUDING PREPALATALS)	sh	shushu	Kushushu namhlanje (It is hot today)
	ny	inyama	Thenga inyama (Buy meat)
	nyh	inyheke	Inyheke yam idumbile (My upper lip is swollen)
	tsh	tshiphu	Inyama itshiphu kule veki (Meat is cheap this week)
	tsh	tshixa	Tshixa igeyithi ngoku (Lock the gate now)
	ntsh	intshongo	Intshongo inuka kakubi (Nicotine has a nasty smell)

	j	jonga	Jonga apha (Look here)
	nj	inja	Inja yam nguSnoopy (My dog is Snoopy)
	y	ukuya	Ndifuna ukuya eMonti (I want to go to East London)
	ty	ityuwa	Ndithenga ityuwa (I am buying salt)
	nty	iintyatyambo	Egadini kukho iintyatyambo (In the garden there are flowers)
	tyh	tyhala	Amakhwenkwe atyhala imoto katitshala (The boys are pushing the teacher's car)
	dy	dyobha	Musa ukudyobha ibhatyi ngegrisi (Do not smear grease on the jacket)
	ndy	unondyebo	Unondyebo nguSam (The treasurer is Sam)
VELARS	k	ikoko	Ndifuna ukuphunga ikoko (I want to drink cocoa)
	nk	enkosi	Enkosi kakhulu (Thank you very much)
	kh	ikhaya	Liphi ikhaya lakho? (Where is your home?)
	g	goduka	Ndiyagoduka ngoku (I am going home now)
	ng	ingalo	Ingalo yam ibuhlungu (My arm is painful)
	gr	gragrama	Ingonyama iyagragrama (The lion is roaring)
	rh	eRhawutini	Ndivela eRhawutini (I come from Johannesburg)
	kr	krazula	Musa ukukrazula amaphepha (Do not tear papers)
GLOTTALS	h	ihashe	Ihashe lam limnyama (My horse is black)
	h	uhili	Uhili uphumile ezingcongolweni (Idiomatic expression meaning 'The secret is out')

N.B. The following two sounds are called semi-vowels:

| (palatal) | y | ya | Ndiya evenkileni (I am going to the shop) |
| (labial) | w | wela | Uwela umlambo (You cross a river). |

CLICKS

DENTAL		c	cela (request, ask)	Ndicela u-98 nge-R10.00 (I request 98 for R10.00, i.e. Can I have 98 for R10.00 please)
		nc	ncuma (smile)	Musa ukuncuma (Do not smile)
		ch	chaza (explain, describe)	Chaza kakuhle (Explain clearly)
		gc	gcina (keep)	Ndigcina imali yam ebhankini (I keep my money in the bank)
		ngc	ingcaphephe (expert)	ULizo yingcaphephe ekulungiseni ii-TV (Lizo is an expert in repairing TV sets)
		nkc	inkcitho (expenditure)	Inkcitho ibe yi-R100.00 (The expenditure was R100.00)
PALATAL		q	qala (start, begin)	Isikolo siqala ngo-8 (The school starts at eight o'clock)
		nq	inqawa (pipe)	Nditshaya inqawa (I smoke a pipe)
		qh	qhatha (cheat)	Musa ukuqhatha abazali (Do not cheat the parents)
		gq	gqitha (pass)	Ugqitha igaraji (You pass a garage)
		ngq	ingqondo (brain, mind)	Ingqondo yam idiniwe (My mind is tired)
		nkq	inkqubo (procedure)	Ithini inkqubo apha? (What is the procedure here?)
LATERAL		x	uxolo (peace, excuse me)	Makubekho uxolo (Let there be peace)
		nx	nxiba (dress, wear)	Ndinxiba ijezi ebusika (I wear a jersey in winter)
		xh	xhoma (hang)	Ndixhoma umfanekiso (I am hanging the picture)
		gx	igxalaba (shoulder)	Igxalaba lam libuhlungu (My shoulder is painful)

243

ngx	ngxola (make a noise)	Musa ukungxola (Do not make a noise)
nkx	inkxaso (support)	Enkosi ngenkxaso yenu (Thank you for your support)

Pronunciation passage 1
Izolo umama ubase umlilo phandle wabeka imbiza wabilisa amanzi. Ubawo uyibonile le nto wabuza apha kumama ukuba uza kupheka ntoni na ngale mbiza. Umama akaphendulanga; ngoko ke ubawo uphindile wabuza bucaphuka noko ngoku wathi: "Babalwa, akuva ukuba ndiyabuza. Ndifuna impendulo. Ndithi, uza kupheka ntoni na ngale mbiza uyibeke emlilweni phandle?" Umama ubonile ukuba noko ubawo ngathi uza kubibitheka waphendula wathi,: "Bhuti kaBhambatha, musa ukubhabhazela ngento encinane. Ndiyakuva. Ndiza kupheka ipapa ngale mbiza. Ngaba kukho into embi xa ndipheka ipapa phandle?" Ubawo uthe: "Hayi, ndibuziswa kukuba andisiboni isizathu sokuba kubaswe phandle ngeli xesha."

Ngelo xesha kanye kuvele uVelelo emva kothango esiza apha koomama emhomha ibhotile yeveyini. Uvakele ebubula ingoma yakhe ayithanda kakhulu akufumana iinyembezi zikaVitoliya ethi:

 Nants' imfene emqolombeni
 Itheth'isimanga
 Isith' ifun' umfazi.

Umama notata bathe bakumbona bathi: "Who-o! Baw' onofefe, safa yimvumi yaseBhelema." Ufikile yena uVelelo wababulisa ngezandla zozibini bobabini, evova, kubonakala ukuba uzithe mfo kamnandi. Umama obucaphukela kunene utywala uthe: "Uyabona Velelo, ukusela utywala kufana nokubimbiliza ibululu lihleli. Buya kukubulala ngenye imini. Yiv' ukuba ndikuxelela. Phofu ke ndiyakuhlebela nje. Ndiyabona ukuba ububi nobungozi beveyini akukabuboni."

Pronunciation passage 2
Indlu yakuloHlahlindlela ikufutshane nehlathi elikhulu. Eli hlathi lisentla kwale ntlanjana kuthiwa kuseSintsaneni. Intloko yale ntlambo ikulaa ntatyana kuthiwa yiNtaba kaDludla. ISintsane yintlanjana entle kunene. Apha emacaleni iphahlwe zizihlahla zenqandane nezomnqanqa. Ngumbono omhle kakhulu ehlotyeni xa ezi zihlahla zihlaza zihlaka-hlaka. Ifani kaHlahlindlela nguMhlawuli. Igama likayise nguMahlabedlula. Abamaziyo bathi:

 NguMahlabedlula owahlukuhl' iselwa
 Lada laphihlika.
 Ngumahlohl' ubuhlalu owahlohlela
 AmaHlubikazi kub' efun' ukuhlutyelwa

Ungunyana omkhulu koonyana bakaNtsali noNompitsolo. Ungumkhuluwa kuMqoluhlohlo noNhanha noDlamabhayi. Umama kaHlahlindlela nguNonkantsi ozalwa nguMdokwana, umMpemvu waseSigangeni phantsi kweNtaba yeNkonkobe.

Umhlobo wam, uHlahlindlela, ukhulele eRhwantsana kwadadeboyise, uNosheyi. Uthi wakhula engazazi ukuba ifani yakhe nguMhlawuli. Wayecinga ukuba uNosheyi nguyena nina; umyeni kaNosheyi nguyena yise. Abazala bakhe, ooJaphani nooTshantolo wayecinga ukuba ngabakhuluwa bakhe, esithi umzalakazi wakhe, uNomute, ngudade wabo, kuba bonke babesithi "mama" kuNosheyi, besithi "tata" kuDludla, umyeni kaNosheyi. Isikolo wasiqala phaya eRhwantsana. Uthi intlalo phaya yayimnandi kakhulu, ingahlukanga kwintlalo yayo nayiphi na ilali, neyawo nawuphi na umzi. Apha kowabo uthi wayesiza nabazala bakhe, bahlale iintsukwana nje baphinde babuyele eRhwantsana. Bonke babesithi "malume" kuyise, bathi "malumekazi" kunina. Wabuyela kowabo xa akwibanga lesithathu. Uthi usayikhumbula nanamhlanje oku loo mini yokumka kwakhe eRhwantsana. Kwakusekwindla. Uthi intliziyo yakhe iba lihlwili akuwucinga loo mhla. Uthi kwafika unina noyise ngokuhlwa kwangoLwesihlanu. Yena akazange arhane nokurhana ukuba kuze kulandwa yena. Wayecinga ukuba bandwendwele nje njengesiqhelo. Kwakumnandi kuba kwakuxheliwe. Yena weva ngokuhlwa kwangoMgqibelo kusithiwa: "UHlahla uza kuhamba noomalume ngomso." Okunene kusasa ngeCawe bangena endleleni babuyela ekhaya naye, entlimpinika phofu. Uthi eyona nto ibuhlungu kakhulu neyihlungisa ngakumbi intliziyo yakhe kukuba akazange aphinde ababone bobabini abazali bakhe baseRhwantsana, uNosheyi noDludla. Badlala neNkosi ngemini enye ehlotyeni kwakuloo nyaka bevela kuhlakula. Ngelo xesha ke abantwana babengekayihambi imifihlo njenganamhlanje.

Pronunciation passage 3
UNOMATSHANGANA

UNomatshangana Tshotsho ngumtshana apha kum. Ngumafungwashe kadade wethu wamaphelo, uNontsholo. LiTshawekazi kuba kaloku udade wethu, uNontsholo watshatela kumfana wasemaTshaweni kweliya lakwaNgqika. UNomatshangana yena utshatele kuNyhabhayi oyinkosana kwilali ekuthiwa kukwaNontshinga kufutshane neSheshegu. Umyeni kaNomatshangana yinkosana eyaziwa kakhulu ngokuxoxa amatyala ngendlela engenaxanasi. Ngumfo osoloko ekhululekile. Akunakuze umbone enobuso obuntshingintshingi nanini na. Nakulo nyaka kwakukho intshukumo enkulu kwiilali ezininzi, abantu bekhalela iinkosi ezishushayo nezifuna ukunyotywa, uNyhabhayi akazange achaphazeleke yena. Yintoni isizathu soko? Isizathu kukuba unomfazi omxhasayo ekwenzeni izinto ngendlela ethe gca, nomcebisayo xa kukho ingxaki nokuba ingakanani na. NguNomatshangana ke lowo, umtshana wam lo.

Uyamxhasa umyeni wakhe ngamaxesha onke, ambonise ikroba lokuphumela xa esengxingweni emxinwa. UNomatshangana lixhanti axhathisa ngalo uNyhabhayi kuyo yonke imicimbi yabantu. Zingaphi iinkosana ezifumana inkxaso enjengale? Yiyo ke le nto uNomatshangana ebizwa ngokuba nguNontyatyambo (A! Nontyatyambo!). Uyintyatyambo phakathi kwabantu bomyeni wakhe naphakathi kwabantwana bakaPhalo bonke. Ilali yakwaNontshinga iyintyatyambo phakathi kweelali zakwaNgqika zonke. Akanakratshi; akalitshabhisi igama lakowabo nelomyeni wakhe; akanxaphi msinya ekwenzeni okulungileyo; akadyuduzeli xa kukho into emxakanisileyo. Akaseli tywala ngaphandle kobesiko, kodwa akabugxeki utywala, ugxeka ubunxila. Uyabonakala nasezindywaleni zeminye imizi ukuba ziindywala zamasiko. Namhlanje uNomatshangana ngunondyebo woMbutho wabaFazi weSizwe weli. Esi sihlalo mna ndithi siyintshinga emfaneleyo uNomatshangane kuba mna ndithi sibonisa ukuba ngenene uyenye yeentshatsheli kwimizabalazo yokusetyenzelwa kwesizwe.

ANNEXURE B

Common expressions

The following everyday expressions are to be learnt by heart. They include questions you can use to elicit information.

Uxolo	-	Excuse me
Uxolo nje kancinci	-	Excuse me for a moment
Ndicela ukubuza	-	Can I ask you something, please
Ndicela ...	-	Can I have .... please
(e.g. Ndicela itshokhwe	-	Can I have a piece of chalk, please)
Uxolo ngokukuphazamisa	-	I'm sorry for interrupting you (sing.)
Uxolo ngokuniphazamisa	-	I'm sorry for interrupting you (plur.)
Andiqondi	-	I don't understand
Andiqondi kakuhle	-	I don't understand well
Andiva	-	I can't hear
Andiva kakuhle	-	I can't hear properly
Andivanga	-	I didn't hear
Andivanga kakuhle	-	I didn't hear properly
Mamela	-	Listen (to one person)
Mamelani	-	Listen (to more than one person)
Mamela/mamelani kakuhle	-	Listen carefully
Kwakhona	-	Again
Khawuphinde kwakhona	-	Please repeat
Andazi	-	I don't know
Andimazi	-	I don't know him/her
Andikwazi	-	I'm not able
Ndiyaqonda	-	I understand
Ndiyabona	-	I see
Jonga apha	-	Look here (sing.)
Jongani apha	-	Look here (plur.)
Ndingakunceda?	-	Can I help you?
Ndingakunceda ngantoni?	-	What can I help you with?
Masiqale ngoku	-	Let's start now
Masiqhube	-	Lets continue/go on/proceed
Qhuba	-	Go on (to one person)
Qhubani	-	Go on (to more than one person)
Khawume kancinci	-	Wait a bit (to one person)
Khanime kancinci	-	Wait a bit (to more that one person)
Yintoni le?	-	What is this?

Yintoni le ngesiXhosa?	-	What is this in Xhosa?
Yintoni i… ngesiXhosa	-	What is … in Xhosa?
(e.g. Yintoni i-table ngesiXhosa?)	-	What is … in Xhosa?
Kuthetha ukuthini ukuthi …?	-	What does it mean to say …?
Uthini ngesiXhosa xa ufuna ukuthi …?	-	What do you say in Xhosa if you want to say …?
(e.g. Uthini ngesiXhosa xa ufuna ukuthi: 'I'm glad to meet you)	-	(i.e. How do you say 'I'm glad to meet you' in Xhosa)
Lithetha ntoni eli gama?	-	What does this word mean?
Ndifuna ukuthi …	-	I want to say …
Likhona igama lesiXhosa/ esiXhoseni elithetha …?	-	Is there a word in Xhosa that means …?
Uqinisekile?	-	Are you sure?
Andiqinisekanga	-	I'm not sure
Ndinengxaki	-	I have a problem
Yintoni ingxaki yakho?	-	What is your problem?
Ubona ntoni emfane-kisweni?	-	What do you (sing.) see in the picture?
Nibona ntoni emfane-kisweni?	-	What do you (plur.) see in the picture?
Yitsho ngesiXhosa	-	Say it in Xhosa
Nantso ke!	-	That's it/That's right/That's correct/There you are!
Masiyeke apho namhlanje	-	Let's stop there today
Ukuba izinto zihamba kakuhle	-	If all goes well
Ngosuku olulandelayo	-	(on) the next/following day
Ngezolo	-	(on) the previous day
Wazalwa nini?	-	When were you born?
Wazalelwa phi?	-	Where were you born
Ukhulele phi?	-	Where did you grow up?
Oko ndazalwa	-	Since I was born i.e. in my life
Into ebalulekileyo	-	What is important
Andisakhumbuli kakuhle	-	I do not remember well
Usakhumbula?	-	Do you still remember?
Ndikhumbula kakuhle	-	I remember very clearly
Ukuba andiphazami	-	If I am not mistaken
Ukuba ndikhumbula kakuhle	-	If I remember correctly
Kwenzeka ntoni?	-	What is happening?
Kwenzeke ntoni?	-	What happened?
Kuqhubeka ntoni?	-	What is going on?
Masive kuwe	-	Let us hear from you
Kusenokuba njalo	-	It may be so
Kunokwenzeka ukuba …	-	It may happen that …
Kwesi sithuba	-	At this point
Into embi kukuba …	-	What is bad is that …
Ngokokubona kwam	-	In my opinion
Bendicinga ukuba …	-	I thought that …

Njengokuba usazi	-	As you know
Ngamanye amaxesha	-	Sometimes

ANNEXURE C

IDIOMATIC EXPRESSIONS (arranged according to structure with literal meanings given in brackets)

1. Identifying copulative

Idiom	*Literal Meaning*	*Examples*
Ukuba yinyoka (To be a snake)	Be untrustworthy	USamantha mlumkele, uyinyoka. (Be careful of Sammantha she is a snake.)
Ukuba lilulwane (To be a bat)	To sit on the fence	Asinakuthembela ngoJames kuba ulilulwane. (We cannot rely on James because he likes to sit on the fence.)
Ukuba yinkuku (To be a chicken)	To go to bed early	Umama yinkuku. Ulala ngo-8 ngorhatya. (My mother goes to bed early, at 8.00 p.m.)
Ukuba yingwenya (To be a crocodile)	Good, powerful, famous person, of many virtues	Umalume yingwenya; waziwa kulo lonke eli. (My uncle is a good man and he is known all over the country.)
Ukuba liphela (To be a crockroach)	To be very greedy	Elaa phela uPiet likugqibe konke ukutya. (That very greedy man, Piet, has finished all the food.)
Ukuba yincukuthu (To be a bed bug)	To live off other people (to be parasite)	Andimthandi umntu oyincukuthu (I do not like a person who lives off other people.)
Ukuba yingonyama (To be a lion)	To be brave and strong	ULizo akoyiki mntu kuba uyingonyama. (Lizo does not fear anybody because he is brave and strong.)
Ukuba ngamaxhalanga (To be vultures)	To be voracious	La maxhalanga ooTom ayigqibe yonke inyama. (Those vora-cious men, Tom and company, have finished all the meat.)

Ukuba sisikhova (To be an owl)	To be lonely or to like to go out at night (commonly used for people doing night duties)	Akunakumfumana uSipho emzini wakhe ebusuku kuba usisikhova. (You cannot find Sipho at his house at night because he likes to go out at night [or he goes to work at night] Laa mfazana usisikhova kuba umyeni wakhe uye kusebenza eRhawutini. (That young woman is lonely because her husband has gone to work in Johannesburg)
Ukuba lilitye (To be a stone)	To be a hard nut to crack/ or to be very slow at understanding	Akunamjika lowo kuba ulilitye. (You cannot make that one change his mind because he is a very hard nut to crack)
Ukuba yigusha (To be a sheep)	To be humble	UNomsa ngumntwana oyigusha. (Nomsa is a very humble child)
Ukuba ngumlonji (To be a canary)	To be a good singer	Namhlanje eBaxter kuza kucula imilonji yaseRhini. (Today very good singers from Grahamstown will sing at the Baxter Theatre)
Ukuba ngumcinga (To be a match stick)	To be very thin	UNontwikunina ubegula; ngoku ubhitye ungumcinga. (Nontwikunina was ill; now she is very thin)

2. Descriptive copulative (with relative/adjective stems)

Ukuba luhlaza/ krwada (to be green/raw)	To be rude	UTheo andimthandi kuba uluhlaza/krwada kakhulu. (I do not like Theo because he is very rude)
Ukuba bomvu (To be red)	To be illiterate	Mna andiziqondi ezi zinto kuba ndibomvu. (I do not understand these things because I am illiterate)
Ukuba lukhuni (To be hard)	To be dull (intellectually or to be a hard nut to crack)	UJack uyekile esikolweni ngenxa yokuba lukhuni. (Jack has left school because of being dull)

249

Kumnyama (It is dark)	Not to understand/ to be in the dark	Uyazama ukucacisa kodwa kusemnyama kum. (He tries to explain, but I still do not understand)
Indlela imhlophe (The road is white)	To understand clearly	Ucacise kakuhle, ngoku indlela imhlophe. (He has explained well; it is clear now, it is understandable.) This expression is also used when a person is threatening to leave, to tell him/her that she/he is free to do so e.g. Ungahamba ukuba uyathanda, indlela imhlophe. (You can go if you like, you are free)
Kubomvu (It is red)	Watch out (used to warn a person that there is some danger coming)	Zakuvela iinqwelo zamapolisa abafundi bakhwaza: "Kubomvu! Kubomvu!" (When the police vehicles appeared the students shouted: "Watch out, watch out!")
Kushushu (It is hot)	Things are bad	Bekushushu namhlanje esikolweni kuba amapolisa ebebamba abantu. (Things were bad at school today because the police were arresting people)
Ukuba shushu (To be hot)	To be drunk (euphemism)	Uthetha kakhulu xa eshushu. (He talks a lot when he is drunk)
Ukuba nzima (To be heavy)	To be pregnant (euphemism)	USarah uthathe ikhefu kuba unzima. (Sarah has taken leave because she is expectant)
Ukuba lula (To be light)	To lack dignity	Musa ukuyenza loo nto kuba abantu baya kuthi ulula. (Do not do that because people will say you lack dignity)
Ukuba mde (To be tall/ long)	To take a long time	Ndiza kwenza amazwi ambalwa nje, andizi kuba mde. (I will say just a few words, I will not be long)

3. Similes

Ukulumka okwenyoka	To be as wise as a serpent
Ukusinda okwengxowa yetyuwa (To be heavy as a bag of salt)	To be very heavy (usually for a baby)
Utshila okwentambanane (To dance like a hawk)	To be a very good dancer
Ukuba nenzondo okwemfene (To bear a grudge like baboon)	To be very grudging
Ukulala ngathi udutyulwe (To sleep as if you have been shot)	To have a very sound sleep

4. With associative copulative na + noun

Ukuba nomvundla (To have a rabbit)	To be scared	
Ukuba nentaka (To have a bird)	To be scared	UMatthew akezanga entlanganisweni kuba unentaka. (Matthew has not come to the meeting because he is scared)
Ukuba nesibindi (To have a liver)	To be brave	UThemba akayoyiki ingonyama kuba unesibindi. (Themba does not fear the lion because he is brave.)
Ukuba nomthi kanomyayi (To have a crow's muti charm)	To be difficult to catch	Umalume akabanjwanga ngamapolisa kuba unomthi kanomyayi. (My uncle has not been arrested by the police because he is lucky)
Ukuba nesandla Ukuba neminwe (To have a hand) (To have fingers)	To be artistic/very good with hand work	Umalume akayithengi ifenitshala; uyazenzela kuba unesandla/neminwe. (My uncle does not buy furniture; he makes it himself because he is good at hand-work.)

Ukuba nethumbu elide (To have a long intestine)	To eat too much	USipho ugqibe ilofu yesonka yonke kuba unethumbu elide. (Sipho finished the whole loaf of bread because he eats too much.)
Ukungabi nasifuba (Not to have chest)	To be unable to keep a secret	UMary uza kuxelela wonke umntu kuba akana sifuba (Mary will tell everybody because she cannot keep a secret.)
Ukuba nomoya (To have wind)	To be over-enthusiastic	Iqela lethu lenza iimpazamo ezininzi ngenxa yokuba no-moya. (Our team made many mistakes because of being over-enthusiastic.)
Ukuba nomlomo (To have a mouth)	To be talkative	Lo mfo akazi nto, unomlomo nje. (This fellow knows nothing, he is just talkative.)
Ukungabi nazindlebe (Not to have ears)	Unable to pay attention	Musa ukuchitha ixesha lakho ngaye akanazindlebe. (Do not waste your time on him, he cannot pay attention he will not listen.)
Ukuba neminwe emide (To have long fingers)	To be a thief	Ugxothiwe emsebenzini ngenxa yeminwe emide. (He has been sacked from work because of stealing.)
Ukuba nokufa okumhlophe (To have white sickness)	To be a diviner	Umntu onokufa okumhlophe unxiba iintsimbi ezimhlophe. (A person who is a diviner wears white beads)
Ukungabi namqolo (To have no back-bone)	Not to have a back-bone	Andimthandi umntu ongenamqolo. (I do not like a person who has no back-bone.)
Ukuba namehlo abukhali (To have sharp eyes)	To be very cautious	Ndifuna ukushiya imfuyo yam noLizo kuba unamehlo abukhali. (I want to leave my stock

Ukuba neliso elibukhali (To have a sharp eye)	To be very watchful	with Lizo because he is very cautious) Ndiza kushiya uThemba endlwini yam ngeholide kuba uneliso elibukhali. (I shall leave Themba at my house during the holidays because he is very watchful).
Ukuba nomsila (To have a tail)	To always forget to shut the door behind you when you enter or leave a house (i.e. when it should be kept shut for whatever reason e.g. cold)	Themba musa ukuba nomsila; thina siyagodola. (Themba please shut the door behind you; we are getting cold)
Ukungabi nantloko (Not to have a head)	To be inconsiderate	Masikhawulezise. USipho angasishiya kuba akanantloko. (Let's hurry up. Sipho can leave us because he is inconsiderate)
Ukuba nethambo (To have a bone)	To be tall	UMagxakaxhali ngathi mdala kunomkhuluwa wakhe kuba yena unethambo. (Magxakaxhali looks older than his elder brother because he is tall.)

5. Verb + object or adverb or copulative

Ukulala ngendlu (To sleep by the house) Ukulala ngandletyana nye (To sleep by one ear)	To be sick in bed	UJeff akezanga emsebenzini. Ulele ngandletyana nye. (Jeff has not come to work. He is sick).
Ukubeka ibala (To put a mark)	To make a false accusation (with aim of stigmatising)	Bambeka ibala bathi ube imali kodwa wayengekho ukulahleka kwayo. (They accused him falsely and said he had stolen the money, but he was away when it disappeared.)

Ukulala ngenxeba (To sleep by a wound)	To accept one's fate	Masilale ngenxeba kuba asiyi kuphinda simbone. (Let's accept our fate because we will never see him again)
Ukunqanda amanzi (To stop/prevent the water)	To prevent a potentially explosive situation from exploding	Izolo sinqande a- manzi ngokubacenga abantwana befuna ukutshisa imoto ye- nqununu. (Yesterday we prevented a potentially dangerous situation from exploding by pleading with the children when they wanted to set the principal's car alight)
Ukukhetha indawo (To choose places)	To strike somebody repeatedly at the at the vital parts vital parts	Andimbethanga, ndim- khethe iindawo. (I did not just hit him, I struck him where it hurts most
Ukufa amanqe (To be paralysed from the waist)	To be useless	Besimthembile kodwa wenze isindululo esife amanqe. (We trusted him, but he made a useless suggestion).
Ukuphosa iliso (To throw an eye)	To keep an eye on	Uze uncede uphose iliso kwezi pasile; ndiza kubuya msinyane. (Please, keep an eye on these parcels; I will come back soon)
Ukubeka iindlebe (To put ears)	To listen carefully	Masibeke iindlebe kuba kuthetha inkosi ngoku. (Let's listen carefully because the chief is talking)
Ukubeka ingca (To put grass)	To close a discussion	Bekani ingca kule ndawo phambi kokuba nixabane. (Close the discussion at this point before you start quarrelling)
Ukuma entla (To stand at furthest point (of hut/room) from the door)	To refuse/deny flatly	Ubevumile kuqala kodwa ngoku umi entla. (She had agreed initially, but this time refuses completely)

Ukuwa ngedolo phantsi (To fall down by the knee)	To kneel down (for praying or pleading earnestly)	Ndiyicenge laa ntokazi ndawa ngedolo phantsi kodwa yala tu. (I pleaded with that lady until I knelt down but she refused completely)
Ukutsha ziintambo (To be burnt by the ropes)	To be very anxious to do something	Usompempe akakawuqali umdlalo kodwa abadlali bona sebesitsha ziintambo. (The referee has not yet started the game, but the players are already very anxious to start)
Ukuva endleleni (To hear from the road)	To go away immediately	Uthethe nje amazwi ambalwa weva endleleni emva koko. (She said a few words and left immediately after that)
Ukubetha entloko (To hit on the head)	To finish up quickly (for a drink, liquor)	Sithenge ibhotile yebhiya, sayibetha entloko, seva endleleni. (We bought a bottle of beer and finished it up quickly and left immediately)
Ukubetha emlonyeni (To hit on the mouth)	To take the words out of somebody's mouth or to interrupt somebody while talking	Ndilinde ndigqibe. Musa ukundibetha emlonyeni. (Please wait until I finish. Don't interrupt) Enkosi mhlalingaphambili, esi sithethi sandulelayo sindibethe emlonyeni. Andinanto yokuthetha. (Thank you, chairperson, the last speaker has taken the words out of my mouth. I have nothing to say)
Ukukhala ngaphantsi (To cry out from underneath)	To fail/lose	IWestern Province ikhala ngaphantsi kwirabhi kulo nyaka. (Western Province are failing in rugby this year)
Ukucela izandla (To ask for hands)	To ask to be given a hand	Ndicela izandla, madoda. Ndifuna ukukhupha le tafile. (Please

Ukucela amehlo (To ask for eyes)	To show off	give me a hand, men. I want to take this table out) UJane uyathanda ukucela amehlo xa eqhuba imoto. (Jane likes to show off when she is driving)
Ukucela indlela (To ask for the road)	To ask to be released to go	Manene, sicela indlela ngoku, kuhlwile. (Gentlemen, please release us now, it is late)
Ukucela iindlebe (To ask for ears)	To ask for attention	Uxolo manenekazi, ndicela iindlebe. Nasi isaziso. (Excuse me ladies, may I have your attention, please. Here is an announcement)
Ukucela kwabasicatyana (To ask from the flat ones)	To show a clean pair of heels	Akuvela amapolisa isela lacela kwabasicatyana. (When the police appeared the thief showed them a clean pair of heels)

6. Verb + verb (second verb Participial/Subjunctive Mood)

Ukubetha ubuyelela (To hit and go and come back again and again)	To frequent a place	Uyayithanda iKapa; ubetha ebuyelela. (He likes Cape Town; he comes frequently)
Ukuvuka uyibambe (To get up and catch it)	To get up and go or to leave early	Ngomso ndiza kuvuka ndiyibambe, ndiye eVostile. (Tomorrow I'll leave for Worcester early)
Ukuphemba ushiya (To kindle a fire and leave)	To start the trouble and leave	Ningamlandeli lowo kuba uyathanda ukuphemba ashiye. Ningazibona nisenkathazweni nodwa. (Do not follow that one because he likes to start trouble and then leave. You may find yourselves in trouble alone)
Ukuxhentsa uzombelela (To dance while singing yourself)	To do something unassisted	Le ndoda ixhentsa izombelela kuba ayinabantwana. (This man has nobody to help

Ukubhula usela (To thrash and winnow)	To be vague in justifying an action or to give a number of hypothetical explanations, or to look for a needle in a haystack	him because he has no children) Sakumbuza ukuba imali ilahleke njani wabhula esela. (When we asked him how the money disappeared, he gave many hypothetical explanations)
Ukutshaya isaqhuma (To smoke while it is burning)	To strike while the iron is hot	Madoda, masiyitshaye isaqhuma kuba uza kumka lo mfo. (Gentlemen, let's strike while the iron is hot because this man is going to leave)
Ukuyibamba itshisa (To catch it while it is burning)	To go away on a journey without delay	Ngomso ndiza kuyibamba itshisa ndiye ePitoli. (Tomorrow I will leave for Pretoria without delay)
Ukukhotha uxathula (To lick and bite)	To praise and criticise in the same breath	Bamncome kakhulu kodwa bebekhotha bemxathula. (They praised her a lot, but they also criticised her in the process)
Ukutheza ubekelela (To collect and pack firewood at the same time)	To do things hurriedly	Namhlanje siza kutheza sibekelela kuba ngomso bayafika abahloli. (Today we will rush ourselves because tomorrow the inspectors are coming)
Ukukhula uxhuma (To grow jumping)	To have a hard time	Ngomso siza kukhula sixhuma xa sibhala iimviwo kuba asifundiswanga kakuhle. (Tomorrow we'll have a very hard time when we write exams because we have not been taught well)
Ukupheka usophula (To cook and dish up)	To give somebody no rest	Abathengisi befenitshala basipheka besophula ngenxa yemali yamatyala. (The furniture dealers are giving us no rest because of our accounts debts)

Idiom	Meaning	Example
(Iinyosi) Zibenza zibutya (They (the bees) make it and eat it it at the same time)	One should enjoy the fruit of one's efforts	Mna ndiyikhupha qho imali ebhankini kuba neenyosi zibenza zibutya. (I withdraw money from the bank very frequently because I must enjoy what I have worked for)
Ukubila usoma (To sweat and dry up at the same time)	To be very busy	Siza kubila sisoma kule nyanga ziimviwo. Ziyaqala ukuphela kwenyanga. (This month we will be very busy because the examinations start at the end of the month)
Ukufa uhleli (To be dead while living)	To be very useless	Lowo akakwazi nokuthengela abantwana ukutya. Ufe ehleli. (That one cannot even buy food for the children. He is very useless)
Ukudada uwele (To swim and cross)	To reach your goal, to be successful	USipho udade wawela ezimviweni. (Sipho has succeeded in the examinations)
Ukuhleka ulale (To laugh and lie down)	To laugh one's head off	Ungahleka ulale xa umva ecula. (You can laugh your head off when you hear him sing)
Ukukhala zome (To cry out until they (tears) dry up)	To cry out in vain	Ukukhala akuzange kuncede. Wakhala zoma kungavelanga mntu. (Crying out did not help. She cried out in vain, without anybody appearing)

7. Passive extension + agent (identifying copulative)

Idiom	*Meaning*	*Example*
Ukukhatywa yinkawu (To be kicked by a monkey)	to be hungry	Ndikhatywe yinkawu ngoku, kuba andikhange nditye kusasa. (I am hungry now because I did not eat in the morning)
Ukuhlekwa naziintaka (To be laughed at even by birds)	To be laughing stock	Wayekade eqhayisa ngemali, ngoku iphelile tu, uhlekwa naziintaka. (He used to

Idiom	Meaning	Example
Ukukhatywa yidonki/ yinciniba esifubeni (To be kicked by a donkey/ostrich on the chest)	to be bad at keeping secrets	boast about his money; now it is all finished and he is a laughing stock) Masingamfaki lo mfo kule nto, kuba wakhatywa yidonki/yinciniba esifubeni. (Let us not involve this man in this because he cannot keep a secret)
Ukuwelwa ngumqa esandleni (To have hard porridge dropping in your hand)	to be lucky (mostly in the context of having a windfall)	ULaura uwelwe ngumqa esandleni kuba ufumene ibhasari yokuya eyunivesiti. (Laura has been very lucky because she got a bursary for her university education)
Ukwahlulwa ziindudumo (To be separated by thunder)	to be inseparable (mostly of people in love i.e. only death can separate them).	UGugulethu noNomampondomise baya kwahlulwa ziindudumo. (Gugulethu and Nomampondomise are so close to each other only death can separate them – thunder being reference to death caused by lightning)

8. Noun + possessive

Idiom	Meaning	Example
Amabala engwe (The colours of a tiger)	a very brief talk	Andizi kuthetha kakhulu, ndiza kwenza amabala engwe nje (I'm not a good speaker, therefore I will make a brief talk.)
Umsila wengwe (The tail of a tiger)	summons	UNqaba ufumene umsila wengwe ombizela enkudleni ngomso. (Nqaba has received summons to appear in court tomorrow)
Ubuqholo bengcuka (The perfume of a wolf)	hypocrisy	Andifuni kumamela ubuqholo bengcuka bale nkokeli. (I do not went to listen to the hypocrisy of this leader)
Isandla semfene (The hand of a baboon)	left-handed	UManka usebenzisa isandla semfene. (Manka is left-handed)

Inzonda yemfene (The grudge of a baboon)	to be very grudging	Musa ukumkhathaza uLizo kuba unenzondo yemfene. (Do not trouble Lizo because he is a very grudging person)
Umdudo woononkala (The dance of crabs) Umtshotsho wamasele (The dance of frogs)	disorderly gathering	Laa ntlanganiso yajika yaba ngumdudo woononkala kuba amanye amalungu ayenxilile. (That meeting became disorderly because some members were drunk)
Amathe empukane (The saliva of a fly)	very slight drizzle	Andinakuyinxiba idyasi yam yemvula, kuba asiyomvula le; ngamath'empukane. (I will not put my rain coat on, because it is not raining; it is just drizzling)
Amaqanda ehobe (The eggs of a dove)	two children (in a family)	Abantwana bam ngamaqanda ehobe; nguSandile noBantu qha. (I have two children only, Sandile and Bantu)
Umthi kanomyayi (The muti of a crow)	to be lucky (in escaping from danger)	Bonke abanye babulawa ngabahlaseli, kodwa uChris yena wasinda kuba unomthi kanomyayi. (All the others were killed by the attackers, but Chris escaped because he is a lucky person)
Urhatya lwemivundla (The evening of rabbits)	early evening	Ndiza kufika ngorhatya lwemivundla ngesithuba sentsimbi yesixhenxe. (I shall come in the early evening at about seven o'clock).
Ukutya kweendlebe (The food of ears)	good news or good music	Nantsi ikwayala ingena; siza kufumana ukutya kweendlebe. (Here is the choir coming in, we are about to listen to good music)

Iinyembezi zika-Vitoliya (The tears of Victoria)	liquor	UNtaba uyazithanda iinyembezi zika-Vitoliya. (Ntaba likes liquor.)
Inkani yesele (The cheek of a frog)	too stubborn	Uya kwenzakala kakubi ngenye imini, kuba unenkani yesele. (You will get hurt one day because you are too stubborn.)

9. Noun and noun

Inyoka nesele (A snake and a frog) or Impuku nekati (Mouse and cat)	enemies	ULifa noFalakhe yinyoka nesele. (Lifa and Falakhe are enemies.)
Umtya nethunga (The string and pail)	very close friends	ULanga noNontsha abahlukani, ngumtya nethunga. (Langa and Nontsha never go away from each other; they are very close friends.)
Ingwe nengonyama (Tiger and lion)	said of equally strong opponents	Kumlo kaTyson no-Douglas kwakudibene ingwe nengonyama. (In their fight, Tyson and Douglas were evenly matched.)
Ukufa neyeza (Illness and medicine)	problem and solution	Ndandilambe isisu sithe nca emqolo, kodwa wathi aku-ndinika isonka nda-qonda ukuba ukufa kudibene neyeza. (I was starving to death, but when he gave me some bread I knew that was the end of the problem.)

ANNEXURE D

Towns' and cities' African names
In/At…

Adelaide	eKhobonqaba	Mount Frere	kwaBhaca
Alexandria	eMnyameni	Newcastle	eMadadeni
Alice	eDikeni	Noupoort	eNoporithi
Alicedale	eQhorha	Oudtshoorn	eThsoreni
Aliwal North	eAlvani	Paarl	ePere
Barkly East	eBhakli	Peddie	eNgqushwa
Bathurst	eBhatisi	Port Alfred	eCawa
Beaufort West	eBhobhofolo	Port Elizabeth	eBhayi
Bedford	eNyarha	Port St. Johns	eSajonisi
Berlin	eBhalini	Pretoria	ePitoli
Butterworth	eGcuwa	Pietermaritzburg	eMgungundlovu
Burgersdorp	eBhisdolophu	Queenstown	kuKomani (eKomani)
Bloemfontein	eMangaung	Seymour	kuMpofu
Cape Town	eKapa	Somerset East	kwaNojoli
Cathcart	eKatikati	Sterkstroom	eLuthuthu
Colesberg	eKosbhererhe	Steynsberg	eStimbhererhe
Cradock	eKaladokhwe	Stutterheim	eCumakala
Durban	eThekwini	Tarkastad	eSikapu
De Aar	eDiyala	Uitenhage	eTinarha
East London	eMonti	Umtata	eMthatha
Elliot	eKhowa	Whittlesea	eHewu/eVetlisi
Elliotdale	eXhorha	Willowvale	kuGatyana
Fort Beaufort	eBhofolo	Worcester	eVostile
Grahamstown	eRhini		
Graff Reinet	eRhafu	**Rivers – Imilambo**	
Hanover	eNobolo	Bashe	uMbashe
Idutywa	eDutywa	Buffalo	iQonce
Healdtown	eNxukhwebe	Fish River	iNxuba
Herschel	eHeshele	Gonubie	iGqunube
Indwe	eNdwe	Kei River	iNciba
Johannesburg	eRhawutini/Egoli	Keiskama River	iXesi
Keiskammahoek	kuQoboqobo	Nahoon River	iNxarhuni
Kei Road	eMthonjeni	Orange River	iGqili
Kentani	kuCentane	Sundays River	iNqweba
Kimberly	eKhimbali	Vaal River	iLigwa
Kingwilliamstown	eQonce		
Komga	eQumrha	**Provinces – Amaphondo**	
Kroonstad	eMaokeng	Cape Province	iKoloni (eKoloni)
Lady Frere	eCacadu	Eastern Cape	iMpuma-Koloni
Lady Smith	eMnambithi	Western Cape	iNtshona-Koloni
Macleantown	eMpongo	Natal	iNatala (eNatala)
Middleburg	eMetele	Orange Free State	iFreyistati (eFreyistati)
Middledrift	eXesi	Transvaal	iTransivali/Phesheya kweLigwa
Molteno	eMoltina		
Montagu	eMondityu		
Mount Ayliff	eMantelefu		

XHOSA-ENGLISH VOCABULARY

A
ahlukana	part, go separate directions	ibhulukhwe(ii-)	pair of tousers
		ibhuthi (ii-)	boot
		ubhuti (oo-)	elder brother
akha	build	bi	ugly, bad
umakhi(ab-)	builder	imbila (iim-)	rock rabbit
ala	refuse	bilisa	boil
aluphala	to be aged	bini	two
amkela	welcome, earn	ubisi	milk
isandla(iz-)	hand	imbiza (iim-)	pot
ulwandle	sea	iblakfesi	breakfast
isantya	speed	ibleyizala(ii-)	blazer
aphula	break	bola	rot
azi	know	boleka	borrow, lend
		bomvu	red
		bona	see

B
ibala (ama-)	colour, play-ground	ububovu	puss
imbalela (iim-)	drought	uboya	wool
imbalelwano	correspondence	ibrashi (ii-)	brush
izibalo	mathematics, arithmetic	buka	admire
baluleka	important	bulala	kill
bamba	arrest, catch, grip	bulela	thank, pray
ubambo (iim-)	rib	ubusi	honey
banda	cold (to be)	umbutho (imi-)	club, society, organisation
umbane (imi-)	lightning, electricity		
ibanga (ama-)	class, standard		
basa	make a fire		
beka	put, install	**C**	
umbethe (imi-)	dew	isicaka (izi-)	servant
bhaka	bake	ucalu-calulo	discrimination
ubhaka (oo-)	satchel	incanda (ii-)	porcupine
ibhaku (ama-)	hush puppy, basset	icandelo (ama-)	section
bhala	write	uCanzibe	May
ibhanki (ii-)	bank	caphuka	angry
ibhari (ii-)	bar	iCawe	Sunday
ibhaso (ama-)	present, prize	icawe	church
ibhatyi (ii-)	jacket	umcebisi(aba-)	advisor
ibhatyi yemvula	rain coat	cela	request
ibhayaskophu	cinema, film	isicelo (izi-)	request, application
ibhedi (ii-)	bed	isicengcelezo(izi-)	recitation
bhengeza	advertise, announce	icephe (ama-)	spoon
isibhengezo (izi-)	advertisement, commercial	chacha	recover, convalesce
		chasa	oppose
		chaza	explain
isibheno (izi-)	appeal	cheba	cut, shear, shave
ibheyile	bail	chitha	spend
bhitya	thin, lean	chiza	ooze
umbhobho (imi-)	pipe	chopha	sit on something, squat
ibhodi (ii-)	chalk-board	ubuchopho	brain
ibhotolo	butter	isichotho	hail storm
umbhoxo	rugby	umchweli (aba-)	carpenter
bhubha	die (humans only)	cikeka	to be ignorant, sealed

263

isiciko (izi-)	lid	**E**	
cima	extinguish, switch off, erase	ecaleni	next to, near, aside
		enkosi	thank you
cinezela	press, oppress	enza	do, make
cinga	think	enzakala	be hurt
ucingo (iin-)	telegram, fence, wire	i-erhe	harrow
coca	clean, tide up	ewe	yes
umculo (imi-)	music		
incum	breast bone	**F**	
umcuphi (abe-)	detective	ifadukhwe (ii-)	dish cloth
		faka	put in
D		imfama (iim-)	blind person
iindaba	news	imfambilini (iim-)	still-born baby
dada	swim	umfana (aba-)	young man
udade (oo)	sister	ifandesi (ii-)	auction (live stock)
udadobawo (oo-)	partenal aunt	umfanekiso (imi-)	picture
dala	old	ifani (ii-)	surname
damba	get better (for pain)	ifayili (ii-)	file
iindaba	news	ifemeli (ii-)	family
indalo	nature	imfene (iim-)	baboon
isidanga (izi-)	degree	ifestile (ii-)	window
umdla	interest	fika	arrive
indlavini (iin-)	thug	isifo (izi-)	disease
indleko (iin-)	expense	ifolokhwe (ii-)	fork
indlela (iin-)	road, way	umfoti (aba-)	photographer, camera man
indlovu (iin-)	elephant		
indlulamthi(iin-)	giraffe	ifotsholo (ii-)	scoop
iindudumo	thunder	ifowuni (ii-)	telephone
idasta (ii-)	duster	frayisha	fry
de	tall	ilifu (ama-)	cloud
ukudela inkundla	contempt of court	isifuba (izi-)	chest
isidenge (izi-)	fool	fudumala	become warm
ideri (ii-)	dairy	funa	want
idesika (ii-)	desk	funda	learn, read, study
dibana	meet	umfundi (aba-)	student, pupil, scholar
udidi (iin-)	type, grade	umfundisi (abe-)	priest, missionary
idindala (ama-)	warder, marshal	imfundo	education
idinga (ama-)	appointment	funga	swear, take oath
dinwa	tired	imfungu-mfungu	rubbish
idiphu (ii-)	dipping tank	futhi	moreover, again, once more
idipozithi	deposit		
dlala	play	futshane	short
idlala (ama-)	gland	imfuyo	live stock
umdlali (aba-)	player		
indlu (izin-)	house	**G**	
isidlwengu (izi-)	rapist	igala (ama-)	meercat
idolo (ama-)	knee	galela	pour
udonga (iin-)	wall	ingalo (iin-)	arm
idrowa (ii-)	drawer	igama (ama-)	name, word
dubula	shoot, flower	umgangatho (imi-)	floor, standard, level, quality
uduma (iin-)	head wound		
dumba	swell	umgaqo -siseko (imi-)	constitution
isidumbu (izi-)	corpse	igaraji (ii-)	garage
eyeDwarha	October	igazi	blood
idyungu-dyungu (ama-)	blister	ingca	grass
		umgca (imi-)	line, que, row

ingcuka (iin-)	hyena	hlala	live, stay
gcuma	writhe (because of injury-caused pain)	umhlalaphantsi	pension, retirement
		hlamba	wash
isigebenga (izi-)	giant	uhlanga (iin-)	race
igeyithi (ii-)	gate	isihlangu (izi-)	shoe
gila	knock down	hlanu	five
ginya	swallow	hlasi (ideophone)	snatch quickly
iglasi (ii-)	glass	umhlathi (imi-)	jaw, column
goba	bend	umhlaza	cancer
umgodi (imi-)	mine	ihlathi (ama-)	forest
goduka	go home	hle	beautiful, handsome, sir
ingongoma (iin-)	swelling on the head, heading	mhlekazi	
		hlela	edit
gonya	immunize	hleleleka	to be the odd one out (visibly poorer than peers)
ingonyama (ii-)	lion		
igosa lendlela (ama-)	traffic officer		
ingozi (iin-)	danger, injury, accident	umhleli (aba-)	editor
		ihlobo	summer
umgqakhwe (imi-)	illegitimate child	umhlobo (aba-)	friend
gqiba	finish	umhlohli (aba-)	lecturer
isigqibo (izi-)	decision, resolution	ihlosi (ama-)	leopard
igqida (ama-)	lump	hlukuhla	shake
ugqirha (oo-)	doctor	ubuhlungu	pain
gqithisa	pass on	buhlungu	painful
igqwetha (ama-)	lawyer, attorney	ihlwempu (ama-)	poor person, pauper
igrisi	grease	ihlwili (ama-)	blood clot
guga	age	ihobe (ama-)	pigeon
gula	be sick	ihostele (ii-)	hostel
isigulo (izi-)	illness, disease, ailment	ihotele (ii-)	hotel
igumbi (ama-)	room	**I**	
igunya (ama-)	authority	i-inki (ii-)	ink
guqa	kneel		
igusha(ii-)	sheep	**J**	
gwayimba	go on strike	inja (izin-)	dog
gweba	sentence	ijaji (ii-)	judge
igwinya (ama-)	fat cake	ijem (ii-)	jam
ingwenya (iin-)	crocodile	jija	skim
ingxaki (iin-)	problem	jika	turn
igxalaba (ama-)	shoulder	jikeleza	move around, rotate
gxotha	chase away, expel, sack	umjikelo (imi-)	round
		jinga	hang
		jingxela	walk on one leg only
		jiya	thicken
H	organ	jonga	look, look after
uhadi (ii-)	pig	ujongilanga (oo-)	sunflower
ihagu (ii-)	walk, go away	injongo (iin-)	aim, intention, objective
hamba	hammer		
ihamile (ii-)	rake	ijoni (ama-)	soldier
iharika (ii-)	horse	ijoyini (ii-)	labour contract
ihashe (ama-)	hedge	ijwabu (ama-)	fore-skin
iheji (ii-)	shirt	jwi -i (ideophone)	throw away
ihempe (ii-)	tikolosh		
uhili (oo-)	go down, wrist	**K**	
hla	spade	kakuhle	well
isihlahla		isikali (izi-)	scale
umhlakulo (imi-)			

265

ikama (ii-)	comb	iklinikhi (ii-)	clinic
kanene	by the way	kodwa	but
ikati (ii-)	cat	ikofu (ii-)	coffee
iikawusi	socks	isikolo (izi-)	school
inkedama (iin-)	orphan	inkolo (iin-)	belief
kera	peel	ikomityi (ii-)	cup
isiketi (izi-)	skirt	inkomo (iin-)	ox/cow/bull
iketile (ii-)	kettle	korobha	scrub
ikhabhathi	cupboard	inkosazana	unmarried woman,
ikhadi (ama-)	card	(amakhosazana)	princess
isikhafu (izi-)	scarf	inkosi (iin-)	chief
ukhakhayi	skull	inkosikazi	
umkhala (imi-)	bridle	(amakhosikazi)	married woman, wife
isikhalazo (izi-)	complaint, grievance	ikota (ii-)	quarter
khanyela	deny, refute	inkqubo (iin-)	programme,
ikhapteyini (ii-)	captain		procedure
ikharetshi (ama-)	carriage	kratya (ideophone)	slightly more
ikhaya (ama-)	home	ukrebe (oo)	shark
ikhefi (ii-)	cafe	isikrini (izi-)	screen
ikhemesti (ii-)	chemist, pharmacy	kruneka	have a dislocation
umkhenkce	ice	ubukrwada	rudeness
ukhenketho	tour	krwela	scratch, draw a line
ikhephu (ama-)	snow	umkrwelo (imi-)	scratch mark
khetha	choose, select, prefer	kude -kufuphi	short distance away
ikhetshi (ii-)	cage	inkuku (iin-)	chicken
ikhitshi (ama-)	kitchen	inkundla (iin-)	court
ikhoboka (ama-)	slave	ukunene	right hand side
khohlela	cough	kunjani?	how is it?
isikhohlela (izi-)	sputum, phlegm	inkunkuma	refuse, rubbish, waste
ikhohlo	left hand side	inkunzi yenkomo (iin-)	bull
ukhoko (iin-)	crust	inkunzi	capital
ikhonkco (ama-)	link, buckle	kwangoko	immediately
	term	inkwenkwe	
khonkotha	bark	(amakhwenkwe)	boy
isikhova (izi-)	owl	ukwindla	autumn
ikhreyoni (ii-)	crayon	eyoKwindla	March
khula	grow	inkxwaleko (iin-)	hardship
khulu	big		
khululeka	be free	L	
isikhululo (izi-)	station	ilahle (ama-)	live ash, coal
umkhuluwa (aba-)	older brother	lahleka	get lost
umkhumbi (imi-)	witness box	lala	sleep
khuphisana	compete	ilali (ii-)	village (rural)
ukhuphiswano	competition	lamba	be hungry
khuthaza	encourage	umlambo (imi-)	river
khutywa	hiccup	landa	fetch
khuza	exclaim	ilanga (ama-)	sun, day, drought
ikhwahla (ama-)	experienced man	ilaphu (ama-)	cloth
khwelisa	load	isilarha (izi-)	butchery
isikhwenene (izi-)	parrot	ilayibri (ii-)	library
umkhwetha (aba-)	initiate	layita	light, switch on
khwina	moan, grumble	umlenze (imi-)	leg
khwinisa	cause dissatisfaction	leqa	chase
umkhwitsho (imi-)	drizzle	libala	forget, delay
iklasi (ii-)	class, classroom	ilifa (ama-)	inheritance
		lila	cry

limala	to be injured	mfuxana	have blocked nose
lingana	to be equal	uMgqibelo	Saturday
isiliphu (izi-)	slip, receipt	mhlophe	white
amalizo	alms	mila	heal (of a fracture),
ilokhwe (ii-)	dress	misa	stop, postpone, defer
umlomo (imi-)	mouth	eyoMnga	December
londoloza	take care of, look after	mnyama	black
		molo	hallow (greeting)
ilondri (ii-)	laundry	umongo	marrow
umlonji (imi-)	canary, good singer	imoto (ii-)	car
ulophu	berg wind	umoya (imi-)	wind
ilori (ii-)	lorry, truck	eyoMsintsi	September
lubhelo	yellow, tan	isimumu (izi-)	dumb person
luhlaza	green, blue	imurhu (ii-) (col.)	square
uluhlu (izin-)	list	uMvulo	Monday
lula	simple, easy	imvulophu (ii-)	envelope
luma	bite		
lumka	be wise, careful	N	
lumla	wean	inaliti (ii-)	needle, injection
lungisa	prepare, repair	namhlanje	today
ilungu (ama-)	member, joint	inayithi (ii-)	night dress
ilusini	lucerne	nca (ideophone)	stick firmly
isilwanyana (izi-)	animal	ncanca	suck
uLwesibini	Tuesday	incanda (ii-)	porcupine
uLwesihlanu	Friday	nceda	help, assist
uLwesine	Thursday	uncedo lokuqala	first aid
uLwesithathu	Wednesday	inciniba (ii-)	ostrich
ulwimi (ii-)	tongue, language	nciphisa	reduce
		incoko (ii-)	conversation
M		ncokola	converse, chat
umabhalana (oo-)	clerk	ncoma	praise, compliment
umakhulu (oo-)	grand-mother	ncwina	groan
malanga	in the afternoon	ndawoni?	where exactly?
imali (ii-)	money	ndere (col.)	third class (for train carriages)
imali yesisu	payment for damages (pregnancy)		
		ndimanga (ii-)	mental hospital
imali -mboleko	loan	ndindisholo	numb
umalume (oo-)	maternal uncle	ubundlongo-ndlongo	tyranny
umama (oo-)	mother	isindululo	suggestion
mamela	listen	undwendwe	visitor
ummangalelwa (aba-)	defendant, accused	inene	truth (also used as exclamation: really!)
mangalisa	surprise		
umantshingilane (oo-)	watchman	isinene (izi-)	pubis
umantyi (oo-)	magistrate	unesi (oo-)	(also inesi (ii-) nurse
umatshini (oo-)	machine	ngakanani?	how big?
imazi (ii-)	female of an animal	ingalo (ii-)	arm
umbona	maize, mielies, corn	ingcali (ii-)	expert, specialist
eyoMdumba	January	ngcambaza	walk slowly
mela	represent	ngcolisa	make dirty, soil
imela (ii-)	knife	ingcungela (ii-)	expert, specialist
ummeli (aba-)	representative	ingelosi (ii-)	angel
ummelwane (aba-)	neighbour	ngena	enter, come in
imephu (ii-)	map	ngoba?	why?
imethi (ii-)	mat,	ngoko	then
umeyitroni (oo-) (also imeyitroni)		ngoko ke	therefore
	matron	ngoku	now

267

ingonyama (ii-)	lion	iintonga	crutches
ingqakaqa	small-pox	intonga (ii-)	stick
ubungqina	evidence	ntoni?	what?
ubungqina bobuxoki	perjury	intshulube (ii-)	worm
ingqina (ama-)	witness	intsula (ii-)	buttock
ingqiniba (ii-)	elbow	intsumpa (ii-)	wart, superintendent
ngqo (ideophone)	straight, exactly	ubuntu	kindness, humanity
ingqosha (ii-)	clavicle	umntu (aba-)	person
ngquba	bump, knock over	uNtulikazi	July
ingubo (ii-)	blanket	umntwana (aba-)	child
ngwevu	gray	isintywizisi (izi-)	tear gas
iingxangxasi	waterfalls	umnwe (imi-)	finger
isingxengxezo (izi-)	apology	inxaxheba	role
ngxola	make a noise	inxeba (ama-)	big cut, stab wound
ingxolo	noise	umnxeba (imi-)	telephone, string
isingxungxo (izi-)	casual/temporary work	nxiba	wear
		nxila	be drunk, intoxicated
umninawa (aba-)	younger brother	umnyaka (imi-)	year
nje	just, only, like this	inyama (ii-)	meat
injengele (ii-)	general	nyamezela	endure, be patient
unjingalwazi (oo-)	professor	unyana (oo-)	son
injubaqa (ii-)	juvenile deliquent	inyanga (ii-)	month, moon
inkam-nkam	pension, disability	unyango	treatment
inkamela (ii-)	camel	umnyango (imi-)	door-way, exit
eyeNkanga	November	inyaniso	truth
inkcukacha	details	unyawo (ii-)	foot
inkongolo (ii-)	congress	nye	one
unkonkonko	whooping cough	isinyi (izi-)	bladder
unomathotholo (oo-)	radio	inyikima (ii-)	earthquake
unomatse (oo-)	squirrel	inyoka (ii-)	snake
unondyebo (oo-)	treasurer	nyula	elect, choose
unontlalontle (oo-)	social worker	nyusela	promote
unoposi (oo-)	postman	izinza	pubic hair
unovenkile (oo-)	shop-keeper	nzima	difficult
nqaba	to be scarce		
inqaba (ii-)	fort, castle	O	
inqaku (ama-)	article (of newspaper)	okanye	or
		okunene	indeed
nqamla	stop running tummy	okwangoku	for the time-being
inqanawe (ii-)	ship, boat	iondi (ii-)	oven
nqanda	stop, prevent	onga	nurse
amanqindi	boxing	umongikazi (ab-)	nurse (female)
	grant	ongula inwebu	remove cataract
inqindi (ama-)	fist	isonka (iz-)	bread
umnqonqo (imi-)	spinal cord	onwaba	be happy
nqunqa	cut into pieces	othuka	be shocked
inqununu (ii-)	principal, headmaster	iovarolo (ii-)	overall
umnqwazi (imi-)	hat	iowuva (ama-)	overtime
inqwelo (ii-)	wagon	oyika	fear, be scared, be afraid
inqwelomoya (ii-)	aeroplane		
	point	ioyile (ii-)	oil
nqwena	wish		
intente (ii-)	tent	P	
intlabathi	sand	iphiko lamanzi	windmill
intliziyo (ii-)	heart	ipleyiti (ii-)	plate
intloko (ii-)	head	isipaji (izi-)	purse

268

ipani (ama-)	pan	**Q**	
ipasile (ii-)	parcel	qaba	smear, spread
impatho	treatment	iqabaka	frost
ipeki (ii-)	pick	qabuka	regain consciousness
impelaveki (iim-)	week-end	iqakamba	cricket
impelo (iim-)	youngest child	qala	begin, start, provoke
impempe (iim-)	whistle	umqala (imi-)	throat
ipeni (ii-)	penny	umqamelo (imi-) (also	
isipere (izi-)	spare wheel	umqamelelo)	pillow
ipeyinti (ii-)	paint	iqanda (ama-)	egg
uphahla (ama-)	roof	iqaqa (ama-)	skunk
phaka	dish up	iqatha (ama-)	ankle
phakama	stand up	iqela (ama-)	group
ukuphakamisa	lift up, nominate	umqeqeshi (aba-)	trainer
phakathi	inside	qesha	employ
umphako (imi-)	provision	umqeshi (aba-)	employer
phalala	spill over	qha	only
phambuka	go off a road	iqhakuva (ama-)	pimple
isiphambuka (izi-)	intersection	isiqhamo (izi-)	fruit
phanda	investigated, research	qhaqhazela	gnashing (of teeth)
phandle	outside	uqhaqho lwesidumbu	post-mortem
uphando	investigation, research	uqhawulo-mtshato	divorce
		umqheba (imi-)	handle
phangela	go to work	qhekeza	break
umphangi (aba-)	mugger	isiqhelo (izi-)	habit
phatha	carry, rule, supervise	iqhina (ama-)	tie, riddle, knot
umphathi (aba-)	authorities, rulers	qho	often, always, frequently
phaya	there		
phazamisa	disturb, interrupt	isiqholo (izi-)	perfume
phefumla	breathe	qhomfa	abort
phehlelela	baptise	qhu (ideophone)	completely full
pheka	cook	qhuma	smoke
iziphathamandla	management	qhwa (ideophone)	snow white
umpheki (aba-)	cook	qhwalela	limp
phesheya kolwandle	overseas	uqikelelo lwemozulu	weather forecast
phezolo	last night	qina	be hard/strong
phi?	where?	isiqinisekiso (izi-)	certificate
phila	be healthy, recover	isiqithi (izi-)	island
phola	heal (of a wound)	umqolo (imi-)	back
isiphoso (izi-)	mistake, error	qongqololo	
phucula	improve	(ideophone)	drink up in very quick gulps
iphulo (ama-)	campaign, expedition		
phumelela	succeed, win	umququzeleli (aba-)	organisor, convenor, co-ordinator
phumla	rest		
isiphumo	result	iqwarhashe (ama-)	zebra
umphunga (imi-)	lung	uqwilikana	mumps
phunga	drink (of hot drink)		
ipijama (ii-)	pyjama	**R**	
ipolisa (ama-)	policeman/woman	irabha (ii-)	rubber
impompo (iim-)	pump	irejistala (ii-)	register
iposi (ii-)	post office, mail	irhafile (ii-)	hay-fork
iprayima (ii-)	primus stove	rharhaza	gargle
impuku (iim-)	mouse	irhashalala	measles
impumlo (iim-)	nose	urhatya	evening
iimpuphuma	floods	rhawuzela	itch
		rhoqo	frequently

269

irhorho (ama-)	hip-bone	amasu	pregnancies
umrhumo (imi-)	subscription	ubusuku	night
urhwebo	trade	sula	wipe
rhwexa	be hoarse, be rough	isuphu (ii-)	soup
		iswekile	sugar

S

usajini (oo-)	sergeant	**T**	
sala	remain behind	intaba (iin-)	mountain
isali (ii-)	saddle	itafile (ii-)	table
isamana (ii-)	summons	intaka (iin-)	bird
isamente	cement, plaster of Paris	itakane (ama-)	lamb
		intakumba (iin-)	flea
usana (iin-)	baby	intambo (iin-)	rope
isango (ama-)	gate, entrance	intamo (iin-)	neck
isarha (ii-)	saw	isitampu (izi-)	stamp
umsasazi (aba-)	radio announcer	itapile (ii-)	potato
sayina	sign	intatheli (iin-)	journalist, reporter
umsebenzi (imi-)	work, job, task	intenetya	tennis
umsebenzi (aba-)	worker	itepu (ii-)	tap
isejari (ii-)	doctor's rooms	ithafa (ama-)	stool, plein
seka	establish	thamba	to be soft
isekela (ama-)	deputy	umthambo (imi-)	vein, nerve
isekela-mhleli (ama-)	sub-editor	thanda	love, like
isekela -nqununu (ama-)	deputy-headmaster	thandathu	six
		thandaza	pray
isekeni (ama-)	second-hand goods	ithanga (ama-)	thigh
sela	drink	amathatha	nasal passage
isela (ama-)	thief	thathu	three
uselane (oo-)	grader	amathe	saliva
isiselo (izi-)	cold drink	itheko (ama-)	ceremony, function
isisende (izi-)	prostate gland	thelekisa	compare
senga	milk	themba	hope
isepha (ii-)	soap	isithende (izi-)	heel
iseyibhokhwe (ii-)	angora goat	thengisa	sell
shicilela	publish, print	thetha	speak
ishimnca	rash	isithethe (izi-)	norm
shinyana	to be thick (of forest)	isithethi sembeko (izi-)	guest-speaker
ishiti (ama-)	sheet	umthi (imi-)	tree
shiya	leave behind	uluthi (izin-)	piece of wood
shushu	hot	unothimba (oo-)	messenger of the court
ilishwa (ama-)	misfortune		
isishwankathelo (izi-)	summary	thimla	sneeze
usiba (iin-)	pen, feather	thingaza	waver
ubusika	winter	thintela	prevent
isiko (ama-)	custom	Thiza! (excalamation)	O, my goodness!
umsila (imi-)	tail	isitho (izi-)	lower leg
eyeSilimela	June	thoba	reduce, bend
umsipha (imi-)	ligament	ithole (ama-)	calf
usisi (oo-)	elder sister	isithukuthezi	loneliness
usizi (iin-)	sadness, pity	uthuli	dust
iliso (amehlo)	eye	isithulu (izi-)	deaf person
sokola	struggle	ithumba (ama-)	soar,
usomamashishini (oo-)	businessman	ithumbu (ama-)	hose pipe, intestine
sondela	come close	thumela	send
isopholo	dinner	eyeThupha	February
ulusu	tripe	isithuthuthu (izi-)	scooter, motor bike

ithwabe	continuous hiccupping	tya	eat
uthweso-zidanga	graduation ceremony	ukutya	food
iti	tea	isitya (izi-)	dish
itikana	small amount of money (from: itiki-tickey)	tyala	plant
		ityala (ama-)	debt, case
		intyatyambo (iin-)	flower
itispuni (ama-)	teaspoon	ilitye (ama-)	stone
utitshala (oo-)	teacher	tyelelala	visit
intlanganiso (iin-)	meeting	tyhafa	to be weak
intlawulo	payment	tyhala	push
tofo-tofo	soft, comfortable	tyhila	page, turn over
isitofu (izi-)	immunisation	isityholo (izi-)	charge, accusation
itoliki (ii-)	interpreter	ityhu (ii-)	queue
intolongo (iin-)	prison	ityotyombe (ama-)	shack
intombazana (ama-)	little girl	utywala	liqour
intombi (iin-)	girl, daughter		
isitora (izi-)	store-room	**V**	
iteksi (ii-)	taxi	amava	experience
itrektala (ii-)	tractor	uvavanyo (iim-)	test
itreyila (ii-)	tailer	vela	appear, come from
itreyini (ii-)	train	ivenkile (ii-)	shop
tsala	pull, drag, withdraw	ivili (ama-)	wheel
umtsalane	attraction	uluvo (izim-)	opinion
tsama	subside	vota	vote
intsebenziswano	co-operation	imivuka	matters arising
tsha	new	vuma	agree
ulutsha	youth	ivumba (ama-)	smell
umtshato (imi-)	wedding, marriage	umvumba (imi-)	weal
tshaya	smoke	umvumbi	soft soaking rain
umtshayelo (imi-)	broom	imvume	permission
tshayela	sweep	imvumi (iim-)	singer
utshayintsila (oo-)	chancellor	umvundla (imi-)	rabbit
tshayisa	knock down, knock off work	vuselela	revive, instigate
		vuthuza	blow (of the wind)
	work	vuya	be happy, be glad
uTshazimpunzi	April	vuza	leak
itshefu (ii-)	handkerchief	umvuzo (imi-)	salary
itshifu (ii-)	shift		
isitshi	rain accompanied by wind	**W**	
		iliwa (ama-)	cliff. precipice
		wa	fall, have epilepsy
isitshisa	heartburn	iwayilesi (ii-)	radio
umatshisi	matches	iwele (ama-)	twin
tshixa	lock	wena	you
isitshixo (izi-)	key	iwotshi (ii-)	watch
itshokhwe (ii-)	chalk		
umtshutshisi (aba-)	prosecutor	**X**	
intsimbi (iin-)	bell	ixabiso (ama-)	price, value
intsimi (amasimi)	field	xakeka	to be busy
intso (izin-)	kidney	xelela	tell
intsomi (iin-)	folktale	ixesha (ama-)	time
tswina	squeak	xhala	be worried
tu (ideophone)	completely, very silent	umxhasi (aba-)	supporter
		xhaxha	shiver
isitulo (izi-)	chair	isixhiphothi (izi-)	hefty and bearded man
intwasahlobo	spring		

271

xhoba	be armed	**Z**	
umxholo (imi-)	theme	umzabalazo (imi-)	liberation struggle
xhoma	hang, suspend	zala	give birth, be full
xhopho (ideophone)	wet from sweat	umzala (aba-)	cousin
xhuzula	to have epileptic fits	umzali (aba-)	parent
xilonga	examine	zama	try
xinana	overcrowded	amazantsi esisu	lower abdominal pains
xinga	be stuck		
xobula	remove crust	isizathu (izi-)	reason, cause
xoka	lie	ze	naked
xuba	mix	umzekelo (imi-)	example
umxube (imi-)	mixture	izembe (ama-)	axe
umxubi (aba-)	dispenser	izibulo (ama-)	first child
xukuxa	rinse mouth	uzikhelele (oo-)	front end loader
		iziko (ama-)	fire-place
Y		izinyo (ama-)	tooth
ya	go	zoba	draw, paint
yeka	stop, give up	umzobi (aba-)	artist
umyeni (aba-)	husband	zola	to be calm
iyeza (ama-)	medicine	izoli (ii-)	zol
Yho-o! (exclamation)	Gee!	izolo	yesterday
umyinge	average	umzukulwana (aba-)	grand-child
isiyobisi (izi-)	drug	izulu	weather
umyolelo (imi-)	will	isizunguzane	dizziness
yoyi (ideophone)	fast asleep	umzuzu (imi-)	minute